Bitcoin und Blockchain

Patrick Rosenberger

Bitcoin und Blockchain

Vom Scheitern einer Ideologie und dem Erfolg einer revolutionären Technik

2. Auflage

 Springer

Patrick Rosenberger
Münster, Deutschland

ISBN 978-3-662-66529-9   ISBN 978-3-662-66530-5   (eBook)
https://doi.org/10.1007/978-3-662-66530-5

Die Deutsche Nationalbibliothek verzeichnet diese Publikation in der Deutschen Nationalbibliografie; detaillierte bibliografische Daten sind im Internet über http://dnb.d-nb.de abrufbar.

© Springer-Verlag GmbH Deutschland, ein Teil von Springer Nature 2018, 2023, korrigierte Publikation 2023

Planung/Lektorat: David Imgrund
Springer ist ein Imprint der eingetragenen Gesellschaft Springer-Verlag GmbH, DE und ist ein Teil von Springer Nature.
Die Anschrift der Gesellschaft ist: Heidelberger Platz 3, 14197 Berlin, Germany

Vorwort

In den 80er Jahren hatte ich einen Freund, der mit einem Commodore 64 kleine Computerspiele schrieb. Es war ein 64er mit einem selbstgelöteten Reset-Button, der von seinen Fans aufgrund seines eckigen Designs auch liebevoll „Brotkasten" genannt wurde. Viele von Ihnen werden sowohl den Computer als auch diesen Typ Freund noch kennen.

Dieser Freund tauschte mit einem anderen Freund Programmdaten mithilfe eines Geräts namens Akustikkoppler – einer Art Adapter, auf den sich die damaligen Norm-Telefonhörer aufstecken ließen. Wie der Name schon sagt, funktionierte die Übertragung der Daten mittels akustischer Signale, was zu Übertragungsfehlern führte, wenn man beispielsweise einmal laut Niesen

Die Originalversion des Buchs wurde revidiert. Ein Erratum ist verfügbar unter https://doi.org/10.1007/978-3-662-66530-5_12

musste. Zudem war die Datenübertragung für heutige Verhältnisse mit durchschnittlich 800 Bits/s extrem langsam.

Dennoch bot diese Form der Datenübertragung entscheidende Vorteile. Zum einen konnte mein Freund mit Gleichgesinnten am anderen Ende der Leitung quasi in Echtzeit Daten austauschen, zum anderen hatte er diese Daten durch den Transfer am anderen Ende der Leitung dupliziert und somit gesichert.

Wer bereits von der Blockchain gehört hat, der weiß, worauf ich hinaus will. Im Gegensatz zur normalen Datenbank punktet die Blockchain mit einer dezentralen Datenspeicherung. Um beim Beispiel meines Freundes zu bleiben, würden seine Daten nicht nur bei ihm, sondern bei all seinen Freunden hinterlegt. Das schützt nicht nur vor dem Verlust, sondern sorgt auch dafür, dass diese Daten nicht manipuliert werden können.

Dieses so simple Prinzip der externen Datenspeicherung wird in Zukunft Einzug in nahezu jeden Bereich unseres Lebens halten und unseren Alltag revolutionieren. Banken, Versicherungen, die Industrie – sie alle sind dran an dieser revolutionären Technologie. Wer sich heute für die Thematik interessiert, der darf teilhaben an einer Entwicklung, die gerade erst am Anfang steht und in der derzeit noch Standards fehlen. Niemand ahnt, welche Auswirkungen die Umstellung auf die Blockchain auf die bestehende Infrastruktur hat. Neue Geschäftsmodelle werden entstehen und die entsprechenden Berufswelten nach sich ziehen.

Lizenzmodelle und -mechaniken bei der Rechteverwertung von Songs oder eine zeilengenaue Abrechnung in der Literatur werden in Zukunft neu erfunden werden. Genauso wie individuelle Versicherungsmodelle oder Autos, die nach dem Tanken selbst bezahlen. Identitäten können fälschungssicher und weltumspannend hinterlegt werden, was bereits als Meilenstein in der Terrorismusbekämpfung interpretiert wird.

Das bekannteste Anwendungsbeispiel für eine Blockchain-Anwendung, die Kryptowährung Bitcoin, lässt schon heute erahnen, wie digitale Währungen den Zahlungstransfer der Zukunft verändern könnten. Denn in der Theorie machen sie Banken in ihrer Kernfunktion, der Verwaltung von Geld, überflüssig. In Zukunft könnte man direkt von A nach B überweisen, also ohne eine Instanz dazwischen.

Doch die Zeit scheint noch nicht reif zu sein. Ende 2022 berichten die Medien in einer Endlosschleife über die starken Kursschwankungen der Kryptowährung, wohl unwissend darüber, dass eben diese Berichterstattung maßgeblich zu diesen Kursschwankungen beiträgt, was Bitcoin wiederum als Zahlungsmittel vollkommen unbrauchbar macht.

Noch immer unterstellt man Bitcoin, eine Währung für das Darknet zu sein und so kriminelle Aktivitäten erst möglich zu machen. Es wird bereits laut über Regulierung diskutiert. Wohin sich Bitcoin entwickeln wird, das kann derzeit wohl niemand sagen. Der Kurs könnte sich in naher Zukunft vervielfältigen oder auch auf Null fallen. Die Meinungsmacher sind in diesem Punkt in zwei Lager gespalten.

Doch in einem Punkt, da ist man sich einig: Die Blockchain wird kommen und wir stehen gerade erst am Anfang.

Patrick Rosenberger

Inhaltsverzeichnis

1

Ein revolutionäres Konzept

„Ich glaube", so Bill Miller, legendärer amerikanischer Investor und Fondsmanager, „es gibt eine nicht zu unterschärzende Wahrscheinlichkeit, dass der Bitcoin auf null fällt. Doch an jedem Tag, an dem es nicht passiert, wird diese Wahrscheinlichkeit geringer."[1]

Es ist der 31. Oktober 2008, als eine Gruppe kryptografiebegeisterter Informatiker eine E-Mail erhält.[2] Unterzeichnet ist diese E-Mail von Satoshi Nakamoto – einem bis zu diesem Zeitpunkt vollkommen unbekannten Namen, der später als Erfinder von Bitcoin und Erzeuger des sogenannten Genesis-Blocks, des ersten Blocks in der Blockchain, in die Geschichte eingehen wird. Der Zeitpunkt ist perfekt gewählt: Nach der Konkursanmeldung der Investmentbank Lehman Brothers bahnt sich gerade der Höhepunkt der Finanzkrise an. Massive

© Springer-Verlag GmbH Deutschland, ein Teil von Springer Nature 2023, korrigierte Publikation 2023
P. Rosenberger, *Bitcoin und Blockchain*,
https://doi.org/10.1007/978-3-662-66530-5_1

Rettungsmaßnahmen werden eingeleitet. Das gesamte Finanzsystem, dem man bereits seit Jahren misstraute, entpuppt sich nun als reine Fiktion.

In seiner E-Mail berichtet Nakamoto sachlich über ein neues elektronisches Zahlungssystem, welches vollständig auf einem dezentralen Netzwerk gleichberechtigter Rechner-zu-Rechner-Verbindungen beruht. Eine Transaktion erfordert dabei keine Moderation eines Dritten.[3] Das ist beachtlich, da zu dieser Zeit nahezu jeder Geldtransfer über eine Bank erfolgt.

Mithilfe von Bitcoin, wie Nakamoto seine Währung nennt, soll es von nun an möglich sein, den Transfer einer Währungseinheit direkt von Computer zu Computer und somit von einer Person zur nächsten zu ermöglichen. Die Anwendung gleicht den Eigenschaften von Bargeld, nur eben in digitaler Form. 2008 gleicht dies noch einer Revolution.

Laut Nakamoto bietet Bitcoin seinen Nutzern das in der Geldgeschichte höchste Maß an Freiheit. Von nun an müsse man sich nicht mehr auf die bestehende Infrastruktur der Finanzinstitute verlassen, die Unterstützung von Banken bei der Transaktion von Geld ist nicht länger notwendig. Vielmehr habe der Nutzer die zur Transaktion notwendige Technologie nun selbst in der Hand – ganz einfach in Form eines Computers oder Smartphones. Erstmals hatte man nun jederzeit unlimitierten Zugriff auf sein gesamtes Vermögen.

Seit es Banken gibt, haben wir uns immer mehr an sie gewöhnt. Der Mensch ist bequem und Banken arbeiten zuverlässig. Im Laufe der Jahrzehnte haben sich Banken dermaßen tief in unsere Gesellschaft integriert, dass ein Leben ohne sie undenkbar zu sein scheint. Doch haben wir jemals versucht, nach Alternativen zu suchen? Warum sollte man etwas verändern, das gut funktioniert? Never change a running system. Banken wickeln unseren gesamten Zahlungsverkehr ab, unsere Gehälter landen auf unseren Konten. Daueraufträge und Lastschriftmandate vereinfachen unser Leben. Doch Bitcoin gibt einen ernsthaften Anstoß, das Bewährte zu überdenken. Die Kryptowährung könnte eine echte Alternative sein.

Bitcoins technische Basis ist die Bitcoin-Blockchain. In ihr werden sämtliche Kontobewegungen dezentral gespeichert und verbucht. Die Blockchain fungiert dabei wie ein öffentlich einsehbares Grundbuch, das jedoch die Absender und Adressaten der Transaktionen hinter Kontonummern verbirgt. Mithilfe der Blockchain-Technologie ist es so möglich, ein vollkommen transparentes Ökosystem im internationalen Handel zu schaffen.

Es gibt unterschiedliche Arten von Blockchains, die verschiedene Funktionen erfüllen können. Während die Bitcoin-Blockchain in erster Linie Transaktionen speichert, können andere Blockchains zusätzlich zu den Transaktionen beispielsweise auch Dateien oder Eigentumsverhältnisse speichern. Wieder andere helfen dabei, den Weg eines Produkts vom Produzenten zum Konsumenten unverfälschbar zu dokumentieren. Das bekannteste Beispiel für eine solche „Multifunktions-Blockchain" ist die Ethereum-Blockchain. Wir lernen ihr Potential gerade erst richtig kennen.

Die bekannteste Anwendung, die auf einer Blockchain läuft, ist bis heute Bitcoin. Dabei blickt die digitale Münze längst nicht nur auf rosige Zeiten zurück. Man kennt die Geschichten über den illegalen Online-Marktplatz Silk Road, das Darknet, Waffen- und Drogenhandel, alles bezahlt mit Bitcoin. Viele haben von Mt.Gox gehört. Die ehemals größte Börse, auf der man Bitcoins handeln konnte, wickelte zeitweise den größten Teil des Welthandels von Bitcoin nahezu alleine ab. 2011 wurde die Plattform medienwirksam gehackt und zahlreiche Anleger um ihr Vermögen gebracht. Diese Geschichten wurden von den Medien dankbar ausgeschlachtet. Leider hat Bitcoin dadurch bis heute ein ernsthaftes Akzeptanz-problem. Über die eigentliche Ideologie von Bitcoin und die dahinterliegende Technik, die Blockchain, wissen hingegen nur die wenigsten Bescheid.

Wer sich mit Bitcoin beschäftigt, der kennt zudem die hohe Volatilität der Kryptowährung. Die enormen Kursschwankungen wecken das Interesse der Risiko-Spekulanten und schrecken den normalen Nutzer ab. Der weitaus größte Teil der bislang erzeugten Bitcoins wird derzeit als Spekulationsobjekt gehortet, statt als Zahlungsmittel eingesetzt zu werden. Kryptowährungen sind im Mainstream ankommen. Mehr und mehr Anleger springen auf den Zug auf und spekulieren darauf, ihre Investition durch einen langfristig steigenden Kurs zu versilbern.

Inzwischen steht längst fest, dass sich Bitcoin nicht als Zahlungsmittel etablieren konnte. Zu starr scheint das technische Korsett, das die Kryptowährung mit zunehmender Nutzung immer leistungshungriger und träger werden lässt. Niemand weiß, ob der Kurs der Kryptowährung fällt oder steigt oder Bitcoin irgendwann vollständig vom Markt verschwindet. Denn es sind viele Einflüsse, die Bitcoin zu schaffen machen: In erster Linie ein Mangel an Akzeptanz, sein nach wie vor schlechter Ruf als Zahlungsmittel und dazu weltweite und uneinheitliche Regulierungen. All das lässt Bitcoins Kritiker ein schnelles Ende der digitalen Münzen prophezeien. Immer mehr sogenannte Altcoins, alternative digitale Währungen, wollen vom Hype profitieren und schießen bis heute wie Pilze aus dem Boden. Auch zahlreiche Zentralbanken arbeiten fieberhaft an digitalen Währungen. Werden sie Bitcoin eines Tages den Rang ablaufen?

2

Vom Tausch zur digitalen Münze

2.1 Geld, Grundlage unserer Gesellschaft

Vor einigen Tausend Jahren betrieben die Menschen Handel durch den Tausch von Waren oder Dienstleistungen. So wurde beispielsweise eine Kuh gegen Werkzeug getauscht, Kleidung gegen Reis oder auch eine Dienstleistung gegen einen entsprechenden Gegenwert. Doch was tun, wenn der, der die Kuh veräußern möchte, zum Zeitpunkt des Tauschs gar kein Werkzeug benötigt, da er bereits vollständig mit Werkzeug ausgestattet ist? Die Suche nach geeigneten Tauschpartnern stellte sich im Laufe der Geschichte als zu aufwendig und nicht praktikabel heraus. Ein Zwischentauschgut musste her, mit dessen Hilfe der Kaufprozess in zwei getrennte Vorgänge

© Springer-Verlag GmbH Deutschland, ein Teil von Springer Nature 2023, korrigierte Publikation 2023
P. Rosenberger, *Bitcoin und Blockchain*,
https://doi.org/10.1007/978-3-662-66530-5_2

zerlegt werden konnte. Das Prinzip von Kauf und Verkauf war geboren. Heute stellen die sogenannten arbeitsteiligen Wirtschaftsprozesse eine der Grundlagen unserer Gesellschaft dar und sind ohne Geld kaum mehr denkbar.

Seit es Geld gibt, gilt es als der Prototyp von Macht. Viel Geld führt zu Reichtum, Reichtum zu Macht. Geld war im Laufe der Geschichte Anlass für zahllose Kriege, hat unzählige Menschenleben gekostet und über alle Epochen hinweg Begehrlichkeiten geweckt. Gleichwohl ist Geld eine der wichtigsten Errungenschaften in der Geschichte der Menschheit.

In erster Linie aber ist Geld als Tauschmittel zu verstehen. Der Austausch von Gütern wird durch Geld vereinfacht. Dadurch, dass man diese nicht direkt gegeneinander tauscht, sondern Geld als Zwischentauschmittel verwendet, können Kauf und Verkauf auch zeitlich auseinanderliegen. Der Wert eines Gutes kann so festgehalten werden. Man spricht von der Wertaufbewahrungsfunktion von Geld. Generell aber schafft Geld erst die Möglichkeit, die unterschiedlichsten Güter und Dienstleistungen in ihrem Wert vergleichbar zu machen. Geld dient so also auch als Recheneinheit bzw. Wertmaßstab. Dabei spielt es keine Rolle, um welche Art von Geld es sich handelt. Ob Geld in Form von Banknoten und Münzen, digital auf dem Smartphone oder als Buchgeld auf dem Bankkonto – entscheidend ist, dass Geld von den Beteiligten als Zahlungsmittel akzeptiert wird.

2.2   Naturalgeld

Doch zunächst wieder einen Schritt zurück. Als Zwischentauschgüter etablierten sich im 6. Jahrtausend vor Christus eher nützliche Alltagsgegenstände wie Muscheln, Pfeilspitzen, Perlen, Felle oder auch Salz und Kakaobohnen.

Das Naturalgeld war geboren. Wichtig war, dass es leicht zu transportieren und zu zählen war. Überdies musste sein Gegenwert anerkannt sein, was in unterschiedlichen Regionen zur Herausforderung werden konnte. Zum Beispiel war das Angebot an Muscheln in Küstennähe naturgemäß höher als im Landesinneren. Ebenso verhielt es sich mit Salz, während der Kakaobohne eine Wertsteigerung in die umgekehrte Richtung bescheinigt werden konnte. In vielen Kulturen wurden auch Ziegen, Schafe oder Rinder als Tauschgut verwendet. Sie dienten gleichzeitig auch als Preisauszeichnung. So wurden militärische Ausrüstungsgegenstände wie eine Ritterrüstung bis ins Mittelalter gegen eine definierte Anzahl an Nutztieren getauscht.

Das Gesetz von Angebot und Nachfrage fand hier also bereits Anwendung. Ein Gesetz, das auch bei Bitcoin zum Tragen kommt, doch dazu später mehr. Als eine der ersten Formen von Naturalgeld, das sich überregional verbreitet hat, gilt die Kaurischnecke (auch Porzellanschnecke genannt). Das sehr harte und dadurch langlebige Schneckengehäuse kam in weiten Teilen Afrikas und Asiens über 3000 Jahre lang zum Einsatz und gilt daher bis heute als eines der erfolgreichsten und langlebigsten Zahlungsmittel der Welt. Schnecken und Muscheln brachten der Welt übrigens auch das erste Falschgeld. Statt der echten Muscheln brachten Fälscher aufwendig nachgemachte Exemplare aus Knochen oder sogar Steinen in den Umlauf.

2.3 Münzgeld

Den Durchbruch brachte die Erfindung der Waage. Sie schuf erst die Grundlage für die Entstehung der Münze, denn mit ihrer Hilfe konnten die damaligen Zwischentauschgüter vereinheitlicht werden. Die Münzen, deren

Wert zunächst exakt ihrem Materialwert entsprach, bestanden damals meist aus Elektron (auch Elektrum genannt), einer recht leicht zu gewinnenden Gold-/Silber-Legierung. Große und damit schwere Münzen waren seinerzeit also mehr wert als kleine, leichte Münzen. Im Gegensatz zum Naturalgeld waren Metallmünzen zudem praktischer, da sie sich aufgrund ihrer nahezu identischen Größe einfacher aufbewahren, zählen oder stapeln ließen.

Im 6. Jahrhundert vor Christus versah man Münzen erstmals mit einer Prägung. Die Prägung machte den Wert der Münze erst eindeutig und stellte gleichzeitig eine Art Echtheitszertifikat dar. Die neue Bezahlkultur breitete sich rasch über Asien und Europa aus, bis die ersten Herrscher der Antike begannen, ihre Konterfeis auf Münzen zu prägen. Eine frühzeitliche Form der Selbstvermarktung. Der prominenteste Vertreter der damaligen Münzprägung war sicherlich der Lyder-König Krösus (auch Kroisos genannt), der als einer der Ersten einheitliche Münzen mit Stier und Löwe prägte und dessen Name bis heute sinnbildlich für Reichtum und Wohlstand steht. Die Erfindung des Münzgeldes verhalf den Lydern so zu enormem wirtschaftlichen Aufschwung. In diesem Zusammenhang entstanden auch die ersten Handelsplätze. Wer etwas zu verkaufen hatte, der bot seine Waren auf dem Markt an und musste nicht mehr mühsam nach Abnehmern suchen.

Erst später bemerkte man, dass nicht das Gewicht einer Münze ausschlaggebend für deren Wert ist, sondern vielmehr ihre reine Anzahl und die Nachfrage danach. Dieses Prinzip, das eigentlich bereits vom Naturalgeld bekannt war, bei dem Muscheln in Küstennähe weniger wert waren als im Inland, wurde nun auf die Münzen übertragen. Eine definierte Menge sollte von nun an ihren Wert bestimmen. Auch die digitale Münze Bitcoin hat eine

per Skript definierte Menge von maximal 21 Mio. Stück.
Auch ihr Wert steigt durch Angebot und Nachfrage.

Der oftmals umgangssprachlich verwendete Begriff
„Moneten" stammt übrigens von den Römern. Diese
prägten ihre Münzen im Tempel der Göttin Juno, die den
Beinamen „Moneta" trug.

2.4 Papiergeld

Es sollte einige Jahrhunderte dauern, bis die Chinesen im
10. Jahrhundert die schweren Münzen gegen Papiergeld
tauschten. Münzen waren aufgrund ihres hohen Gewichts
im Alltag einfach unhandlich geworden. Als frühe Form
des Papiergelds gilt dabei der Depotschein. Ihn erhielt
man, wenn man Münzen an offizieller Stelle abgab und
diese gegen eben diesen Schein tauschte. Da Depotscheine
nicht personalisiert waren, konnten sie untereinander oder
gegen Waren oder Dienstleistungen getauscht werden.

Noch länger trugen die Europäer ihre Münzen bei sich.
Sie erkannten erst im 15. Jahrhundert die Vorteile des
Papiergelds. Streng genommen mussten sie ihn erkennen,
denn ihnen gingen im Laufe der Zeit die Münzen aus. Als
Behelf versah man einen Zettel mit Wert und Siegel und
funktionierte diesen so ganz einfach zu Papiergeld um.

Im Laufe der Zeit setzte sich das Papiergeld schließlich
in ganz Europa durch und wurde nun auch von offizieller
Stelle gedruckt. Doch trotz der praktischen Vorteile hatte
Papiergeld ein Akzeptanzproblem. Denn die Herstellungs-
kosten von Papiergeld waren deutlich geringer als der
Wert der Münzen, die man dafür kaufen konnte. Banken
mussten Überzeugungsarbeit leisten und glaubhaft ver-
sichern, für jede Papiernote den Gegenwert in Münzen
bereit zu halten. Skeptiker sollten jederzeit auf das alt-
bewährte Münzgeld wechseln können. Papiergeld stellt

im Grunde bis heute nichts anderes dar als das schriftliche Versprechen, den angegebenen Wert auch tatsächlich zu zahlen. Schaut man sich die englische Pfundnote einmal genauer an, so findet man auf ihr auch heute noch den Hinweis:

> „I promise to pay the bearer on demand the sum of one pound." Zu Deutsch: „Ich verspreche, dem Überbringer auf Verlangen die Summe von einem Pfund zu zahlen."

Erst die Bank of England schaffte es schließlich, Papiergeld dauerhaft in den Köpfen der Gesellschaft zu verankern. Sie erklärte 1833 Banknoten in der Form, wie wir sie noch heute kennen, zu einem offiziellen Zahlungsmittel. Die Einführung der Banknote gilt bis heute als Wegbereiter der schnell wachsenden Industrialisierung. Münzen wurden von nun an zu Kleingeld degradiert.

2.5   Giralgeld

Später waren auch Scheine und Münzen nicht mehr zeitgemäß. Stapelweise Geld für größere Investitionen zu organisieren, wurde auf Dauer einfach zu unpraktisch. Abhilfe schaffte das sogenannte Giralgeld, auch Buchgeld genannt. Geld, das keines ist – im physischen Sinne. Ab dem 14. Jahrhundert schufen Banken zunächst die Möglichkeit, Geld, ganz gleich, ob Scheine oder Münzgeld, auf einem Konto einzuzahlen und zu einem beliebigen Zeitpunkt wieder abzuholen. Die Verzinsung wurde erfunden, um die Einzahlung attraktiver zu machen und so den Banken die Möglichkeit zu verschaffen, mit größeren Geldmengen zu arbeiten. Im 19. Jahrhundert ersetzten Konten, Überweisungen sowie später auch Schecks zunehmend Münzen und Scheine und machten eine neue Form der Wert-Transaktion attraktiv – den bargeldlosen Zahlungsverkehr. In der Nachkriegszeit gewann das Konto immer mehr an Bedeutung und ersetzte schließlich sogar die bis dahin übliche Gehaltsauszahlung per Lohntüte. Auch laufende Kosten für Wasser oder Gas wurden fortan per Überweisung ausgeglichen. Übrigens ist Giralgeld bis heute kein gesetzliches Zahlungsmittel, sondern lediglich der Auszahlungsanspruch eines Kontoinhabers gegenüber seinem Kreditinstitut. Die Zahlungsmethode wird aber von nahezu allen seriösen Unternehmen in Form von Überweisungen akzeptiert.

2.6   Elektronisches Geld

Mit der Digitalisierung im 20. Jahrhundert wurden die handschriftlichen Transaktionen schließlich elektronisch. Der Scheck, einst mit viel Mühe ausgefüllt und unterschrieben, musste der Elektronik ebenso weichen wie das Überweisungsformular. Die neuen Player am Markt hießen EC-, Kredit- oder Geldkarte. Mit der Verbreitung des Internets folgten schließlich das E-Payment und das Onlinebanking. Über Handy-Klingeltöne und -Logos hielt auch das Mobile Payment Einzug in die Wohn- und Kinderzimmer unserer Gesellschaft. Die Erfindung des Smartphones gilt als Durchbruch der Micro- und Macropayments, da es zumeist für den Transfer von geringen Beträgen genutzt wird. Gezahlt wird per App. Die Bedeutung von Bargeld nimmt seitdem von Jahr zu Jahr ab.

2.7 Fiatgeld

Fiatgeld ist eigentlich genau das, was die meisten Menschen heute als „Geld" bezeichnen, dabei ist es eigentlich eine spezielle Kategorie von Geld. Als Fiatgeld oder Fiatwährung bezeichnet man nämlich Geld, das von den Zentralbanken in Form von Giralgeld oder Bargeld ausgegeben und als einziges gesetzliches Zahlungsmittel in den entsprechenden Währungsräumen akzeptiert wird. Die prominentesten Beispiele für Fiatgeld sind der Euro, der US-Dollar oder der Yen. Fiatwährungen sind bereits zu einer Zeit entstanden, als Münzen noch aus wertvollen Rohstoffen wie Gold oder Silber geprägt wurden und ihr Wert dem Gewicht ihres Materials entsprach. Heute hat Fiatgeld keinen entsprechenden Gegenwert mehr. Vielmehr bemisst sich der Wert am Vertrauen zum Herausgeber der Währung, also den Regierungen und Zentralbanken, und dem Verhältnis von Angebot und Nachfrage. Der Wert beruht insofern ausschließlich auf Basis einer gesellschaftlichen Übereinkunft. Verlieren die Menschen das Vertrauen in diese Währung, geht sie sogleich dorthin zurück, woraus sie erzeugt wurde – ins Nichts. Fiatwährungen haben für sich betrachtet also keinen inneren (intrinsischen) Wert, so wie ihn Handelswährungen wie beispielsweise Gold haben.

Eine der größten Stärken von Fiatwährungen ist zugleich auch ihre Schwäche: Die Regierung eines Landes hat die volle Kontrolle über die im Umlauf befindliche Menge der Fiatwährung und reguliert damit ihren Wert. Dies setzt eine äußerst verantwortungsvolle Geldpolitik und Regulierung der Regierung voraus. Eine schlechte Geldpolitik kann im schlimmsten Fall zur Hyperinflation einer Fiat-Währung führen, bei der Menschen ihr Geld möglichst schnell ausgeben, um einer Geldentwertung zuvorzukommen.[4,5]

2.8 Kryptowährungen

Der Begriff „Kryptowährung" hat schon etwas Mystisches. Höchste Zeit, das komplexe Thema einmal zu entmystifizieren. Das Kofferwort aus „Kryptografie", der Wissenschaft der Verschlüsselung von Informationen, und „Währung" soll letztlich nichts anderes suggerieren, als dass zur Erschaffung der Währung das Prinzip der Verschlüsselung angewandt wird. Alle Kryptowährungen haben gemeinsam, dass sie von Menschen statt Institutionen hergestellt und verwaltet werden können. Außerdem beruhen sie in nahezu allen Fällen auf einem dezentralen System zur Verwaltung der digitalen Münzen.

Streng genommen sind Kryptowährungen keine Währungen, sondern digitale Werte, die getauscht und gehandelt werden können. Im Gegensatz zu Fiatwährungen sind Kryptowährungen jedoch weitgehend unreguliert. Sie werden bislang kaum durch staatliche Institutionen oder Regierungen kontrolliert, sondern durch das Netzwerk ihrer Nutzer demokratisiert (siehe Abschn. 11.2).

Die Mutter aller Kryptowährungen ist Bitcoin. Die Wortkomposition aus „Bit", der Maßeinheit einer Datenmenge, und „Coin", englisch für Münze, wurde bereits 2009 zum ersten Mal gehandelt. Seitdem wurden noch mehrere Tausend andere digitale Währungen entwickelt. Tendenz steigend. Sie alle wollen schneller, anonymer oder energiesparender als ihre Wettbewerber sein. Nahezu alle der sogenannten Altcoins (Alternate Coins) werben mit einer Verbesserung des Konzepts, einzigartigen Merkmalen oder Anwendungsbereichen. Manche versuchen ernsthaft, die Idee weiterzuentwickeln, andere wollen nur den schwindelerregenden Höhenflug des Bitcoin-Kurses reproduzieren, ohne eigene Substanz einzubringen. Dabei sehen sich die meisten der Kryptowährungen selbst gar nicht als Währung. Die Begrifflichkeit führt hier in die Irre. Vielmehr dienen diese der Finanzierung eines Unternehmens oder stellen eine Unternehmensbeteiligung ähnlich einer Aktie dar. Nur die wenigsten von ihnen treten wirklich an, um Fiatwährungen zu ersetzen oder zu ergänzen.

Kryptowährungen werden über Kryptobörsen gehandelt. Das sind Plattformen, die je nach Größe einige wenige bis Hunderte Währungspaare für den Handel zur Verfügung stellen. Man kann dort Kryptowährungen gegen Fiatwährungen oder umgekehrt oder auch Kryptowährungen gegen andere Kryptowährungen tauschen. Diese Kryptobörsen verdienen ihr Geld mit jeder Transaktion, für die sie Gebühren erheben. Ironischerweise sind nahezu alle dieser Börsen vollständig zentralisiert. Obwohl Kryptowährungen theoretisch direkt von A nach B transferiert werden können, findet ihr Handel in der Praxis fast ausschließlich über zentralisierte Kryptobörsen, also einer dritten Instanz, statt.

An Kryptobörsen können Kryptowährungen rund um die Uhr und sieben Tage in der Woche gehandelt werden. An Börsen können Aktien oder Rohstoffe dagegen nur zu den üblichen Handelszeiten gekauft oder verkauft werden. Dieser Wettbewerbsvorteil von Kryptobörsen gegenüber Börsen ist so groß, dass die Handelszentren derzeit sogar darüber nachdenken, ob börsengehandelte Wertpapiere zukünftig auch außerhalb der Handelszeiten gehandelt werden sollen.

3

Zukunftswährung Bitcoin

3.1 Cypherpunks

Wie viel von unserer Privatsphare möchten wir der Öffentlichkeit preisgeben? Die meisten von uns sind sich dessen nicht bewusst, dass private Unternehmen und Regierungen unsere persönlichen Daten auslesen können wie ein offenes Buch. Bei nahezu allem, was wir heute tun, hinterlassen wir Daten und stellen sie unbewusst Unternehmen zur Verfügung, die uns fremd sind. Wir tun dies kostenlos und ohne zu hinterfragen, wofür unsere Daten eigentlich verwendet werden.

Wir fahren zur Arbeit und zahlen an der Tankstelle mit Kreditkarte. Über ein Bonusprogramm lassen wir uns eine Gutschrift erstellen. Wir hinterlassen Daten darüber, was und wie viel wir getankt haben und ob wir eventuell noch eine Zeitung, Kaugummis oder einen Kaffee dazu gekauft haben. Im Hintergrund erstellt das Betriebssystem unseres Handys ein Bewegungsprofil und sendet unsere Daten an

© Springer-Verlag GmbH Deutschland, ein Teil von Springer Nature 2023, korrigierte Publikation 2023
P. Rosenberger, *Bitcoin und Blockchain*,
https://doi.org/10.1007/978-3-662-66530-5_3

Apple, Microsoft, Google oder einen anderen Hersteller. Im Büro rufen wir unsere E-Mails ab. Dazu nutzen wir Dienste wie Gmail, GMX, Web.de oder Hotmail, auf deren Servern unsere E-Mails gespeichert werden. Wir verlassen uns blind darauf, dass niemand diese Daten gegen uns verwendet. Beim Surfen im Internet hinterlassen wir ein Profil, weil wir irgendwann einmal große Social-Media-Webseiten oder ein großes Shopping-Portal besucht haben. Beim Aufruf einer dieser Seiten wurde unbemerkt ein Cookie, ein kleines Stück Software, auf unserem Rechner platziert, das fortan unsere Bewegungen im Web verfolgt und die Daten an den Betreiber der Webseiten übermittelt.

Die meisten von uns stört das nicht. Denn die Unternehmen nutzen die Daten nicht gegen uns, sondern vielmehr für sich. Indem sie uns Werbung zeigen, die uns wirklich interessiert, beispielsweise das Paar Schuhe, das wir uns in der letzten Woche in einem Online-Shop angesehen haben. Ihnen ist sicher bereits aufgefallen, dass Sie häufig Werbung von Dingen angezeigt bekommen, die Sie interessieren oder die Sie sich im Internet sogar bereits angesehen haben. Über ein Provisionsmodell verdienen diese Unternehmen viel Geld, wenn wir dieses Paar Schuhe tatsächlich kaufen. Als Gegenleistung schlägt uns unser Handy beispielsweise wahrscheinliche Ziele vor, sobald wir auf die Autobahn fahren. Weil es erkannt hat, dass wir an diesem Wochentag und zu dieser Tageszeit regelmäßig ein bestimmtes Ziel besuchen. Das ist praktisch und somit eine Win-Win-Situation für die Unternehmen und uns.

Die sogenannten Cypherpunks sehen das anders. Ihrer Meinung nach kann man sich nur dann entfalten, wenn der Schutz der Anonymität gewährleistet ist. Sie sehen in der Verwertung unserer Daten keinen Vorteil. Im Gegenteil, für sie ist es ein Unding, wie kritiklos und unvorsichtig wir mit unseren Daten umgehen und uns damit gläsern für Industrie und Regierungen machen. Cypherpunks versuchen mit der komplexen Mathematik kryptografischer Systeme eine anonyme Version der wichtigsten Funktionen unserer Gesellschaft zu erschaffen. Das können beispielsweise verschlüsselte Wahl- oder Kommunikationssysteme, aber auch virtuelles Geld sein, mit denen eine anonyme Zukunft der Freiheit geschaffen werden soll. Die Cypherpunks versuchten sich bereits an einem Bitcoin-Vorläufer, jedoch ohne nennenswerten Erfolg.

Insofern war die E-Mail-Liste, über die Satoshi Nakamoto 2008 Bitcoin publik machen wollte, keine x-beliebige Liste. Hinter ihr verbargen sich eben auch die Mitglieder der Cypherpunk-Bewegung – jener Bewegung, die sich bis heute der Verschlüsselung von Daten verschrieben hat. Es war sicher kein Zufall, dass Nakamoto sein Konzept genau in dieser Gruppe veröffentlichte.

Um die Ideologie hinter Bitcoin zu verstehen, muss man sich zunächst damit beschäftigen, worum es den Cypherpunks geht, welche Vision sie verfolgen – nämlich den kompromisslosen Schutz unserer Privatsphäre mit allen technischen Mitteln.

David Chaum (siehe auch Abschn. 4.4.2) gilt als einer der Gründer der Bewegung. Er veröffentlichte bereits 1985 erste Artikel zum Thema Verschlüsselung.[6] Man muss wissen, dass die Verschlüsselung, die im übertragenen Sinne heute an jeder Ecke zu finden ist und über zahlreiche Dienste kostenlos zur Verfügung gestellt wird, zu dieser Zeit noch ein Thema war, das bis dahin ausschließlich dem Militär und den Geheimdiensten vorbehalten war. Kaum eine Firma, geschweige denn eine Privatperson setzte sich mit dem Thema tiefgehend auseinander oder setzte Verschlüsselung in einer produktiven Umgebung ein. Dennoch gab es eine kleine, eingeschworene Szene, die Verschlüsselung nutzte, um im Netz keine Spuren zu hinterlassen und deren E-Mails nicht von Dritten mitgelesen werden konnten. Es ging ums Prinzip, um eine selbstbestimmte Verwendung der Daten, nicht etwa um die Verschleierung illegaler Aktivitäten. Aus einem Szenetreffen unter Gleichgesinnten formierte sich 1992 in San Francisco dann offiziell eine Bewegung, deren Name ein Wortspiel aus „cipher", „cyber" und „punk" ist. Eine Mailing-Liste entstand, die zum damaligen Zeitpunkt etwa 700 Mitglieder gehabt haben soll.

Wenige Monate nach der Gründung veröffentlichte Eric Hughes, ein amerikanischer Mathematiker, Programmierer und Mitgründer der Cypherpunks den Artikel „A Cypherpunk's Manifesto", in dem er die Ziele und Intention der Bewegung erläutert.

> „Privatsphäre ist für eine offene Gesellschaft im elektronischen Zeitalter notwendig. Privatsphäre ist keine Geheimhaltung. Eine private Angelegenheit ist etwas, von dem man nicht will, dass die ganze Welt es erfährt, aber eine geheime Angelegenheit ist etwas, von dem man nicht will, dass es irgendjemand erfährt. Privatsphäre ist die Macht, sich der Welt selektiv zu offenbaren. (...) Cypherpunks schreiben Code. Wir wissen, dass jemand Software zum Schutz der Privatsphäre entwickeln muss. Das werden wir tun."[7]

Das Bitcoin-Konzept beruht auf den Entwicklungen, Ideen und der Ideologie der Cypherpunks. Bereits in den 90ern entstanden erste Ansätze zu einem dezentralen System, über das Werte weitgehend anonym und verschlüsselt zwischen Teilnehmern transferiert und hinterlegt werden konnten. Schon damals sollten diese Werte zentral beim Benutzer gespeichert werden. Die eigentlichen Transferdaten wer, wie viel und wohin wurden dagegen dezentral auf verschiedenen Rechnern hinterlegt. Auf Basis dieses Konzepts entstand einige Jahre später mit dem Konsensmechanismus Proof-of-Work eine Funktion, die unter anderem auch bei Bitcoin Verwendung findet (siehe Abschn. 3.3.3).

Prominente Vertreter der Bewegung sind Whistleblower Edward Snowden und Twitter-Gründer Jack Dorsey. Auch Julian Assange, das Gesicht der Enthüllungsplattform WikiLeaks, war ein Unterstützer dieser Bewegung. Der in Australien geborene politische Aktivist und investigative Journalist entwickelte schon früh eine Software, um Daten zu verschlüsseln und auf einer Festplatte unsichtbar zu machen.[8] Er war aufgrund seiner Hackertätigkeiten bereits Anfang der Neunziger zu einer Geldstrafe verurteilt worden.[9] Bekannt wurde Assange, als er im Juli und Oktober 2010 geheime Dokumente der US-Armee veröffentlichte, die allem Anschein nach Kriegsverbrechen und Korruption der US-Armee während der Kriege in Afghanistan und im Irak aufdeckten. Assange wird seitdem in den USA strafrechtlich verfolgt. In Schweden wurde zudem wegen eines Sexualdelikts gegen ihn ermittelt. Ob er tatsächlich schuldig ist oder nur ein Opfer amerikanischer Geheimdienste, konnte bis heute nicht geklärt werden, die Ermittlungen wurden später jedenfalls mangels Beweisen eingestellt. 2012 gewährte die in London ansässige Botschaft des Landes Ecuador Assange politisches Asyl und die ecuadorianische Staatsbürgerschaft, die sie ihm 2019 jedoch wieder entzog. Seitdem sitzt der WikiLeaks-Gründer im Londoner Hochsicherheitsgefängnis Belmarsh und versucht vor Gericht, seine Auslieferung in die USA zu verhindern.

3.2   Vertrauen

Damit Geld zu Geld wird, bedarf es nicht einfach der Einführung der Zentralbanken, sondern zunächst einem weit wichtigeren Faktor: Vertrauen. Vertrauen stellt eine unverzichtbare Grundlage jeder Kooperation dar und ist ein obligatorischer Faktor jedes funktionierenden Währungssystems und eines der Kernelemente jeder Form von Zahlungstechnologie. Menschen, die mit einer Währung zahlen, müssen darauf vertrauen, dass ihr Gegenüber der Währung ebenfalls vertraut und sie als gültiges Zahlungsmittel akzeptiert und verwendet.

In der Praxis bedeutet das, dass ein Verkäufer darauf vertrauen muss, nach Herausgabe der Ware auch eine entsprechende Gegenleistung, meist in Form einer Bezahlung, zu erhalten. Der Käufer vertraut also darauf, dass die Ware, die er bezahlt, den Preis auch tatsächlich wert ist.

Eine Währung beruht also auf dem Vertrauen ihrer Nutzer. Wir vertrauen Fiatwährungen, weil sie von Staaten ausgegeben werden und wir damit unsere Steuern begleichen. Seit jeher garantieren Staaten für ihr Währungsgebiet ein Währungsmonopol. Kryptowährungen sind etwas vergleichsweise Neues. Sie zwingen uns, den Sinn und Zweck von traditionellem Geld zu hinterfragen. Vertrauen in eine Währung ist der Kern jeder Währung. Mit Bitcoin wird dieses Vertrauen dezentralisiert und damit an sich unnötig. Hier ist das Vertrauen bereits im Programmcode verankert.

Den Befürwortern von Kryptowährungen geht es in erster Linie darum, eine vertrauensvolle Alternative zum derzeitigen Währungssystem zu bieten. Durch ein dezentrales Konzept, das darauf basiert, dass sich die Teilnehmer gegenseitig vertrauen und überprüfen – ohne, dass dazu eine weitere Kontrollinstanz benötigt wird. Durch ein Konzept, das nicht beeinflussbar oder korrupt sein kann, da es ausschließlich den Regeln der Mathematik unterliegt.

Die meisten von uns vertrauen den Plattformen, deren Leistung wir tagtäglich in Anspruch nehmen, blind. Wir nutzen Facebook und Google oder telefonieren mit Apple-Geräten. Den Allgemeinen Geschäftsbedingungen dieser Unternehmen stimmen wir in den allermeisten Fällen bedingungslos zu – oftmals ohne sie überhaupt gelesen zu haben. Wir tun dies, da wir darauf vertrauen, dass man die über uns gesammelten Daten nicht gegen uns nutzt. Bei neuen Finanztechnologien verhält es sich interessanterweise anders. Hier sind wir skeptisch. Es geht um unser höchstes privates Gut: unser Geld. Es ist gut so, dass wir in diesem Bereich genauer hinsehen, die Dinge hinterfragen und skeptisch sind. Wir würden niemals ein Bankkonto eröffnen oder eine Kreditkarte beantragen, wenn wir dem Anbieter nicht vertrauen würden.

Bei Bitcoin liegt die Vertrauenshürde hoch, sehr hoch sogar. Zu sehr wurde die Kryptowährung in der internationalen Presse verrissen, die sich mit Enthusiasmus auf jeden Kursrutsch und jede Gaunerei in Zusammenhang mit Bitcoin stürzt. Bis heute denkt man in Verbindung mit Bitcoin an Betrug, illegale Machenschaften und medienwirksame Hacks von Kryptobörsen, die bereits einige Bitcoiner die Existenz kosteten. Dass illegale Machenschaften im Zusammenhang mit Fiatwährungen, also dem „normalen" Geld, aber ebenso stattfinden, Banken sich verspekulieren oder sogar vollständig crashen können, akzeptieren wir als normal und vertrauen lediglich darauf, dass wir nicht persönlich betroffen sind.

Hier könnte Bitcoin die bessere Alternative sein. Denn wer möchte, kann die Kryptowährung ausschließlich selbst verwalten. Kein Dritter muss in diesen Prozess involviert sein. Die Gehaltszahlung, für die man ohne Bitcoin ein Bankkonto benötigt, würde direkt in eine sogenannte Wallet, ein virtuelles Portemonnaie, transferiert. Die Stromrechnung würde direkt an die Stadtwerke ausgeglichen – ohne den Umweg über die Bank. Das ist effektiv und kostengünstig.

Günstig schon deshalb, weil an einem Bezahlvorgang per Bank oder Kreditkarte immer mehrere Parteien beteiligt sind. Angefangen mit dem Karteninhaber sind auch noch dessen Bank, gegebenenfalls das Kreditkartenunternehmen, welches die Zahlung technisch umsetzt, die Bank des Zahlungsempfängers und der Empfänger selbst in die Zahlung involviert. Die Kette derer, die daran verdienen möchten, ist also deutlich länger als bei einer Transaktion von A nach B.

Das macht eine Zahlung per Bitcoin grundsätzlich auch für den Handel interessant. Die Vorteile liegen auf der Hand: Zahlungen erfolgen schnell, günstig und sind vom Käufer nicht stornierbar. Denn Erstattungen oder Rückbuchungen können bei Bitcoin ausschließlich vom Empfänger, also dem Händler, ausgelöst werden. Bestellungen in betrügerischer Absicht sind damit faktisch ausgeschlossen. Käufer dagegen profitieren von niedrigen Transaktionsgebühren.

Dafür kann die Kreditkarte in anderen Bereichen punkten. Die Plastikkarte ist als Zahlungsmittel seit Jahrzehnten weltweit akzeptiert und anerkannt. Daraus resultiert ein riesiger Vertrauensvorschuss gegenüber der noch recht jungen Kryptowährung Bitcoin. Kreditkarten bieten Zusatzfunktionen wie Bonuspunkte und Treueprogramme, Betrugsschutz und die Möglichkeit, den Kontorahmen auch einmal zu überziehen. Möglichkeiten, mit denen Bitcoin in dieser Form längst noch nicht dienen kann.

Vertrauen war es auch, was Satoshi Nakamoto 2008 dazu bewegte, die Finanzwelt ändern zu wollen. Sein kryptografisches Konzept konnte innerhalb kurzer Zeit viele Befürworter für sich gewinnen. Viele glaubten fest daran, dass das System funktioniert und trauten es Bitcoin zu, eine echte Alternative zu „realen" Währungen zu sein. Heute sind alle jemals getätigten Transaktionen über Plattformen wie blockchain.info zu jeder Zeit einsehbar. Ein auf diese Art bis zur ersten Transaktion nachvollziehbares System schafft vollständige Transparenz und somit Vertrauen.

> „Das Kernproblem konventioneller Währungen ist das Ausmaß an Vertrauen, das nörig ist, damit sie funktionieren. Der Zentralbank muss vertraut werden, dass sie die Währung nicht entwertet, doch die Geschichte des Fiatgeldes ist voll von Verrat an diesem Vertrauen."[10] (Satoshi Nakamoto)

3.3 Das Bitcoin-Konzept

3.3.1 Digital und dezentral

Bis heute stellt Bitcoin unser Verständnis vor eine große Herausforderung. Dabei ist Bitcoin sachlich betrachtet nur ein weiteres Zahlungsmittel. Eines von vielen, nur eben vollständig digital. Die Europäische Bankenaufsichtsbehörde definiert in einer Stellungnahme Kryptowährungen wie folgt:

> „Kryptowährungen sind eine digitale Abbildung von Wert, der nicht von einer Zentralbank oder Behörde geschaffen wird und auch keine Verbindung zu gesetzlichen Zahlungsmitteln haben muss. Kryptowährungen werden

von natürlichen und juristischen Personen als Tauschmittel verwendet und können elektronisch übertragen, verwahrt oder gehandelt werden."[11]

Man kann insofern mit Bitcoins bezahlen, sie sparen oder gegen Fiatwährungen wie Euro oder US-Dollar tauschen. Und dennoch ist Bitcoin anders: Denn die Kryptowährung ist digital und dezentral zugleich. Eine digitale Währung zeichnet sich unter anderem dadurch aus, dass sie auf Computern gespeichert und transferiert werden kann. Doch seit Erfindung des Giralgeldes gilt diese Definition im Grunde auch für den Euro oder den US-Dollar. Auch diese Währungen existieren in großen Teilen nur noch virtuell und werden digital von Konto zu Konto transferiert. Aber im Gegensatz zu Kryptowährungen wird jedes dieser Konten von einer zentralisierten Bank administriert.

Als Satoshi Nakamoto Bitcoin erfand, spielte die Dezentralisierung in seinem Konzept eine entscheidende Rolle. Dezentralisierung bedeutet zunächst, dass identische Aufgaben an mehreren Orten gelöst werden. Im Falle von Bitcoin bedeutet Dezentralisierung, dass alle, die sich die Bitcoin-Software herunterladen und damit zu einem Teil des Bitcoin-Ökosystems werden, die Kryptowährung zum Leben erwecken und Transaktionen validieren. Alle Teilnehmer gemeinsam bilden das Bitcoin-Netzwerk und je mehr Leute sich beteiligen, desto sicherer funktioniert dieses System. Dabei spielt es keine Rolle, auf welcher Seite des Zahlungsstroms sich ein Nutzer befindet, aufseiten des Versenders oder Empfängers einer Transaktion. Bitcoin ermöglicht es, digitale Überweisungen von jedem auf dieser Erde zu empfangen – unabhängig von Landesgrenzen oder Landeswährungen. Schnell und nahezu kostenlos. Die Kryptowährung eignet sich somit perfekt als internationale Währung, die im Bedarfsfall jederzeit in die eigene Landeswährung zurückgetauscht werden kann.

Doch die Dezentralität birgt auch Probleme. Wie können in einem dezentralen System die Besitzansprüche an einer digitalen Münze eindeutig geklärt werden und wie kann sichergestellt werden, dass es diese Münze nur einmal gibt und sie nicht doppelt ausgegeben werden kann? Das Fehlen einer zentralen Instanz macht es schwierig, hier die Kontrolle zu behalten, denn theoretisch könnte in einem dezentralen System dieselbe Münze an unterschiedlichen Stellen gleichzeitig erzeugt werden. Um dies zu verhindern und gleichzeitig die Historie sämtlicher Transaktionen von Bitcoins zu verwalten, hat Nakamoto die Blockchain erfunden.

3.3.2 Bitcoins technische Basis heißt Blockchain

Die Blockchain ist im Grunde eine endlose Liste aller jemals erzeugten Blöcke, die wiederum einzelne, bestätigte Transaktionen bündeln. Jeder Block, der neu erzeugt wird, wird dieser Liste hinzugefügt. Die Bitcoin-Blockchain enthält somit die Einträge sämtlicher jemals getätigter Transaktionen. Über entsprechende Online-Plattformen wie blockchain.com ist die Blockchain für jedermann einsehbar, unabhängig davon, ob er die Bitcoin-Software installiert hat oder nicht. Wer die Transaktion namentlich vorgenommen hat, kann der Blockchain jedoch nicht entnommen werden. Bitcoin ist somit transparent und weitgehend anonym.

Doch wie bringt man die Teilnehmer des Bitcoin-Netzwerks dazu, gemeinsam an einer Sache zu arbeiten, wenn es keine zentrale Kontrollinstanz gibt? Und wie kann man verhindern, dass Teilnehmer des Netzwerks versuchen, das System zu ihren Gunsten zu manipulieren? In der Blockchain werden sämtliche Transaktionen in chronologisch geordneten Blöcken registriert und schlussendlich verifiziert. Ist die Verifizierung erfolgreich, erzeugt das System den nächsten Block und verkettet ihn mit dem zuvor als gültig anerkannten Block. Dieser Prozess der Überprüfung und Aneinanderreihung von Blöcken als Grundlage für weitere Blöcke stellt eine Übereinkunft über die Gültigkeit der Transaktionen dar. (siehe Abb. 3.1) Somit ist es nicht möglich, eine der digitalen Münzen doppelt auszugeben. Das Fälschen der Kryptowährung Bitcoin ist somit faktisch unmöglich.

3.3.3 Wie entstehen Bitcoins

Rund um die Uhr werden Bitcoins über das Bitcoin-Netzwerk transferiert. In dem Moment, indem eine Transaktion von A nach B ausgelöst wird, verschickt die Software, die der Nutzer verwendet, einen kleinen Datensatz an alle „Nodes" genannten Knotenpunkte des Netzwerks, die der Software zu diesem Zeitpunkt bekannt sind. In diesem Datensatz befindet sich unter anderem die

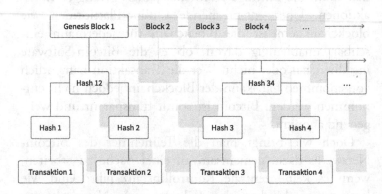

Abb. 3.1 Das Prinzip der Blockchain (vereinfacht)

Bitcoin-Adresse des Versenders, die des Empfängers und natürlich die Höhe zu versenden Betrags. Die Nodes überprüfen und verifizieren die Transaktion und senden sie anschließend an alle Nodes, die wiederum ihnen bekannt sind beziehungsweise mit denen sie zu diesem Zeitpunkt verknüpft sind. Auf diese Art breitet sich die Transaktion nach und nach über das gesamte Bitcoin-Netzwerk aus, bis sie schließlich allen Nodes des Netzwerks bekannt ist.

An dieser Stelle kommt das „Mining" ins Spiel. Miner sind für die Überwachung der Transaktionen zuständig und stellen dadurch unter anderem sicher, dass diese nur einmal getätigt werden können. So wird verhindert, dass Bitcoin-Werte mehrfach ausgegeben werden können. Konkret besteht die Aufgabe der Miner darin, viele Transaktionen zu einzelnen Blöcken zusammenzufassen und diese der Blockchain hinzuzufügen. Dieser Vorgang ist durch eine kryptografisch-mathematische Aufgabe gesichert, deren Lösung dem Miner gewissermaßen als Einstiegshürde abverlangt wird. Die Lösung dieser Aufgabe ist sehr rechenintensiv und verlangt nach spezieller Hardware und sehr viel Energie. Dieser Mechanismus wird Proof-of-Work genannt.

Da sich immer mehr Menschen für Bitcoin interessieren, steigt dadurch auch die Zahl derer, die sich dem Netzwerk anschließen, um Bitcoins zu erzeugen. Wenn sich mehr Leute dem Netzwerk anschließen, erwartet man, dass die kryptografisch-mathematische Aufgabe schneller gelöst wird, da mehr Computer an der Lösung arbeiten. Das passiert jedoch nicht. Nur durchschnittlich alle 10 min wird eine dieser komplexen Berechnungen im Netzwerk gelöst. Um dies zu gewährleisten, wird die sogenannte Mining Difficulty, das ist die Schwierigkeit der Aufgabe, permanent an die Begebenheiten des Netzwerks angepasst. Je mehr Computer also mitmachen, desto schwieriger wird es, die Aufgabe zu lösen. Insofern variiert nicht die Zeit, die zur Lösung benötigt wird, sondern die Rechenleistung, die dafür aufgebracht werden muss. Diese Maßnahme ist notwendig, um eine kontinuierliche Ausschüttung der digitalen Münzen über die nächsten Jahrzehnte sicherzustellen.

Denn im Gegenzug dafür, dass er die Rechenleistung erbringt, erhält der Miner, der einen gültigen Block erzeugt und der Blockchain hinzufügt, die in diesem Prozess neu entstehenden Bitcoins und zusätzlich die Gebühren aus den im Block enthaltenen Transaktionen. Derzeit werden mit jedem neu erzeugten Block auch 6,25 Bitcoins erzeugt und dem Miner als Belohnung gutgeschrieben.

Nach dem Hinzufügen des Blocks wird die aktualisierte Blockchain über das Netzwerk verbreitet und dort wiederum von den Nodes auf Gültigkeit überprüft. Es gilt das Mehrheitsprinzip, die Nodes vertrauen sich grundsätzlich nicht untereinander. Die Anzahl der Bitcoins, die ein Miner für jeden verifizierten Block erhält, halbiert sich übrigens alle 4 Jahre. (siehe Abschn. 8.3.1).

Das Erzeugen von Bitcoins wird auch „Schürfen" genannt. Die Bitcoins selbst nennt man auch „digitales Gold". Der Vergleich passt, denn genau wie bei Bitcoin unterliegt auch das Schürfen von Gold keiner globalen oder zentralen Kontrolle. Wo immer man Gold findet, kann man es theoretisch zu einer Münze verarbeiten und in Umlauf bringen. Vorausgesetzt, man findet jemanden, der es als Zahlungsmittel akzeptiert – auch das ist eine Gemeinsamkeit mit Bitcoin.

3.3.4 Preisfindung Bitcoin

2013 war ein verrücktes Jahr. Der Preis von Bitcoin ver-
hundertfachte sich von knapp 10 auf über 1000 US$,
was einer beispiellosen Rendite entspricht. Durch das
Wechselspiel von Angebot und Nachfrage war Bitcoin wie
entfesselt und wurde innerhalb kürzester Zeit zu einem
extrem volatilen Spekulationsobjekt. Der Bitcoin-Kurs
geriet außer Kontrolle. Gestern konnte man für einen
Bitcoin noch eine Pizza kaufen und wenige Monate später
eine Urlaubsreise buchen. Acht Jahre später erreicht der
Kurs sein bisheriges Allzeithoch. Am 12. November 2021
wird Bitcoin für 68.789,63 US$ gehandelt – der höchste
Preis, der seit seiner Erfindung jemals für einen Bitcoin
bezahlt wurde.

Doch woher kommt dieses starke Interesse, das die
Menschen scheinbar willenlos jeden veranschlagten Preis
zahlen lässt? Wie kommt ein solcher Preis überhaupt
zustande? Dank der Berichterstattung der Medien ist
die Kryptowährung inzwischen allgegenwärtig. Im Auf-
zug, beim Bäcker oder im Fitnessstudio – überall hört
man Gespräche und Diskussionen über Bitcoin. Thema
Nummer 1 in diesem Zusammenhang: Der steigende oder
fallende Kurs von Bitcoin und die Frage, wie dieser überhaupt zustande kommt.

Die Frage ist berechtigt, doch die Antwort ist gar nicht
so einfach. Denn sieht man sich andere Finanzprodukte
einmal genauer an, so findet man immer einen Gegenwert zum Kurs. Beispielsweise werden Aktien danach
bewertet, mit welchem Wert sie zum Bilanzstichtag in der
Bilanz aktiviert werden. Hinzu kommt die Summe der
Dividenden, die voraussichtlich in Zukunft ausgeschüttet
werden. Die Nachfrage nach diesen Aktien lässt den Preis
schließlich steigen oder fallen.

Bei Bitcoin verhält es sich anders, Bitcoin hat keinen Wert, den man plausibel ermitteln und prognostizieren kann. Eine Parallele zu Gold. Der Goldpreis wird an den Rohstoffbörsen durch das weltweite Zusammenspiel von Angebot und Nachfrage definiert. Als Einflussfaktoren gelten dabei der US-Dollar-Kurs, Zinssätze, der Ölpreis sowie die Preise anderer Metalle und Edelmetalle. Aber es gibt eben auch weiche Faktoren wie Emotionen, die den Preis beeinflussen, z. B. die Angst vor Inflation, politische Ereignisse, Spekulationen und Erwartungen.

Bei Bitcoin ist lediglich die Kaufpreisuntergrenze klar definiert. Wie beim Gold entsteht sie aus den Kosten, die ein Minenbetreiber zu tragen hat, um das Gold zu bergen. Das ist in erster Linie der Arbeitslohn und die Anschaffung sowie der Betrieb geeigneter Geräte. Ansonsten folgt der Goldpreis dem Marktgesetz von Angebot und Nachfrage. Beim Bitcoin heißen die Minenbetreiber Miner. Auch ihre Kosten entstehen durch Lohn- und Gerätekosten, auch wenn die Geräte hier deutlich kleiner, dafür aber nicht weniger leistungshungrig sind. Denn der größte Kostenfaktor beim Bitcoin-Mining ist der Strom. Diese Positionen zusammen bestimmen den Minimalpreis. Unter diesem Preis ist der Verkauf von Bitcoin nicht lukrativ.

Aber Bitcoins werden nicht knapp über der Preisuntergrenze verkauft, ihr Verkaufspreis liegt sogar deutlich darüber. Schaut man sich die Preise auf den unterschiedlichen Handelsplattformen einmal an, wird man feststellen, dass der Preis für einen Bitcoin dort teils um mehrere Hundert US-Dollar differiert. Hier lohnt es sich daher durchaus, auch einmal mehr hinzusehen. Die große Unbekannte, nämlich die Differenz von der Preisuntergrenze zum Verkaufspreis, ist dagegen nicht zu ermitteln – sie wird ausschließlich durch die Nachfrage bestimmt. Im Gegensatz zu einer Fiatwährung gibt es dank der dezentralen Struktur von Bitcoin keine Zentral-bank, die Einfluss auf den Kurs nehmen könnte. Der Preis von Bitcoin folgt ausschließlich den Gesetzen eines freien Marktes. Ist die Nachfrage nach Bitcoin höher als das Angebot, steigt der Preis. Wenn das Angebot dagegen die Nachfrage übersteigt, sinkt der Preis, bis Angebot und Nachfrage wieder im Gleichgewicht sind.

Weltweit bemühen sich die unterschiedlichsten Experten darum, den Preis von Bitcoin zuverlässig vor-herzusagen. Das treibt teils kuriose Blüten. Ein bekanntes Rechenbeispiel macht den Preis an der vorhandenen Geld-menge fest. Einzige Voraussetzung: Bitcoin wird dieses Geld zuvor ersetzen. Demnach liegt die Geldmenge an US-Dollar derzeit bei etwa 20,5 Billionen US-Dollar (Stand Dezember 2022). Geteilt durch die bis Dezember 2022 erzeugte Menge von 19,2 Mio. Bitcoins entspricht dies etwa 1.067.708 US$ pro Bitcoin. Das Rechenmodell lässt sich beliebig um weitere Währungsräume erweitern.

Ein weiterer Ansatz macht den Preis an der vor-handenen Goldmenge fest. Einzige Voraussetzung auch hier: Bitcoin wird das Gold zuvor ersetzen. Stand Dezember 2022 liegt die weltweite Marktkapitalisierung von Gold bei etwa 10,9 Billionen US-Dollar. Geteilt durch die Menge von 19,2 Mio. Bitcoins entspricht dies etwa 567.708 US$ pro Bitcoin.

Der amerikanische Autor Charles Hugh-Smith folgt einer anderen Theorie. Demnach beläuft sich das Finanz-vermögen am weltweiten Aktien- und Anleihenmarkt auf etwa 300 Billionen US-Dollar. Findet nun ein Umdenken in der Vermögensdiversifizierung statt und steigt gleich-zeitig das Vertrauen in Kryptowährungen und würden nur 0,1 % des Vermögens in Bitcoin statt in andere Ver-mögenswerte investiert, dann läge der Preis für einen Bitcoin bei etwa 17.000 US$. Bei 1 % Investment läge er demnach bereits bei 170.000 US$.[12]

Sie merken selbst: Berechnungen dieser Art sind doch eher absurder Natur und dürften wohl niemals Realität werden. Wenn man der Kryptowährung die Energie- und Hardwarekosten nicht zuschreibt, hat Bitcoin einen realen Wert von null, denn Bitcoins erzeugen keinen Cashflow, wie beispielsweise Immobilien, die Mieteinnahmen generieren. Sie schütten auch keine Dividenden aus, wie man es von Aktien kennt. Bitcoins können auch nicht produktiv genutzt oder verarbeitet werden wie Rohstoffe. Der eigentliche Wert von Bitcoin ist lediglich Glaube und Spekulation. Die Kurse steigen, solange es Investoren gibt, die daran glauben, dass andere Investoren in Bitcoin investieren wollen und damit die Nachfrage steigt.

Die Rechnung scheint dennoch aufzugehen, denn obwohl Bitcoin im Vergleich zu klassischen Währungen eine noch sehr junge Anlageklasse ist, hat die Kryptowährung bereits eine bemerkenswerte Kursentwicklung hinter sich. Der erste bekannte Bitcoin-Wechselkurs lag 2008 bei gerade einmal 0,08 US$. Investoren hätten damals weit mehr als eintausend Bitcoins für 1 US$ erhalten. (siehe Tab. 3.1).

Tab. 3.1 Meilensteine der Bitcoin-Kurs-Entwicklung

Bitcoin-Kurs-Meilensteine	
09. Februar 2011	1 US$
02. Juni 2011	10 US$
01. April 2013	100 US$
27. November 2013	1000 US$
29. November 2017	10.000 US$
16. Dezember 2020	20.000 US$
02. Januar 2021	30.000 US$
08. Januar 2021	40.000 US$
17. Februar 2021	50.000 US$
13. März 2021	60.000 US$

3.4   Das digitale Portemonnaie

3.4.1 Bitcoin als Summe aller Transaktionen

Für Bitcoin-Besitzer ist eine Wallet unerlässlich. Sie ist gewissermaßen die Eintrittskarte, um im Blockchain-Ökosystem mitspielen zu können. Wallets ermöglichen das Halten, Senden und Empfangen von Kryptowährungen. Es gibt die digitalen Geldbörsen in verschiedensten Formen, beispielsweise als Software für den PC, als App für das Smartphone oder auch als Plugin für den Browser. Streng genommen ist der Begriff „digitale Geldbörse", der überall in der Presse Verwendung findet, so nicht korrekt – denn im Gegensatz zu einer Geldbörse wird in einer Wallet kein Geld in Form von Bitcoins aufbewahrt, sondern lediglich die Keys, mit denen man das Geld, also die Bitcoins, verwalten und transferieren kann. Die Bitcoin-Werte selbst bzw. ihre Transaktionshistorie findet man in der Blockchain. Mithilfe der Keys wird ihre Adresse in der Blockchain ermittelt und der Zugriff ermöglicht. Jeder kann die öffentliche Adresse anhand des Public Key in der Blockchain einsehen. Aber nur der, der den Private Key besitzt, kann auch darauf zugreifen.

Um dieses Prinzip zu verstehen, muss man wissen, dass es Bitcoins im Sinne einer einzelnen Währungseinheit so nicht gibt. Ein Bitcoin ist vielmehr ein Abbild seiner einzelnen Transaktionen. Tatsächlich ist jede Transaktion die Übertragung eines bestimmten Bitcoin-Wertes vom Public Key des Versenders zum Public Key des Empfängers. Um die Berechtigung des Versenders zu überprüfen, wird die Übertragung vom Versender mittels eines zu seinem Public Key gehörenden Private Key unterzeichnet. Die Wallet speichert also keinen Bitcoin-

Kontostand wie ein Bankkonto, sondern lediglich die ein- und ausgehenden Transaktionen.

Konkret werden bei jeder neuen Transaktion frühere, an den Public Key des Versenders gesendete Transaktionen an den Public Key des neuen Empfängers weitergeleitet. Da in der Praxis der Wert der alten Transaktionen in aller Regel nicht dem Wert entspricht, der übertragen werden soll, weisen die meisten Bitcoin-Transaktionen zwei Empfänger auf: Zum einen der eigentliche Empfänger, dem der Wert übertragen wird, der eigentlich übertragen werden soll. Zum anderen ein weiterer eigener Public Key, über den der Versender den Differenz-Betrag zurück an sich selbst überweist.

Dieses Prinzip ist unter anderem auch einer der Gründe, warum man einen Bitcoin nicht an unterschiedlichen Stellen mehrfach ausgeben kann.

3.4.2 Hardware-Wallets

Hardware-Wallets bieten ein sehr hohes Maß an Sicherheit und können eine gute Erfolgsbilanz vorweisen. Daher eignen sie sich wohl am besten für die Aufbewahrung von Kryptowährungen. Der Grund ist einfach: Hardware-Wallets sind nicht mit dem Internet verbunden und somit nicht von extern angreifbar, wodurch die Geräte gleichzeitig immun gegen Computer-Viren, Trojaner oder Phishing-Attacken sind. Durch ihre einfache Bauart sind Hardware-Wallets zudem intuitiv und laienverständlich zu benutzen. Es bietet sich an, die Verwendung einer Hardware-Wallet in Betracht zu ziehen, wenn man größere Beträge damit verwalten möchte. Gleichzeitig muss man sich darüber im Klaren sein, dass das kleine Gerät, auf dem man seinen privaten Schlüssel speichert, wie Bargeld behandelt und an einem sicheren Ort aufbewahrt werden sollte.

3.4.3 Desktop-Wallets

Wie der Name bereits erahnen lässt, befindet sich eine Desktop-Wallet auf dem Computer. Das prominenteste Beispiel für eine Desktop-Wallet ist die Bitcoin-Software selbst. Wer sich diese einmal heruntergeladen und installiert hat, der ist bereits im Besitz einer Desktop-Wallet. Die Software kann nicht nur als Knoten fungieren und Transaktionen weiterleiten, sondern auch Bitcoin-Adressen generieren, die zum Empfang und Versenden von Bitcoins benötigt werden. Die Sicherheit einer Desktop-Wallet hängt unmittelbar damit zusammen, wie sicher ihr Computer ist. Wer Computersicherheit nicht allzu ernst nimmt, der sollte daher besser die Finger von dieser Art von Wallets lassen.

3.4.4 Paper-Wallets

Der Klassiker unter den Wallets ist zugleich eine der günstigsten Methoden, um Bitcoins sicher zu verwahren. Online findet man verschiedene Anbieter, die einem das einfache Erstellen einer Paper-Wallet ermöglichen. Am Ende generiert man mithilfe der Anwendung meist die Druckvorlage für ein Stück Papier, welches einen QR-Code für die öffentliche Adresse, den Public Key, enthält. Diese wird benötigt, um Bitcoins zu empfangen. Ein weiterer QR-Code beinhaltet den Private Key für das Aufbewahren und Transferieren von Bitcoins. Paper-Wallets sollten ausgedruckt und idealerweise wasserfest laminiert im feuerfesten Tresor aufbewahrt werden. Zusätzlich kann man die Wahrscheinlichkeit eines Verlustes minimieren, indem man die Paper-Wallet kopiert und einer Person seines Vertrauens zur sicheren Verwahrung überlässt.

3.4.5 Mobile Wallets

Für den Bezahlvorgang im Alltag sind Desktop-, Paper- und Hardware-Wallets eher ungeeignet. Hier kommen die Stärken der Mobile-Wallets zum Tragen. Die Software in Form einer App wird auf dem Smartphone installiert und verwaltet den privaten Schlüssel direkt in der Software. So können Bitcoins ganz unkompliziert empfangen und versendet werden, oftmals durch Einscannen eines QR-Codes. Die Mobilität ist gleichzeitig auch der größte Nachteil: Geht das Smartphone einmal verloren, sind die Bitcoins erstmal weg. Im Gegensatz zum Bargeld lässt sich aber auch dieses Problem durch ein verschlüsseltes Backup lösen, das bei Verlust wieder eingespielt werden kann.

3.4.6 Online-Wallets

Die wohl einfachste Möglichkeit, Kryptowährungen zu verwahren, denn man speichert sie gleich dort, wo man sie gekauft hat. Fast alle der großen Kryptobörsen bieten diesen Service. Der große Vorteil von Online-Wallets ist ihre Verfügbarkeit. Um Zugriff auf die eigenen Bitcoins zu erhalten, benötigt man lediglich eine Internetverbindung und ein internetfähiges Endgerät wie den Desktop-Computer oder ein Smartphone.

Der Preis der Verfügbarkeit ist jedoch, dass der private Schlüssel auf einem Server gespeichert wird, den eine dritte Partei administriert, der man sein Vermögen damit anvertraut. Die Kryptowährungen selbst werden dort in sogenannten Hot Wallets gespeichert. Man muss darauf vertrauen, dass der Anbieter dieses Dienstes für entsprechende Sicherheit sorgt. Andernfalls ist die Einlage unter Umständen schnell Geschichte. Das kann zum Beispiel passieren, wenn eine Kryptobörse gehackt wird oder ihr Betreiber die Einlagen seiner Kunden veruntreut.

Einzuschätzen, ob ein Anbieter tatsächlich seriös ist und die notwendigen Sicherheitsvorkehrungen zum Schutz der Kryptowährung trifft, ist speziell für Laien eine kaum zu lösende Aufgabe. Die Wahl des richtigen Anbieters ist somit reine Vertrauenssache. Wichtig ist ein Standort, der klare Vorschriften für den Handel mit Kryptowährungen definiert hat (siehe Abschn. 11.2). Außerdem sollte das Geld der Kunden von den Kryptobörsen separat gesichert und nicht zu Spekulationszwecken eingesetzt werden. Online-Wallets sind zum Speichern größerer Summen eher ungeeignet.

3.5   Alternative Kryptowährungen

Auf dem Kryptomarkt gibt es noch andere Kryptowährungen als Bitcoin. Tatsächlich ist das Ökosystem inzwischen so gewachsen, dass es im Dezember 2022 bereits etwa 9000 verschiedene Coins und Tokens gab.[13] Obwohl Bitcoin, die erste aller Kryptowährungen, ursprünglich für Online-Zahlungen erdacht wurde, bieten viele der Nachfolger einzigartige Lösungen und Anwendungsfälle für verschiedene finanzielle und nichtfinanzielle Probleme. Kryptowährungen sind inzwischen zu einem wichtigen Bestandteil unserer Wirtschaft geworden.

In Zusammenhang mit Kryptowährungen spricht man oft von „Altcoins", „Coins" und „Tokens". Der Begriff Altcoin ist einfach erklärt. Er bedeutet schlicht „alternative Münze" und wird verwendet, um sämtliche digitale Währungen zu kategorisieren, die nicht Bitcoin

sind. Allein auf Bitcoin entfallen etwa 39 % der Gesamtmarktkapitalisierung sämtlicher Kryptowährungen. Die
zweitgrößte Kryptowährung, Ethereum, liegt mit etwa der
Hälfte der Marktabdeckung bereits abgeschlagen dahinter.
Alle anderen Kryptowährungen bewegen sich meist im
niedrigen einstelligen Bereich.[14]

Ein Coin ist eine Kryptowährung, die über ein eigenes
dezentrales Blockchain-Netzwerk verfügt, über das dieser
Coin auch verwaltet wird. Kurzum spielt sich alles rund
um diesen Coin in einem eigens für diesen Coin entwickelten Netzwerk ab. Coins stellen meistens – aber
nicht immer – ein alternatives Zahlungsmittel dar. Die
bekanntesten Coins sind Bitcoin, Litecoin und Ether, die
Kryptowährung des dezentralen Open-Source-Blockchain-
Systems Ethereum.

Ein Token ist dagegen eine Kryptowährung, die in
einem fremden Blockchain-Netzwerk gehostet wird.
Ethereum ist beispielsweise eine Blockchain, die das Verwalten fremder Kryptowährungen ermöglicht. In der
Regel handelt es sich dabei um dezentrale Anwendungen
(dApps) oder Finanztokens, die wiederum Teil einer
Smart-Contract-Umgebung sind, wo sie beispielsweise zur
Berechnung von Zinsen verwendet werden. Im Gegensatz
zu Coins verfügen die unterschiedlichen Tokens über eine
große Vielfalt an Funktionen.

Streng genommen ist auch ein Coin der native Token
seiner eigenen Blockchain. Somit sind alle Coins Tokens,
aber nicht alle Tokens Coins. Sowohl Coins als auch
Tokens können an Kryptobörsen gehalten oder gehandelt
werden. Da die Entwicklung eines Tokens weniger aufwendig ist als die eines Coins, der eine eigene Infrastruktur benötigt, sind die überwiegende Mehrheit der
Kryptowährungen Tokens. Die Anzahl der Tokens ist
daher in den letzten Jahren regelrecht explodiert. Sie übersteigt die Anzahl der Coins um ein Vielfaches.

3.5.1 Bitcoin Cash – Schneller als das Original

Die Kryptowährung Bitcoin ist in der Vergangenheit oft kritisiert worden, was unter Entwicklern und Minern zu zahlreichen Diskussionen geführt hat, die sowohl technisch als auch politisch motiviert waren.

In erster Linie ging es darum, das Netzwerk von Bitcoin zu verbessern, welches dem hohen Transaktionsaufkommen in Zukunft unter Umständen nicht mehr gerecht wird. Dadurch, dass die Blockchain auf unzähligen Computern arbeitet, ist sie zwar extrem sicher, aber für den Einsatz als zukunftssicheres Währungssystem mit zunehmender Auslastung zu langsam. Das Problem ist die Skalierbarkeit der Blockchain, deren Konzept vorsieht, nur alle zehn Minuten einen Block zu erzeugen, der etwa 2500 Transaktionen enthält. Das führt dazu, dass das Netzwerk mit zunehmender Popularität an seine Grenzen kommt und Wartezeiten sich technisch bedingt verlängern.

Vergleicht man die Geschwindigkeit der Blockchain mit der etablierter Kreditkartensysteme, werden die Unterschiede schnell klar. Visa gibt die Anzahl der täglichen Transaktionen im Jahr 2020 allein in Europa mit etwa 282 Mio. an, was ungefähr 3260 Transaktionen pro Sekunde entspricht. Weltweit sollen sogar 65.000 Transaktionen pro Sekunde technisch möglich sein.[15,16] In der gleichen Zeit schafft Bitcoin gerade einmal eine gute Hand voll Transaktionen, deren Bearbeitung zehn Minuten dauert. (siehe Abb. 3.2).

Noch beeindruckender lesen sich die Zahlen des Singles' Day in China. Das 24-stündige Shopping-Festival, das 1993 von den Handelsgiganten Alibaba und JD als chinesischer Junggesellentag ins Leben gerufen wurde, stellt hiesige Spektakel wie den Black Friday oder den Cyber Monday mit links in den Schatten. Die Zahlen,

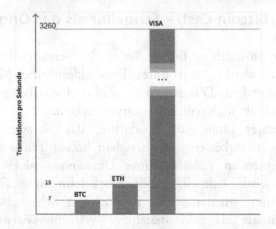

Abb. 3.2 Bitcoin und Visa: Transaktionen pro Sekunde

die Alipay, der größte Zahlungsabwickler der Welt und eine Art PayPal Chinas, präsentierte, beeindruckten auf ganzer Linie. Am Ende des Tages wurden über beide Plattformen zusammen unglaubliche 139 Mrd. US$ über den Zahlungsanbieter abgewickelt. Dabei verarbeiteten die Server über 540.000 Transaktionen pro Sekunde. Die Bitcoin-Blockchain wäre rechnerisch noch Jahre später mit der Abwicklung der Transaktionen beschäftigt.[17]

Für dieses Problem haben die Entwickler von Bitcoin Cash zwei Lösungsansätze identifiziert. Zum einen sollte die Datenmenge, die in jedem Block verifiziert werden muss, verkleinert werden. Zum anderen sollte die Größe der Datenblöcke vergrößert werden, um mehr Daten gleichzeitig verarbeiten zu können. Spruchreif wurde das Thema im Juli 2017, als sich die Mehrheit der Bitcoin-Miner auf die Implementierung eines Updates namens SegWit2x verständigte, über das die Datenmenge, die in einen Block geschrieben wird, verkleinert werden konnte. Dazu wurden einfach die Signaturdaten ausgelagert, die einen Großteil der Datenmenge ausmachen.

Doch trotz dieser Verbesserung des Bitcoin-Netzwerks nahmen die internen Diskussionen nicht ab. Eine Gruppe von Minern war der Überzeugung, dass die Einführung des Updates das Problem nicht final löst, sondern lediglich verschiebt und somit noch immer keine zufriedenstellende Lösung für das Skalierungsproblem darstellt. Die Diskussionen konkretisierten sich und gipfelten letztlich in der Abspaltung von Bitcoin Cash am 1. August 2017. Dazu produzierte das Mining-Unternehmen ViaBTC einen 1,9 MB großen Bitcoin Cash-Block, der auf dem alten Bitcoin-Netzwerk nicht gültig war. Mit Block 478558 war Bitcoin Cash geboren.[18]

Bitcoins Ableger verfügt seitdem über eine deutlich erhöhte Blockgröße im Vergleich zum Original und soll dadurch effizienter bei der Verifizierung sein. Um eine gleichmäßige Erzeugung von Bitcoin Cash zu gewährleisten, ist der Schwierigkeitsgrad der Verifizierung unabhängig von der Anzahl der beteiligten Miner einstellbar, was von Kritikern infrage gestellt wurde, da so die Demokratisierung des Konzepts nicht gewährleistet werden kann. Bitcoin Cash sieht sich selbst als „die Fortführung des Bitcoin-Projekts als peer-to-peer digital cash" und setzt auf die dezentrale Entwicklung mit gleich mehreren Entwicklerteams, um die Zukunft der Kryptowährung zu sichern.

Übrigens feierten nicht nur die Bitcoin Cash-Miner die Abspaltung von Bitcoin. Auch die Bitcoin-Investoren freuten sich: Weil Bitcoin Cash aus der Bitcoin-Blockchain entstanden ist, erhielt bei der Abspaltung jeder Bitcoin-Besitzer zusätzlich Bitcoin Cash in gleicher Höhe des zum Zeitpunkt der Abspaltung vorhandenen Bitcoin-Vermögens.

3.5.2 Ethereum – Die Mutter der Smart Contracts

Genau wie Bitcoin ist auch Ethereum[19] ein dezentrales Blockchain-Netzwerk. Gemessen an der Markt-kapitalisierung ist Ethereum nach Bitcoin die zweitgrößte Kryptowährung der Welt (Stand Dezember 2022). Obwohl es erhebliche technische Unterschiede zwischen beiden Technologien gibt, ist der bemerkenswerteste Unterschied der Zweck, den beide verfolgen. Während die Bitcoin-Blockchain eine Technologie ist, auf deren Basis es möglich ist, Zahlungen zwischen Transaktionspartnern per Bitcoin durchzuführen, stellt Ethereum primär das technische Fundament zur Verfügung, um Programm-codes, sogenannte dApps (decentralized applications) auszuführen. Sowohl Ethereum als auch Bitcoin arbeiten also auf der technischen Grundlage einer Blockchain, jedoch hat Ethereum die Technologie um die Möglichkeit erweitert, Smart Contracts zu implementieren oder eigene Programme auf der Blockchain laufen zu lassen, beispiels-weise um Eigentumsverhältnisse unverfälschbar zu hinter-legen.

Inzwischen konnte sich Ethereum als Standard für die Anwendungsentwicklung auf der Blockchain etablieren und wird durch die Enterprise Ethereum Alliance (EEA), eine im März 2017 aus Forschungsgruppen, Start-ups und Fortune-500-Unternehmen gegründete Gruppe, unter-stützt, deren Intention es ist, die Blockchain-Technologie auf Basis von Ethereum weiterzuentwickeln. Das Besondere an Ethereum ist daher die Technologie, die das Netzwerk zur Verfügung stellt, nicht, dass es sich dabei um eine weitere Kryptowährung handelt.

Die eigentliche Währung von Ethereum nennt sich Ether. Genau wie Bitcoins können auch Ether genutzt werden, um Einkäufe zu tätigen oder sich in ICOs (Initial Coin Offerings), eine Art Crowdinvesting in der Kryptowelt, einzukaufen. Neben der Eigenschaft als handelbare Kryptowährung wird Ether auch von Anwendungsentwicklern verwendet, um Transaktionsgebühren und Dienste im Ethereum-Netzwerk zu bezahlen. Da jede Ethereum-Transaktion Rechenressourcen benötigt, wird für jede Transaktion eine Gebühr fällig. Der Umfang des Rechenaufwands wird in einer Einheit namens „Gas" berechnet. Die Gas-Einheiten werden dann in Ether bezahlt. So wird das Netzwerk selbst am Leben gehalten. Über den Ausgleich des Rechenaufwands werden beispielsweise die Ausgaben der Validatoren ausgeglichen, konkret der Stromverbrauch, die Kosten für Hardware etc. Gas misst insofern die tatsächlichen Kosten der zur Verfügung gestellten Rechenleistung, während Ether der Volatilität von Kryptowährungen durch Angebot und Nachfrage unterliegt. Im Gegensatz zu Bitcoin ist die maximale Anzahl von Ether nicht auf 21 Mio. begrenzt, sondern theoretisch unendlich.

Die Vision von Ethereum ist es, das Internet vollständig zu verändern. Die meisten der Daten, mit denen wir tagtäglich arbeiten, sind auf zentralen Servern oder Cloud-Systemen großer Unternehmen gespeichert. Das gesamte Internet funktioniert auf diese Art und Weise. Dies hat Vorteile, da sich auf Unternehmensseite viele Spezialisten darum kümmern, dass die Daten rund um die Uhr performant zur Verfügung stehen. Gleichzeitig bringt dieses System aber einen entscheidenden Nachteil mit sich: Es ist angreifbar. Die Daten sind nicht sicher. Auch soziopolitisch kann es von Nachteil sein, wenn zu viele Daten in einer Hand liegen. Man begibt sich in eine Abhängigkeit und derjenige, der die Daten speichert, erlangt Macht.

An diesem Punkt setzt das Team um Vitalik Buterin[20] an. Er gilt als eines der Wunderkinder der Kryptoszene.

Das Time Magazine bezeichnete ihn im März 2022 sogar als die einflussreichste Person in der Kryptowelt. Buterin wurde am Silvesterabend 1994 geboren und verbrachte die ersten sechs Jahre seines Lebens in Russland, bevor seine Eltern mit ihm nach Kanada auswanderten. Mit gerade einmal 17 Jahren hörte er von seinem Vater von der Kryptowährung Bitcoin, deren dezentrales und kryptografisches Konzept ihn sogleich faszinierte. Er schrieb Artikel für Fachmagazine und Blogs und war ein angesehenes Mitglied der Bitcoin-Szene.

2014 veröffentlichte er das Whitepaper von Ethereum, einer neuen Kryptowährung auf Basis einer Open-Source-Blockchain, auf der Software-Entwickler jede Art von Anwendung entwickeln können. Genau wie Satoshi Nakamoto informierte er seine Freunde aus der Bitcoin-Szene per E-Mail darüber. Durch den Erfolg von Bitcoin ein paar Jahre zuvor musste er jedoch weniger Überzeugungsarbeit leisten als sein Vorbild Nakamoto. Im Gegenteil – Programmierer aus der ganzen Welt wollten ihren Teil zur Entstehung der neuen und innovativen Kryptowährung beitragen. Buterin wählte eine Gruppe von acht Enthusiasten und entwickelte mit ihnen in einer kleinen Wohnung in der Schweiz die erste Version des Ethereum-Codes. Parallel begann man mit der Vermarktung und Investorensuche.

Die Ziele waren von Anfang an hoch gesteckt: Buterin ist ein Anarchist, der an Kryptowährungen als ein unabhängiges und unkontrollierbares Zahlungsmittel glaubt. Er möchte die zentrale Datenspeicherung großer Unternehmen durch die Blockchain ersetzen und absichern. Das bestehende Modell des Internets soll so vollständig dezentralisiert und so demokratisiert werden.[21]

Neben dem technischen verfolgt Vitalik Buterin mit Ethereum also einen sehr politischen Ansatz. Wie auch im Bitcoin-Konzept sollen bestehende, zentralisierte Server sukzessive durch die am Ethereum-Netzwerk beteiligten Rechner ersetzt werden. Die beteiligten Nutzer erhalten durch das dezentrale System die Rechte an ihren Daten zurück. Wie auch in der Bitcoin-Blockchain entscheidet die Mehrheit in einem Konsensverfahren über Recht und Unrecht.[22]

Dieses Konsensverfahren wurde 2016 zum ersten Mal auf die Probe gestellt, als eine auf dem Ökosystem von Ethereum basierende Organisation namens „The DAO" gehackt wurde. Betroffen waren etwa 4 % der seinerzeit im Umlauf befindlichen Ether. Der Hack wurde zu einem Zeitpunkt bekannt, als man ihn durch Manipulation der in der Ethereum-Blockchain verankerten Smart Contracts noch hätte verhindern können. Auf dem Spiel stand das Geld der betroffenen Ether-Besitzer. Aber die Manipulation durch eine zentrale Instanz hätte der Ideologie eines sich selbst verwaltenden autonomen Systems widersprochen. Gerade zu einem Zeitpunkt, als eben diese Autonomie zu einem zentralen Argument für Kryptowährungen werden sollte.

Buterin entschied sich für einen Mittelweg. Er nahm nicht direkt Einfluss auf den Code, sondern setzte sich in Blog-Beiträgen und Foren intensiv mit der Situation auseinander. Hier sprach er sich für einen Hard Fork, also eine Abspaltung von der bis dahin gültigen Ethereum-Blockchain aus. Die Nutzer konnten sich frei entscheiden, ob sie bei der alten Version bleiben, die bis heute als „Ethereum Classic" existiert oder auf den neuen Fork, das heutige Ethereum, wechseln. Die überwältigende Mehrheit entschied sich damals für die neue Version von Ethereum.[23]

Die technische Mechanik des Konsensverfahrens wurde am 15. September 2022 auf ein Konzept namens „Proof-of-Stake" (siehe Abschn. 10.2.3) umgestellt. Zuvor setzte man bei Ethereum auf Proof-of-Work, das Verfahren, das auch bei Bitcoin im Einsatz ist. (siehe Abschn. 3.3.3) Bei Proof-of-Stake wird von den Validatoren, das sind diejenigen, die Transaktionen im Netzwerk überprüfen und bestätigen, zunächst eine Einlage in Höhe von mindestens 32 Ether (Ether ist die Währungseinheit von Ethereum) einbehalten. Durch diese Einlage erwirbt der Validator das Recht, der Blockchain neue Blöcke hinzuzufügen. Im Gegenzug für seine Einlage erhält der Validator für das Bestätigen der Transaktionen eine Belohnung in Form von Gebühren, die Nutzer für die Transaktionen bezahlen.

Ein großer Vorteil von Proof-of-Stake ist der vergleichsweise niedrige Energieverbrauch. Die Umstellung auf Proof-of-Stake senkte den Bedarf an Strom um bis zu 99,95 % und machte Ethereum dadurch umweltverträglicher, schwieriger zu hacken und legte den Grundstein dafür, dass das Netzwerk zur Massenanwendung skalieren kann.[24]

Kritikern missfällt die Umstellung auf Proof-of-Stake, da nur noch Menschen Ether erzeugen können, die über die entsprechenden wirtschaftlichen Mittel verfügen. 32 Ether kann längst nicht jeder aufbringen. Die angestrebte Demokratisierung des Netzwerks wird auf diese Weise wieder aufgeweicht, denn letztlich wirken sich die Entscheidungen der wenigen, die es sich leisten können, auf die gesamte Masse der Nutzer aus. So ist es auch bei Fiatwährungen der Fall.

Die breite Öffentlichkeit kennt das Potential der Ethereum-Blockchain nicht. Die Presse feiert Ethereum als Spekulationsobjekt und nicht als ein innovatives und quelloffenes System, welches die Verwaltung und Ausführung von Smart Contracts in einer eigenen Blockchain ermöglicht. Genau wie Bitcoin gilt Ethereum in der Welt der Kryptowährungen als attraktives Investment und eine mächtige Zwischenhandelswährung, um damit kleinere Währungen zu kaufen.

Dagegen wehrt sich Buterin. Er möchte nicht, dass seine Erfindung zu einem Spekulationsobjekt verkommt. Ethereum soll stattdessen zu einem guten Zweck eingesetzt werden und für die Gesellschaft nützlich sein. Als Kryptowährungen im Dezember 2017 eine Marktkapitalisierung von einer halben Billiarde US-Dollar erreicht hatten, hinterfragte Buterin auf Twitter selbstkritisch, was Kryptowährungen außer dem Transferieren von Beträgen schon erreicht hätten.

> „Wie viele Menschen, die zuvor kein Bankkonto hatten, haben nun eines?", „Wie viele Anwendungsfälle haben wir geschaffen, die einen echten Nutzen haben?", „Wie viele Venezolaner wurden von uns tatsächlich vor einer Hyperinflation geschürzt?"[25] (Vitalik Buterin)

Fragen, die zum Nachdenken anregen. Doch damit nicht genug, Buterin ging sogar noch einen Schritt weiter. Zu einem Zeitpunkt, als Ether die 1200 US\$-Marke knackte und sich Spekulanten im Internet mit zur Schau gestelltem Reichtum profilierten, drohte Buterin mit seinem Rückzug aus dem Projekt.

> „Wenn alles, was wir erreichen, Lamborghini-Memes und unausgegorene Witze über „Sharting" sind, dann werde ich gehen."[26] (Vitalik Buterin)

Auch zum Thema ICO positionierte Buterin sich kritisch. Zuvor waren Anleger in mehreren unseriös durchgeführten ICOs um ihr Geld gebracht worden. Die Initiatoren dieser ICOs hatten darauf gesetzt, dass scheinbar blind in alles investiert wurde, was in Verbindung mit Kryptowährungen oder der Blockchain stand. So bestand das Geschäftsmodell aus dem Aufsetzen des obligatorischen White Papers und dem Einsammeln der

Investitionen. Von dem im White Paper geschilderten Konzept wurde anschließend nichts umgesetzt.

Insgesamt etwa 10 % aller ICO-Investitionen sollen einer Studie der Beratergesellschaft EY zufolge bereits abhandengekommen sein. Demnach werden Betrüger durch die Möglichkeit angelockt, innerhalb kürzester Zeit zu sehr viel Geld zu kommen. Schuld sei das Fehlen einer zentralen Autorität und die Irreversibilität einer Blockchain-Transaktion, wodurch der Betrug erst ermöglicht würde.[27]

Vitalik Buterin hingegen hat die Ausschüttung der gesammelten Gelder an die ICO-Initiatoren als das Hauptproblem ausgemacht. Sie ist an keine Gegenleistung gebunden. Seine Lösung ist pragmatisch: Nach dem Ende des Token-Verkaufs wird zunächst nur so viel Kapital an die Initiatoren ausgezahlt, wie sie benötigen, um das Business zu starten. Auf diese Weise regulierte ICOs nennen sich dann DAICOs (Decentralized Autonomous Initial Coin Offerings).[28] (siehe Abb. 3.3) Sie stellen sicher, dass es weiteres Geld erst bei Erreichen vorab definierter

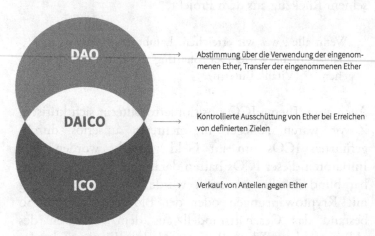

Abb. 3.3   Vergleich ICO und DAICO

Meilensteine gibt. Abweichungen von dieser Regel werden zuvor von der Investorengemeinschaft abgestimmt.

Vitalik Buterin ist heute der Held einer immer kleiner werdenden Szene von Idealisten, die die Ideologie von Kryptowährungen als ein nicht-hierarchisches Zahlungsmittel aufrechterhalten wollen. Ihnen gegenüber steht eine ungleich größere Szene aus Spekulanten, für die die ursprüngliche Ideologie von Kryptowährungen nicht die geringste Rolle spielt.

3.5.3   NEO – Chinas Antwort auf Ethereum

Ähnlich und doch vollkommen anders als Ethereum ist NEO.[29] Die Kryptowährung mit chinesischen Wurzeln gilt zugleich als Chinas Antwort auf Ethereum und erste quelloffene Blockchain-Plattform im Reich der Mitte. Das Entwickler-Team um Gründer Hongfei Da, das NEO zur Gründung medienwirksam vor 200 Teilnehmern im Microsoft-Hauptquartier in Peking präsentierte, gilt als eines der professionellsten in der Kryptoszene.[30] Kein Wunder also, dass das Konzept von NEO gleich quantencomputertauglich aufgesetzt wurde, was der Kryptowährung im Vergleich zu anderen Projekten einen technologischen Vorsprung verschafft.

Für Reichweite soll neben einem durchdachten Konzept auch die Tatsache sorgen, dass NEO, im Gegensatz zu anderen Plattformen, über Standard-Programmiersprachen entwickelt wurde. Während Konkurrent Ethereum hier mit Solidity auf eine eigens für Smart Contracts (siehe Abschn. 9.2) entwickelte Skriptsprache setzt, gibt NEO nahezu jedem, der etwas vom Programmieren versteht, die Möglichkeit, an der Plattform zu arbeiten, ohne sich vorab zusätzliches Wissen aneignen zu müssen. Das senkt die Eintrittsbarriere deutlich. Schon allein diese Tatsache macht NEO technologisch zu einem starken Ethereum-Konkurrenten, da die Smart Contracts leichter beziehungsweise von potenziell mehr Menschen aufgesetzt werden können. Außerdem gilt NEO bzw. die NEOVM (NEO Virtual Machine) genannte Technik als performant, sicher und in einem hohen Maß skalierbar.

Genau diese Attribute sind die Voraussetzung für die Idee, Vermögenswerte und Identitäten vollständig zu digitalisieren. Traditionelle Vermögenswerte werden in digitale Vermögenswerte umgewandelt, Identitäten elektronisch hinterlegt. Konkret werden traditionelle Vermögenswerte mittels digitaler Zertifikate in der Blockchain hinterlegt und auf diese Weise rechts- und fälschungssicher dezentralisiert. Identitäten wie Handelsregistereinträge oder Grundbucheinträge können in der NEO-Blockchain auf die gleiche Art und Weise elektronisch und somit eindeutig hinterlegt werden. Ähnlich der Ethereum-Blockchain nutzt auch NEO dafür Smart Contracts.

Eine weitere Parallele zu Ethereum findet sich im Bereich der Tokens: Wie Ethereum nutzt NEO zwei Tokens. Der eigentliche NEO-Token dient der Finanzierung des Projektes, er ist gewissermaßen der Investitionstoken. Die NEO-Tokens wurden gleich zu Projektstart erzeugt und über einen ICO an Kapitalanleger verkauft. Die GAS-Tokens dienen dazu, das Projekt selbst am Leben zu erhalten, d. h. sie werden als Entgelt für die Netzwerknutzung, als Währung für Smart Contracts oder Anreiz für die Miner genutzt. Genau wie von den NEO-Tokens gibt es von den Gas-Tokens 100 Mio. Stück, die jedoch nicht vollständig erzeugt wurden, sondern über einen Zeitraum von etwa 22 Jahren sukzessive generiert werden.[31]

Wer den NEO-Token kauft, erwirbt im Grunde Firmenanteile und keine digitale Währung. NEO selbst rechnet intern mit Fiatwährungen und sieht sich als eine Art Bindeglied zwischen Fiat und dem dezentralen Konzept der Blockchain. Das führt zu Kritik durch die Krypto-Szene. Denn eine durch Firmeninteressen hervorgerufene Zentralisierung der eigentlich dezentralen Blockchain passt nicht zur ursprünglichen Ideologie des Krypto-Ökosystems. Daher musste sich NEO das eine oder andere Mal die Frage gefallen lassen, ob der NEO-Token tatsächlich eine echte Kryptowährung ist und über die entsprechenden Börsen gehandelt werden sollte.

3.5.4 IOTA – Wenn Maschinen Maschinen bezahlen

Die technischen Möglichkeiten der Blockchain sind vielfältig. Die Kombination mit Smart Contracts wird es zukünftig ermöglichen, dass Elektrogeräte miteinander kommunizieren und über eine Wenn-dann-Beziehung miteinander interagieren. Wenn die Stromlieferung im Haushalt ankommt, dann wird automatisch eine Zahlung zum Stromanbieter ausgelöst. Wenn der Kaffeevollautomat eine Tasse Kaffee brüht, dann überweist er eine vertraglich definierte Anzahl an Währungseinheiten an den Leasinggeber der Maschine. Die Anwendungsmöglichkeiten scheinen schier unendlich.

Die Idee hinter dem IOTA-Token (Internet of Things Alliance) geht hier noch einen Schritt weiter. Die Kryptowährung wurde 2015 von Dominik Schiener, Serguei Popov und David Sønstebø mit dem Ziel programmiert, ein autonomes Bezahlen zwischen miteinander kommunizierenden Maschinen zu ermöglichen. Schiener, Popov und Sønstebø unterstellen dabei, dass Geräte zukünftig nicht einfach nur miteinander kompatibel sein werden, sondern sich die Leistung auch gegenseitig vergüten. Kommuniziert der Feuchtigkeitsmesser im Rasen (Hersteller A) also zukünftig mit dem Bewässerungssystem (Hersteller B), so wird das Bewässerungssystem den Feuchtigkeitsmesser für seine Leistung, die Bereitstellung der Daten, entlohnen. Und aus welchem Grund sollte der WLAN-Router einem Handy die Daten kostenlos zur Verfügung stellen? Was zunächst verwirrend klingt, ist bei näherer Betrachtung doch nur ein auf Leistung und Gegenleistung beruhendes Prinzip, das bereits seit Jahrtausenden Bestand hat. In diesem Fall eben nur zwischen Maschinen und nicht zwischen Menschen.

Geht es nach den Machern von IOTA, so benötigt eine autonome Technologie für das Internet der Dinge neben der Eigenschaft, Maschinen einer industriellen Produktionskette miteinander vernetzen zu können, auch ein entsprechend geeignetes Zahlungsmittel, das in der Lage ist, im Bedarfsfall auch monetäre Transaktionen in Kleinstbeträgen durchzuführen.

Dabei nutzt IOTA das dezentrale Prinzip der Bitcoin-Blockchain, ersetzt diese aber durch den sogenannten „Tangle-Ledger", der Transaktionen in Tangles statt wie bei Bitcoin in Blöcken ablegt. Transaktionen werden hier direkt miteinander verbunden, wobei jede neue Transaktion automatisch zwei vorhergehende Transaktionen verifiziert, indem sie diese auf Deckung und Plausibilität überprüft. Welche Transaktionen das sind, entscheidet ein Algorithmus auf Zufallsbasis. Das Innovative an einem Tangle ist, dass mehrere Transaktionen parallel verarbeitet werden können.

Der Verzicht auf Blöcke macht das System theoretisch nahezu unendlich skalierbar (ein Dauerproblem der Bitcoin-Blockchain, siehe Abb. 3.4). In einer Welt voller Maschinen, die permanent miteinander kommunizieren und sich für ihre Leistung entlohnen, ermöglicht IOTA so

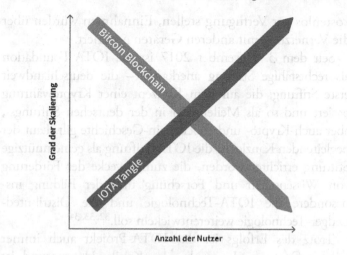

Abb. 3.4 Skalierung IOTA und Bitcoin

ein höchst flexibles Payment-System, das kleinste Transaktionen in riesiger Menge nahezu in Echtzeit umsetzen können soll. Bitcoin benötigt dafür ein Intervall von zehn Minuten.

Auch das Mining entfällt vollständig, wodurch keine Transaktionsgebühren notwendig sind. Bei der Bitcoin-Blockchain werden die Miner unter anderem über die Transaktionsgebühren für ihre Dienste entlohnt. Auch ein Kontrollverlust, der im Bitcoin-Netzwerk theoretisch möglich wäre, wenn über 50 % der Rechenleistung auf einen einzigen Miner entfallen, ist so nicht mehr möglich. Allerdings entfällt bei diesem Prinzip auch die durch künstliche Verknappung geschaffene Nachfrage des Bitcoin-Systems.

Geht man davon aus, dass sich die miteinander kommunizierenden Maschinen, die sich für ihre Leistung gegebenenfalls auch gegenseitig bezahlen, tatsächlich etablieren, so eröffnet diese Vorstellung vollkommen neue Geschäftsmodelle. Hersteller könnten Geräte so auch kostenlos zur Verfügung stellen, Einnahmen würden über die Vernetzung mit anderen Geräten generiert.

Seit dem 3. November 2017 ist die IOTA Foundation als rechtsfähige Stiftung anerkannt – die deutschlandweit erste Stiftung, die auf dem Konzept einer Kryptowährung basiert und so als Meilenstein in der deutschen Stiftungs-, aber auch Krypto- und Blockchain-Geschichte gilt. Laut der begleitenden Kanzlei ist die IOTA-Stiftung als gemeinnützige Stiftung errichtet worden, die zum Zwecke der Förderung von Wissenschaft und Forschung und der Bildung insbesondere die IOTA-Technologie und die Distributed-Ledger-Technologie weiterentwickeln soll.[32, 33, 34]

Trotz des Erfolgs ist das IOTA-Projekt auch immer wieder Gegenstand eingehender Kritik. Hauptgrund ist die Nutzung des sogenannten „Coordinators", der das IOTA-System zentralisiert. Geplant als Übergangslösung, sollte die Sicherheitsfunktion im Prinzip die Aufgaben eines Konsensmechanismus übernehmen, um doppelte Ausgaben zu verhindern und so die Token der Nutzer zu schützen. Der Koordinator konnte bis heute nicht dauerhaft deaktiviert werden.

3.5.5 Ripple – Bindeglied zwischen alt und neu

Der amerikanische Softwareentwickler Jed McCaleb etablierte mit eDonkey bereits im Jahr 2000 eines der größten Filesharing-Netze der damaligen Zeit. 2007 entwickelte er eine Online-Plattform, auf der Karten eines Sammelkartenspiels getauscht und gehandelt werden konnten. Seine Plattform benannte er nach dem Spiel „Magic: The Gathering Online Exchange", abgekürzt „Mt. Gox". Kurze Zeit später wurde daraus die zu ihrer Zeit größte Handelsplattform der Welt für den Handel mit Bitcoins (siehe Abschn. 5.4). In diesem Zusammenhang geriet McCaleb auch in Verdacht, der Erfinder der Kryptowährung, Satoshi Nakamoto, zu sein. Doch der Verdacht bestätigte sich nicht (siehe Abschn. 4.1.1). 2011 gründete Jed McCaleb die Kryptowährung Ripple[35], als deren treibende Kraft er galt, bis er das Unternehmen 2013 im Streit verließ.

Der Begriff Ripple wird oft als Synonym für die Währung, das Netzwerk selbst und die Betreiberfirma genannt. Korrekt heißt die Währung XRP, das Netzwerk Ripple Transaction Protocol (RTXP) und die Betreiberfirma Ripple Labs, bleiben wir der Einfachheit halber aber dennoch bei „Ripple".[36]

Anders als die meisten Kryptowährungen möchte Ripple keine neue Währung etablieren, sondern vielmehr als Bindeglied zwischen den unterschiedlichen Währungen agieren. Ob Fiat- oder Kryptowährung spielt dabei keine Rolle. Ripple ist ein privates Unternehmen, dessen erklärtes Ziel es ist, ein globales Netzwerk der Finanzinstitute aufzubauen, um Zahlungstransfers zwischen den Instituten zu optimieren und so Kosten zu sparen. Ripple möchte Banken im Bereich des internationalen Zahlungsverkehrs nicht ersetzen, so wie andere Kryptowährungen es möchten – Ripple versteht sich im Gegenteil als Dienstleister der Banken, der den Transfer von Zahlungen optimiert.

„Zahlungssysteme sind heute dort, wo E-Mail in den frühen 80er Jahren war. Jeder Anbieter baute sein eigenes System für seine Kunden und wenn die Leute verschiedene Systeme benutzten, konnten sie nicht einfach miteinander interagieren. Ripple wurde entwickelt, um verschiedene Zahlungssysteme miteinander zu verbinden."[37] (Ripples Chefkryptograph David Schwartz)

Ripple steht so in direktem Wettbewerb mit SWIFT,[38] dem Standard-Protokoll bei internationalen Überweisungen. Die belgische Organisation koordiniert und standardisiert den Überweisungsverkehr von inzwischen weit mehr als 10.000 Banken und Börsen in mehr als 200 Ländern. Trotz der hohen Verbreitung ist das System träge, weshalb immer mehr Banken mit Ripple experimentieren. Bis heute konnte Ripple mehr als 100 Banken für sich gewinnen, Tendenz stark steigend.

Um zu verstehen, was Ripple im Vergleich zu SWIFT für Banken attraktiv macht, muss man sich zunächst einen Zahlungsprozess genauer ansehen. Um einen Geldbetrag von A nach B zu transferieren, beauftragt A seine Bank A als Mittelsmann, um einen Betrag zu Bank B, einem weiteren Mittelsmann, zu transferieren, der seinerseits den Empfänger B über den Empfang informiert. A übermittelt dabei ein Passwort an B, das dieser benötigt, um von seiner Bank B die Zahlung zu erhalten und den Transfer zu bestätigen. Bank B veranlasst die Auszahlung an B, ohne zuvor den Betrag von Bank A erhalten zu haben. Bank A schuldet Bank B somit diesen Betrag. Es kann nun eine Ausgleichszahlung von Bank A an Bank B erfolgen oder man führt Buch über sämtliche Transfers und verrechnet die Zahlungen. Dies ergibt dann Sinn, wenn die Banken A und B noch mehrere Klienten haben, die sich Beträge überweisen.[39]

Eine Besonderheit dieses Systems ist außerdem, dass die Banken die Auszahlung an ihre Klienten in sämtlichen angeschlossenen Währungen vornehmen können. A könnte also US-Dollar einzahlen und B wünscht die Auszahlung in Bitcoin – kein Problem dank Ripple. Im Gegensatz zum vergleichsweise trägen Bitcoin-Netzwerk wird der Währungskurs in Echtzeit bestimmt und umgerechnet. Dieses Prinzip nennt sich Real Time Gross Settlement System (RTGS) und soll gewährleisten, dass

alle Transaktionen bereits zum Zeitpunkt ihres Zustande-
kommens verarbeitet und augenblicklich abgewickelt
werden.

Um diese Umrechnung on-the-fly zu gewährleisten,
arbeitet das Ripple-Netzwerk mit sogenannten Gateways,
die im Grunde eine Art Schnittstelle an die bestehenden
Blockchains der unterschiedlichen Kryptowährungen
und Finanzinstitute darstellen. Alle im Netzwerk aktiven
Akteure werden so auf einen Nenner gebracht und
standardisiert. Die Transaktionen werden dabei über
ein Konsensprotokoll validiert. Findet ein Betrugs-
versuch wie beispielsweise eine Mehrfachzahlung über
mehrere Gateways statt, wird abgeglichen, welche Transaktion die erste war und die restlichen Transaktionen für
ungültig erklärt. Die Validierung soll nicht länger als 5 s
dauern. Für all diese Vorzüge erhebt Ripple keine Transaktionsgebühren, wie man es von Zahlungsdienstleistern
wie Kreditkarten oder PayPal kennt. Stattdessen wird ein
kleiner Teil eines XRP bei jeder Transaktion einbehalten.
Dies soll verhindern, dass das Ripple-Netzwerk von einer
Transaktions-Flut in Millionenhöhe von nur einer Person
überschwemmt werden kann, um es zu attackieren.[40]

Genau wie Bitcoin basiert auch XRP, Ripples Währung,
auf einer mathematischen Formel. Auch hier ist die
Anzahl der digitalen Münzen nicht unendlich, sondern
auf 100 Mrd. limitiert. Bei Bitcoin sind es 21 Mio. Beide
Systeme sind dezentral organisiert und beruhen auf
einem Peer-to-Peer-Netzwerk. Ripple sieht sich Banken
und auch Kryptowährungen gegenüber als Partner und
nicht als Wettbewerber. Trotzdem ist auch Ripple in der
Kryptoszene in die Kritik geraten, denn Ripple Labs selbst
hält das Gros der digitalen Münzen, in Summe mehr
als 60 Mrd. Kann man in diesem Zusammenhang von
einem wirklich dezentralen System sprechen oder ist die
Dezentralität nur durch das technische Konzept gegeben?

Wie auch immer man diese Tatsache bewerten mag, es lohnt sich sicherlich, die Entwicklung der Kryptowährung zu beobachten. Denn Ripple könnte sich zu einer wichtigen Schnittstelle zwischen dem alten und neuen Finanzsystem entwickeln.

Für Spekulanten ist Ripple aber eher ungeeignet. Die schiere Anzahl der Tokens dürfte die Mechanik von Angebot und Nachfrage aushebeln. Das Geschäftsmodell ist eben ein anderes: Ripple möchte mit Zahldiensten wie Mastercard oder Visa in Konkurrenz treten. Dafür ist es essentiell notwendig, die Transaktionskosten niedrig zu halten, um so überhaupt wettbewerbsfähig zu sein. Da die Transaktionskosten direkt vom Kurs abhängig sind, kann es nicht im Interesse des Unternehmens sein, den Kurs in die Höhe zu treiben oder von Spekulanten in die Höhe treiben zu lassen. Ganz im Gegenteil – um diesen niedrig zu halten, schüttet Ripple von Zeit zu Zeit sogar Tokens aus.

3.5.6 Dash – Schnell und demokratisch

Bitcoin gilt als weitgehend anonym. Eine Eigenart, die Bitcoin bereits in den Anfangszeiten zu einem großen Zuspruch aus der kriminellen Szene verholfen hat. Die vermeintliche Anonymität wird dadurch gewährleistet, dass es an keiner Stelle einer Transaktion notwendig ist, persönliche Daten anzugeben. Stattdessen verschickt man Transaktionen über eine alphanumerische Adresse, deren Aktivitäten in der Blockchain gespeichert werden. Solange diese Adresse mit keiner Identität in Verbindung gebracht werden kann, funktioniert die Anonymität von Bitcoin. Man kann diese Adresse mit einem Pseudonym vergleichen, unter dem viele Autoren Bücher veröffentlichen. Wird jemals der wahre Autor eines Buches bekannt, sind sogleich alle Bücher bekannt, die der Autor je unter diesem Pseudonym geschrieben hat. So verhält es sich auch mit Bitcoin: Wird die Identität hinter der Adresse bekannt, kann sogleich jede Transaktion unter dieser Adresse einer Identität zugeordnet werden. Bitcoin ist daher streng genommen pseudonym, nicht anonym.

An diesem Punkt setzt Dash[41] an. Ursprünglich von Evan Duffield unter dem Namen Darkcoin ins Leben gerufen, wurde die Kryptowährung 2015 in Dash umbenannt – zu groß war die namentliche Nähe zum Darknet. Dash versteht sich seitdem als neue Generation von Bargeld. Insofern ist der Anspruch an eines der Hauptmerkmale von Bargeld, die Anonymität, extrem hoch. Wie Bitcoin wird auch Dash nicht von einer Bank verwaltet, sondern in einer digitalen Geldbörse, der Dash-Wallet.

Auch bei Dash gelten die Transaktionen dank einer hochentwickelten Verschlüsselung als unlesbar für Dritte und die Blockchain im Hintergrund als nicht hackbar. Dennoch geht Dash einen entscheidenden Schritt weiter als Bitcoin: Zwar nutzt die Kryptowährung die gleiche technische Basis, deckelt diese aber über eine weitere Netzwerkebene. Bevor die Miner sich analog Bitcoin um die Verifizierung der Transaktionen kümmern, wird das Netzwerk von sogenannten Masternodes abgeschirmt, gesichert und anonymisiert.[42] Eine der bemerkenswertesten Innovationen von Dash ist die Entwicklung einer Art Haushaltskasse, aus der Projektvorschläge finanziert werden, die das Dash-Ökosystem voranbringen. Diese Kasse wird mit 10 % der Blockbelohnung finanziert, einer Kombination aus Transaktionsgebühren, die im Netzwerk erhoben werden, und neu geprägtem Dash, der an Miner für die Sicherung der Blockchain vergeben wird. Masternodes, die mindestens 1000 Dash halten, erhalten ein Stimmrecht bei der Verteilung der Gelder aus der

Haushaltskasse. Die 10 % werden also als Entwicklungs- und Marketingbudget verwendet und an entsprechender Stelle ausgeschüttet. Veränderungen am Netzwerk werden also direkt aus dem Netzwerk finanziert. Wie und wo dieses Geld verbraucht wird, entscheiden die Masternodes in regelmäßigen Abständen im Konsens. Und zwar in kürzester Zeit – ein weiterer Unterschied zu Bitcoin, wo Abstimmungsprozesse viele Monate dauern können.

Die gleiche Geschwindigkeit kann Dash bei den Transaktionen vorweisen. Zahlungen werden nahezu sofort durch die Masternodes bestätigt und von der Gegenpartei empfangen. Bei Bitcoin wird diese Aufgabe von den Minern übernommen, was zu deutlich längeren Transaktionszeiten führt. Ist eine Transaktion erst einmal getätigt, sorgt ein Anonymisierungskonzept dafür, dass die Transaktionen keiner Absenderadresse zugeordnet werden können. Ein erheblicher Vorteil für alle, die nicht möchten, dass ihre Transaktionshistorie wie bei Bitcoin öffentlich zugänglich gemacht wird.

Mit Dashs vorgeschalteter Anonymisierung hat nur der Absender selbst Zugriff auf seine Transaktionsinformationen. Dash gilt somit als eine wirklich anonyme Technologie, die neben schnellen Verarbeitungszeiten auch niedrige Transaktionskosten vorweisen kann. Möglicherweise genau die technologischen Merkmale, die das Bargeld der Zukunft vorweisen muss.[43]

3.5.7 SpankChain – Sex sells

Sex sells! Das ist nichts Neues, aber im Kryptobereich ist es zumindest bemerkenswert. Zahlreiche Innovationen der Technologiebranche wären ohne den Einfluss der Pornoindustrie anders oder langsamer verlaufen: flottes Video-Streaming, zahllose Payment-Schnittstellen, der

Durchbruch der Webcams und zuletzt Virtual Reality. Auch die Videokassette hätte es ohne die großen Pornostudios nie gegeben. Denn Hollywood hatte den Vertrieb über Videokassetten zunächst abgelehnt, zu groß war die Angst vor entgangenen Einnahmen durch Raubkopien. Doch die Pornoindustrie setzte von Anfang an auf Videokassetten als Vertriebsinstrument. Nur so konnten die Konsumenten den Film in Ruhe zuhause genießen. Man munkelt, dass auch der Krieg zwischen VHS und Betamax, dem Video-Format von Sony, an der Pornofront entschieden wurde. Denn Sony weigerte sich, pornografisches Material auf die Kassetten zu kopieren – der Durchbruch für die VHS-Kassette.

All diese Innovationen waren getrieben durch einen unstillbaren Durst nach nackter Haut. Da war es nur eine Frage der Zeit, bis sich das Business auch die Vorzüge der Blockchain zunutze macht. Und zwar in Form eines auf die Branche zugeschnittenen Netzwerks inklusive Coin – zusammen SpankChain[44] genannt – frei nach ihrem Schöpfer „Spanktoshi Nakabooty".

Doch die Idee hinter SpankChain ist durchaus ernst. In den USA steht es den Banken frei, einer Kontoeröffnung zuzustimmen. Aufgrund der dort herrschenden Doppelmoral werden die in Pornovideos schauspielernden Damen und Herren oftmals abgelehnt. Die Einnahmen wandern unter das Kopfkissen, eine Teilnahme am globalen Finanzsystem ist so nur schwer möglich. Außerdem soll es mit SpankChain möglich sein, Lizenzrechte an den Videos in der Blockchain zu hinterlegen und die Darsteller so bei jedem Abspielen anteilig zu entlohnen. Im Prinzip vollautomatisiert und fälschungssicher.[45]

Technisch basiert SpankChain auf der Ethereum-Blockchain und glänzt dennoch durch eine Besonderheit. Der Gebührenmechanismus für einen Transfer wird nur dann ausgelöst, wenn ein Benutzer einen neuen Zahlungskanal öffnet oder diesen wechselt. Ein interessantes Feature, dass auch in vielen anderen Bereichen zur Anwendung kommen könnte.

SpankChain ist nicht der erste Versuch der Pornobranche, in der Blockchain-Technik Fuß zu fassen. Bereits 2014 gab es mit TitCoin einen Versuch, der sich jedoch nicht durchsetzen konnte.

4

Satoshi Nakamoto

4.1   Einzelperson oder Gruppe?

Mit der wachsenden Popularität von Bitcoin wurden verschiedene Personen mit unterschiedlichen Nationalitäten
auf der ganzen Welt für Nakamoto gehalten oder haben
die Identität für sich beansprucht. Doch wer oder welche
Gruppe verbirgt sich tatsächlich hinter dem Pseudonym
Satoshi Nakamoto? Da der Name in Japan dem in
Deutschland gebräuchlichen Platzhalternamen Max
Mustermann oder dem amerikanischen John Doe entspricht, gingen erste Spekulationen in Richtung Nippon,
verliefen aber schnell im Sande.

Fest steht nur eines: Die Person oder die Gruppe,
die sich hinter Satoshi Nakamoto verbirgt, muss eine
überdurchschnittlich hohe Begabung im Bereich der
Programmierung und Kryptografie haben und dazu
ein tiefes ökonomisches Wissen im Bereich Volks- und
Finanzwirtschaft. Denn obwohl es die Kryptografie bereits

© Springer-Verlag GmbH Deutschland, ein Teil von Springer
Nature 2023, korrigierte Publikation 2023
P. Rosenberger, *Bitcoin und Blockchain*,
https://doi.org/10.1007/978-3-662-66530-5_4

mehrere Jahrzehnte in der Programmierung gibt, war es Nakamoto, der als erster ein zentrales Problem digitaler Währungen in einem dezentralen Umfeld lösen konnte: die Möglichkeit, eine digitale Münze mehrmals auszugeben. Dies technisch zu verhindern, war bislang nur Banken in einem zentralen Umfeld gelungen.

Ein technisches Konzept wie die Blockchain mit der darauf aufgesetzten Kryptowährung Bitcoin zu entwickeln, erfordert unzweifelhaft Know-how aus den unterschiedlichsten Bereichen. Zunächst einmal muss man eine Software entwickeln können. Satoshi begann im Frühjahr 2007 mit der Programmierung der ersten Version von Bitcoin in der Programmiersprache C++. Doch mit dem eigentlichen Programmieren ist es nicht getan, davor steht die Entwicklung eines technischen Konzepts bis hin zum Softwareentwurf, bevor dieser durch das Programmieren in Quellcode umgewandelt wird. Insbesondere bei komplexen Programmstrukturen wie dem der Blockchain erfordert dies spezifisches Know-how und vor allem jahrelange Erfahrung. Die Blockchain ist daher ganz sicher nicht das Programmier-Debüt eines unerfahrenen Entwicklers.

Hinzu kommen fundierte Kenntnisse der Kryptografie. Auch hier steht vor der eigentlichen Umsetzung zunächst die Konzeption eines Systems, das später resistent gegen externe Zugriffe und Manipulation sein soll. Der Erfinder der Blockchain muss außerdem eine tiefgehende Kompetenz im Bereich finanzwirtschaftlicher Zusammenhänge haben – nicht nur auf betriebswirtschaftlicher, sondern auch auf volkswirtschaftlicher Basis. Dazu kommt der unabdingbare Wille, etwas verändern zu wollen, über Jahrzehnte gewachsene globale Zusammenhänge auf den Kopf zu stellen und ein weltumspannendes Finanzsystem neu zu erfinden.

Wie realistisch ist es, dass ein einzelner Mensch all diese Kenntnisse besitzt? Das ist eher unwahrscheinlich. Vieles spricht daher für eine eingeschworene Gruppe aus Einzelkompetenzen, die gemeinsam die Welt verändern wollten. Vermutlich ist es eine Gruppe aus dem Umfeld der Cypherpunks.

> „Entweder gibt es ein Team von Leuten, die daran gearbeitet haben, oder dieser Typ ist ein Genie." (Dan Kaminsky, Internet Security-Experte)[46]

4.2 Spurlos verschwunden

Von Nakamoto findet man keinerlei Spuren im Netz, die nicht in einem Zusammenhang mit Bitcoin stehen. Er kommunizierte ausschließlich über E-Mails, die er über anonyme Hosting-Services versendete. Sein PGP-Schlüssel („Pretty Good Privacy"), mit dessen Hilfe es möglich ist, Nachrichten so zu verschlüsseln, dass nur ein berechtigter Empfänger sie lesen kann, wurde erst kurz vor dem Erzeugen des ersten Bitcoin-Blocks, dem sogenannten Genesis-Block, erstellt.

Im April 2011 ist Nakamoto schließlich komplett aus der digitalen Öffentlichkeit verschwunden. Zuvor hatte er eine Mail von Gavin Andresen erhalten. Andresen ist ein Softwareentwickler, der Nakamoto damals als leitender Entwickler der Client-Software für das Bitcoin-Netzwerk unterstützte. In dieser E-Mail berichtete Andresen, dass er eine Einladung der CIA angenommen hatte, um über Bitcoin zu sprechen. Nakamoto antwortete:

> „Ich wünschte, Sie würden nicht ständig über mich als mysteriöse Schattengestalt sprechen, denn die Presse macht daraus sonst eine Piratenwährung. Vielleicht sollten Sie

stattdessen das Open-Source-Projekt in den Vordergrund rücken und Ihren Entwicklern mehr Anerkennung zuteil-werden lassen. Das hilft, sie zu motivieren."[47] (Satoshi Nakamoto)

Das war sein letztes Lebenszeichen. Satoshi Nakamoto schrieb daraufhin nie wieder eine E-Mail.

Möglicherweise war er verunsichert. WikiLeaks-Gründer und Cypherpunk Julian Assange stand damals auf der Interpol-Fahndungsliste. Mit der Veröffent-lichung geheimer Militärprotokolle, die unter anderem Kriegsverbrechen der USA in Afghanistan und dem Irak belegen sollten, hatte er eine rote Linie überschritten. Er sollte schmerzhaft erfahren, dass man die Geheimnisse von Staaten nicht ungestraft preisgibt. Die amerikanische Regierung zwang die großen Zahlungsanbieter PayPal, Visa und andere, Spenden an WikiLeaks zu blockieren. Die Plattform wurde als gefährlich und staatsfeindlich dar-gestellt.

WikiLeaks integrierte daraufhin Bitcoin, um trotz-dem weiterhin Spenden annehmen zu können.[48] Aus Sicht von Bitcoin war dies ein Zeichen der Solidarität, die der Kryptowährung zugleich aber zu einer ungewollten Popularität verhalf. Kam diese Popularität zu früh? Das Netzwerk war damals noch nicht groß genug, um einen Angriff der Behörden zu überstehen. Möglicherweise überlegte Nakamoto zu diesem Zeitpunkt, ob er aus dem Projekt aussteigen soll. Er hatte das Zepter zuvor bereits an Andresen übergeben und seitdem nur noch wenig mit der Außenwelt kommuniziert.

„Es wäre schön gewesen, diese Aufmerksamkeit in einem anderen Zusammenhang zu bekommen. WikiLeaks hat in ein Hornissennest gestochen, und der Schwarm kommt auf uns zu.[49]" (Satoshi Nakamoto)

Ist Satoshi Nakamoto ein genialer Erfinder, der seine Schöpfung der Welt als Nachlass zur Verfügung stellen wollte? Eine so revolutionäre Entwicklung, ohne Ruhm, ohne Glamour? In seiner Korrespondenz mit Hal Finney (siehe Abschn. 4.4), dem Programmierer, der den zweiten Bitcoin-Block erzeugte, finden sich einige Hinweise auf einen politischen Denker, der das Bitcoin-Konzept zur Verwirklichung seines Traums einer neuen Ordnung schuf. Ein Leben ohne Banken, ohne Kontrollinstanzen, einfach und weitgehend anonym.

Oder ist Satoshi Nakamoto ein gewiefter Gauner, der Bitcoin erschuf, um sich selbst zu bereichern? Satoshi Nakamoto hat in den ersten Bitcoin-Jahren über 20.000 Blöcke validiert und damit knapp 1 Mio. neuer Bitcoins mit einem Gegenwert von heute mehreren Milliarden US-Dollar erzeugt. Auf dem Papier ist Satoshi Nakamoto seit 2013 Milliardär und seit 2018 einer der reichsten Menschen auf dieser Erde. Ist Bitcoin am Ende ein großangelegter Coup eines genialen Programmierers? Satoshi war geldpolitisch brilliant, er erfand die digitale Verknappung. War es von Anfang an geplant, Bitcoin zu entwickeln, zu etablieren und das Projekt zu einem späteren Zeitpunkt zu verlassen? Vermutlich nicht. Nakamoto ist auf dem Papier einer der reichsten Menschen der Welt und anonym. Er könnte jederzeit Bitcoins von seinen Wallets transferieren, doch nichts geschieht. Die erste Million je geschürfter Bitcoins wurde nie bewegt, seine Wallets sind öffentlich einsehbar. Da konstruiert jemand eine Wertschöpfungsmaschine, die beispiellose Renditen generiert und rührt das Geld nicht an. Es ist ein großes Mysterium.

Bis heute gibt es zwar Indizien, aber keinen einzigen belastbaren Beweis für die Identität des Bitcoin-Erfinders. Bis zum letzten kryptografischen Nachweis wird die Welt sich mit Spekulationen begnügen müssen. Doch die vage Aussicht darauf, dass Nakamoto sich möglicherweise irgendwann zu erkennen gibt, gefällt nicht jedem. Sie schwebt wie ein Damoklesschwert über der Krypto-Industrie, die sich rund um Bitcoin gebildet hat. Die führende US-Kryptowährungsbörse Coinbase erklärte in ihrem 2021 bei der US-Börsenaufsichtsbehörde SEC eingereichten Emissionsprospekt, dass „die Identifizierung von Satoshi Nakamoto, der pseudonymen Person oder Personen, die Bitcoin entwickelt haben, oder die Übertragung von Satoshis Bitcoins" ein Risikofaktor ist.[50] Würde die wahre Identität Nakamotos bekannt, könnte dies drastische Auswirkungen haben. Wenn er beispielsweise seine Bitcoins transferiert, könnte der so entstehende Angebotsüberhang den gesamten Markt destabilisieren.

4.3　Mitstreiter gesucht

Bitcoin, Satoshi Nakamotos Währungssystem, ermöglicht es uns, Beträge ohne Zwischeninstanzen wie Banken auf direktem Wege an einen Adressaten zu überweisen. Anstelle von Scheinen und Münzen oder dem entsprechend verbuchten Gegenwert beruht es vollständig auf einer Kette digitaler Signaturen. Der Eigentümer überträgt die virtuelle Münze an den nächsten, indem er einen Hashwert der vorigen Transaktion zusammen mit dem öffentlichen Schlüssel des nächsten Eigentümers digital signiert und an das Ende der Kette anfügt. Der Empfänger des Transfers kann anhand der Signaturen die Eigentümer überprüfen. Vereinfacht kann man sich diese Kette digitaler Signaturen wie einen Stapel virtueller Notizzettel vorstellen, bei dem bei jeder Transaktion ein weiterer Zettel auf dem Stapel ergänzt wird, aber nur alle Zettel miteinander lesbar und gültig sind.

Als Nakamoto dieses Konzept im Bitcoin-Whitepaper[51] per E-Mail ankündigte, waren bereits zahlreiche Versuche, ein anonymes und digitales Währungssystem zu etablieren, an Kinderkrankheiten und der Akzeptanz der Teilnehmer gescheitert. Obwohl Nakamoto die technischen Grundlagen des Bitcoin-Systems in Form einer neunseitigen wissenschaftlichen Abhandlung sehr detailliert und präzise beschrieb, ließen die Befürworter aus dem Kreise der E-Mail-Empfänger auf sich warten. Diejenigen, die sich überhaupt die Mühe machten, Nakamotos Texte zu lesen, glaubten nicht an den Fortschritt dieser Technik, denn sie beruhte auf der gleichen konzeptionellen Basis wie ihre Vorgänger.

„Als Satoshi Bitcoin auf der Kryptografie-Mailingliste ankündigte, wurde er bestenfalls skeptisch aufgenommen."[52] (Hal Finney)

Doch im Gegensatz zu früheren Versuchen beinhaltete Nakamotos Konzept zwei wesentliche Neuerungen. Er integrierte eine Funktion in der Blockchain, mit deren Hilfe es möglich war, die Gültigkeit einer Transaktion zu verifizieren. Mit dem Mining, dem Prozess, der einzelne Transaktionen zu Blöcken bündelt, integrierte Nakamoto zudem ein Belohnungssystem, das die Miner für das erfolgreiche Hinterlegen eines Blocks in der Blockchain mit Bitcoins entlohnt. Dieses Erzeugen neuer Bitcoins für theoretisch jedermann gewährleistet die Aktualität der Blockchain und damit die Authentizität des gesamten Bitcoin-Systems.

Bereits Anfang 2009 startete Satoshi Nakamoto die Bitcoin-Software und schuf so den ersten Block in der Blockchain.[53] Sein Computer gilt bis heute als der erste Knoten im Netzwerk. In der folgenden Woche folgten noch unzählige Bitcoins, heute von unschätzbarem Wert, die darauf warteten, gegen Waren oder Dienstleistungen getauscht zu werden. Doch genau dort lag das Problem.

Eine Währung funktioniert nur dann, wenn ihr Wert auch von einem anderen akzeptiert wird. Das technisch so revolutionäre System geriet ins Wanken, Mitstreiter mussten her. Nur wenige Tage nach dem ersten Block, dem sogenannten Genesis-Block, kündigte Nakamoto die Veröffentlichung seiner kryptografischen Währung Bitcoin als dezentrales System an, das auf einem Peer-to-Peer-Netzwerk basiert.[54] Per E-Mail rührte er so erneut die Werbetrommel, um erste Interessenten von seiner Idee zu begeistern. Doch wie bereits beim ersten Mal blieb die Reaktion darauf verhalten. Möglicherweise lag es auch daran, dass bis zum Oktober 2008 niemand je von Satoshi Nakamoto gehört hatte. Ein No-Go in einer Welt, in der die hochspezialisierten Akteure beinahe an einer Hand abzuzählen waren.

4.4   Die Legende von Hal Finney

4.4.1   Alle jagen Nakamoto

Im Laufe der Zeit versuchten viele Journalisten, Bitcoin- und Kryptografie-Experten die wahre Identität Nakamotos zu entschlüsseln. Darunter namhafte Magazine wie Newsweek[55], The Economist[56], Forbes[57] oder der Sender BBC[58]. Zahlreiche Verdächtige aus aller Herren Länder wurden als vermeintliche Urheber der Kryptowährung identifiziert. Unter ihnen auch Kryptoprominenz wie Jed McCaleb, Gründer der später umstrittenen Bitcoin-Börse Mt.Gox. Er geriet als Mitgründer der Zahlungssysteme Ripple und Stellar in den unmittelbaren Fokus der selbsternannten Ermittler.

Mit dem australischen Geschäftsmann Craig Steven Wright drängte sich schließlich jemand selbst als Erfinder der virtuellen Währung ins Rampenlicht. Als Nachweis für seine zweite Identität signierte Wright während eines Gesprächs mit der BBC mehrere Nachrichten mit einem kryptografischen Schlüssel, der aus der Anfangszeit der Bitcoin-Entwicklung stammte. Über eben diesen Schlüssel wurde einst die erste Transaktion mit Bitcoin ermöglicht und durchgeführt. Außer Vertretern der BBC waren der damalige Direktor der Bitcoin Foundation, Jon Matonis, und Bitcoin-Entwickler Gavin Andresen anwesend, die die Echtheit des Schlüssels jedoch anzweifelten. Wright bat daraufhin die Anwesenden, einen kleinen Bitcoin-Betrag an eines der bekannten Nakamoto-Konten durchzuführen, auf die er angeblich Zugriff hatte. Er würde den Betrag dann als Beweis zurücküberweisen. Das Geld wurde geschickt, kam aber nie zurück. Wright bleibt Antworten auf gezielte Fragen nach weiteren Beweisen bis heute schuldig.

4.4.2 Hal Finney

Eine besondere Rolle im Wirrwarr um Satoshi Nakamoto sollte der Software-Entwickler Hal Finney spielen. Der 1956 geborene Finney wuchs in einem Vorort von Los Angeles auf. Schon zu Schulzeiten galt er als ein außergewöhnlich intelligenter und nachdenklicher Schüler, der selbst seine Lehrer durch seine schnelle Auffassungsgabe verblüffte. Seine besondere Aufmerksamkeit galt den Zahlen und der Mathematik. Als sich Finney nach der Schule in das California Institute of Technology einschrieb, wechselte sein Augenmerk von der Mathematik zur Informatik, womit er den Grundstein für das Wissen legte, welches ihn später zu einem der bekanntesten Software-Entwickler seiner Zeit machen sollte.

Nach dem Abschluss seines Studiums heiratete Finney 1982 seine College-Freundin Fran und zog mit ihr nach Temple City, einem Vorort von Los Angeles. Seine Karriere startete er als Programmierer von Konsolenspielen und war unter anderem an der Entwicklung der heutigen Kultspielklassiker Astroblast und Space Attack beteiligt.[59]

1991 stieß Finney auf eine Bewegung, die sein Leben von nun an beeinflussen sollte. Die Cypherpunks (siehe Abschn. 3.1) hatten es sich zur Aufgabe gemacht, die Macht der Regierungen zu hinterfragen und zu untergraben. Als Werkzeuge dienten vor allem Verschlüsselungstools, mit denen Spuren im Netz verwischt und E-Mails verschlüsselt werden konnten, um so eine komplett anonyme Kommunikation zu ermöglichen. Besonders inspiriert war Finney von der Arbeit von David Chaum. Dieser hatte mit DigiCash eine Art Vorläufer von Bitcoin entwickelt, der bereits einige der weitgehend anonymen und dezentralen Eigenschaften der späteren Kryptowährung vorweisen konnte.

Über die Cypherpunk-Bewegung lernte Finney später den Aktivisten Phil Zimmermann kennen, der mit PGP oder Pretty Good Privacy ein Verschlüsselungsprogramm entwickelt hatte, das selbst den Attacken von Regierungsbehörden standhalten konnte. Hal Finney wurde Zimmermanns erster Angestellter und hatte maßgeblichen Einfluss auf Code und Verschlüsselungstechnik. Er sollte bis zu seiner Pensionierung im Jahr 2011 für PGP arbeiten.

Doch der wohl wichtigste Moment in Finneys beruflicher Laufbahn war der 31. Oktober 2008. Ein bis dahin vollkommen unbekannter Satoshi Nakamoto erläutert eben jenes neue elektronische Zahlungssystem, welches vollständig auf einem gleichberechtigten Peer-to-Peer-Netzwerk beruhen soll und keine Moderation seitens einer Bank erfordert. Finneys Interesse war geweckt und er antwortete auf Nakamotos Nachricht, die bei den meisten anderen nur auf Skepsis und Desinteresse stieß.

Finney lud den Bitcoin-Code herunter und startete diesen auf seinem privaten Rechner. Bei etwa 1000 erzeugten Bitcoins war jedoch Schluss. Finney brach den Prozess ab, da er um seinen Computer fürchtete. Dieser war durch die permanente Rechenleistung bereits seit Wochen überhitzt. Einige Male tauschte sich Finney während dieser Zeit mit dem ihm unbekannten Satoshi Nakamoto aus, verbesserte Fehler im Code oder schickte Anregungen für Bugfixes.[60]

Anfang 2009 war es dann soweit. Nakamoto initiierte die erste Testübertragung von Bitcoins in Finneys Account – mit eben jenem Schlüssel, den Craig Wright Jahre später als vermeintlichen Beweis vorlegen sollte, Satoshi Nakamoto zu sein. Finneys Computer gilt bis heute als Knoten Nummer zwei im Bitcoin-Netzwerk. Finney selbst ist offiziell die erste Person, der jemals eine kryptografische Währung überwiesen wurde.

4.4.3 Dorian Prentice Satoshi Nakamoto

Im März 2014 war es das amerikanische Nachrichtenmagazin Newsweek, das in einer Titelgeschichte den Kalifornier Dorian Satoshi Nakamoto, einen japanischen Einwanderer, als vermeintlich wahren Nakamoto enttarnte. Durch seine Vita war er der perfekte Kandidat.

Nach den Recherchen des Magazins absolvierte der damals 64-jährige Dorian bereits mit 23 die California Polytechnic State University in San Luis Obispo in Kalifornien mit einem Abschluss in Physik. 1973 änderte er seinen Namen von Satoshi Nakamoto zu Dorian Prentice Satoshi Nakamoto und benutzte seinen alten Namen von nun an nicht mehr. Seine Familie charakterisierte Nakamoto als einen ausgesprochen intelligenten, aber zugleich launischen und einsilbigen Menschen, dem seine Privatsphäre sehr am Herzen lag.

Dorian arbeitete in unterschiedlichen Unternehmen als Computeringenieur in Kommunikations- und Technologie-Projekten. Darunter sind auch Militärprojekte höchster Geheimhaltungsstufe. Zur damaligen Zeit war er jedoch arbeits- und vollkommen mittellos.

Bitcoin-Entwickler Gavin Andresen, der per E-Mail mit Satoshi Nakamoto in Kontakt stand, beschrieb diesen einmal als einen aus seiner Wahrnehmung älteren Menschen, der alleine arbeitet und in einem nicht mehr aktuellen Stil programmiert. Allesamt Attribute, die perfekt auf Dorian passten.

Leah McGrath Goodman, die den Fall für Newsweek recherchierte, interviewte Dorians Exfrau Grace Mitchell zu ihrem ehemaligen Lebenspartner und konfrontierte sie damit, dass sie Dorian für den Bitcoin-Erfinder halte. Mitchell stritt dies nicht ab, sondern hielt sogar eine Erklärung für Dorians vermeintliche Motivation parat, Bitcoin erfunden zu haben: die Frustration über zu hohe Bankgebühren und Wechselkurse, die Dorian bei seinen internationalen Bestellungen von Modelleisenbahnen in der Vergangenheit stets geärgert hatten. Dorian war Sammler und bestellte viele Teile seines Hobbys in Europa. Wie Hal Finney wohnte auch Dorian Nakamoto in Temple City, Los Angeles, Kalifornien. Ein Vorort mit nur etwa 36.000 Einwohnern, nur etwa 2,5 km voneinander entfernt.

4.4.4 Ist Hal Finney selbst Satoshi Nakamoto?

Den Umstand, dass Hal Finney und Dorian Nakamoto praktisch Nachbarn waren, verfolgte zur gleichen Zeit auch ein Journalist des Forbes Magazine, Andy Greenberg. Er arbeitete ebenfalls an der Enttarnung Nakamotos und hatte bereits ein Treffen mit Hal Finney organisiert, das kurz bevorstand.

Schenkt man seinen Veröffentlichungen Glauben, so erreichte ihn nur wenige Stunden nach Veröffentlichung des Newsweek-Artikels die E-Mail einer Community-Bekanntschaft Finneys, die ihn darauf hinwies, dass Hal Finney seit 1982 in Temple City gelebt hatte. In der gleichen Stadt, in der Newsweek Dorian Nakamoto gefunden hatte.

Mit anderen Worten: Der vermeintlich echte Satoshi Nakamoto lebte nur wenige Kilometer von seinem engsten Vertrauten entfernt. Von dem Mann, mit dem er die erste Transaktion durchführte. Das konnte kein Zufall sein. Kannten sich die beiden? Möglicherweise hatten sie sich in einem Forum kennengelernt, vielleicht aber auch im örtlichen Computer-Club. Greenberg arbeitete fieberhaft daran, einen Zusammenhang zwischen beiden herzustellen. Haben sie die gleiche Schule oder Universität besucht? Haben sie die gleichen Freunde? Wo ist der Zusammenhang? Wie groß ist die Wahrscheinlichkeit, dass beide sich tatsächlich nicht kennen?

Trotz intensiver Recherchen konnte Greenberg keinen Zusammenhang feststellen und keine Gemeinsamkeiten entdecken. Alle Versuche, Beruf oder Freizeit beider Personen irgendwie übereinander zu bringen, scheiterten. Greenberg suchte nach Alternativen, als die entscheidende Idee in ihm reifte. Was, wenn Hal Finney in Wirklichkeit

Satoshi Nakamoto ist? Auch er ist ein Programmierer der alten Schule, der vorwiegend allein arbeitet.

Er beauftragte ein Unternehmen, das Online-Postings und Veröffentlichungen Finneys mit dem Whitepaper Nakamotos verglich, in dem er die Funktionsweise von Bitcoin schilderte. Mithilfe der Stilometrie, einer Methode, die Untersuchungen zum Sprachstil und Schreibstil auf einer statistischen Basis durchführt, wurden Finneys Texte mit denen von Nakamoto verglichen. Dabei werden die Texte in einzelne Wortgruppen aufgeteilt und die am häufigsten genutzten Wörter identifiziert. Am Ende entsteht aus der Analyse eine Art individueller Text-Fingerabdruck. Das gleiche Unternehmen hatte zwischenzeitlich bereits Dorian Nakamotos Schreibstil analysiert und diesen vom Verdacht des echten Nakamoto entlastet. Bei Finney fanden die Experten jedoch gleich mehrere Übereinstimmungen. Sein Schreibstil war ebenso präzise wie das Whitepaper, mit dem Nakamoto Ende 2008 Bitcoin erläutert hatte.

Beseelt von dem Gedanken, dass Finney der wahre Nakamoto ist, traf sich Greenberg mit Finney, um diesen mit seinem Verdacht zu konfrontieren. Er war überzeugt, dass sich Finney des Namens eines Mannes bedient hatte, dessen Lebenslauf durch Erfolg und spätere Verarmung symbolisch für ein gescheitertes Finanzsystem stand.

Hal Finney war bereits 2009 an ALS erkrankt. Zum Zeitpunkt des Treffens war er bereits so geschwächt, dass er nur noch mit seinen Augen und über seinen Sohn mit Greenberg kommunizieren konnte. Greenberg lernte ihn als einen offenen, sympathischen und vertrauenswürdigen Menschen kennen, dem der Vergleich mit Nakamoto sogar schmeichelte. Aber er widersprach kategorisch dem Verdacht, der Erfinder von Bitcoin zu sein. Zu seiner Entlastung ließ er ihn sogar Einblick in die E-Mail-Korrespondenz nehmen, die er mit Satoshi

Nakamoto geführt hatte. Auch der Transaktionsdatensatz, der zeigte, dass Finney am 11. Januar 2009 zehn Bitcoins von Nakamoto erhalten hatte, durfte von Greenberg eingesehen werden. Dem Vorwurf, die Identität Dorian Nakamotos benutzt zu haben, widersprach Finney ebenfalls vehement.

Hatte Finney all das nur inszeniert? Hatte er zwei Konten eröffnet, um eine Korrespondenz mit sich selbst zu fingieren und Transaktionen an sich selbst ausgeführt? Und das alles zu einer Zeit, als Bitcoin noch nicht die geringste Bedeutung hatte? Greenberg glaubte am Ende selbst nicht mehr daran. Das Rätsel um Satoshi Nakamoto wurde ein weiteres Mal nicht gelöst.

4.4.5 Zu guter Letzt

Dorian Nakamoto veröffentlichte ein Dementi und ging rechtlich gegen das Magazin Newsweek vor. Newsweek veröffentlichte daraufhin Nakamotos Gegendarstellung, hält aber bis heute an der Theorie fest, dass Dorian Nakamoto der echte Nakamoto sein könnte. Dorian, der nach eigenen Angaben zuvor noch nie von Bitcoin gehört hatte, weiß inzwischen deutlich besser Bescheid. Nach dem Ende des Trubels um seine Person sammelte die Bitcoin-Community 2014 über 20.000 US$ an Spenden für ihn, natürlich in Bitcoin.[61] Bis heute (Stand Dezember 2022) sind Bitcoins im Wert von fast 2 Mio. US$ auf dem Konto eingegangen.[62]

Hal Finney war im Laufe seiner beruflichen Karriere an den bahnbrechendsten Entwicklungen in der Geschichte der Verschlüsselungstechnologie beteiligt. Finney programmierte, solange er konnte, bevor er am 28. August 2014 in Scottsdale, Kalifornien, starb. In der Hoffnung, eines Tages wiederbelebt werden zu können, ließ sich Finney nach seinem Tod kryokonservieren.

Bis heute ranken sich die unterschiedlichsten Theorien um die Identität des Bitcoin-Erfinders. Nahezu jeder der großen Player der Tech-Branche wurde auf der fieberhaften Suche mindestens einmal auf ein mögliches Doppelleben durchleuchtet. Als prominentes Beispiel geriet zuletzt Elon Musk, Gründer von Tesla und SpaceX, in den Fokus der Spekulationen. Ein ehemaliger Praktikant hatte ihn ins Gespräch gebracht und damit weltweit eine Welle von Presseartikeln losgetreten. Doch auch diese Spur verlief im Sande. Musk selbst nahm es mit Humor und freute sich über kostenlose Werbung für sich und seine Projekte.

Aber kann es tatsächlich sein, dass niemand die wahre Identität Nakamotos kennt? Wie hoch ist die Wahrscheinlichkeit, dass es sich bei Nakamoto um eine Gruppe handelt? Kann diese Gruppe dieses Geheimnis für sich behalten, bei all dem Erfolg und Interesse der Medien? Können viele Menschen ein Geheimnis bewahren? Je größer diese Gruppe ist, desto unwahrscheinlicher ist das.

Neben Bitcoin hat Nakamoto der Welt viel Text hinterlassen. Konkret sind 742 Aktivitäten in Form von Foren-Beiträgen, Filehosting-Commits und E-Mails dokumentiert, die er an insgesamt nur 206 Tagen verfasst hat.[63] Die erste Aktivität fand am 31. Oktober 2008 statt, die letzte am 13. Dezember 2010. Geheimdienste haben die Möglichkeit, das aus diesen Texten erstellte Profil mit Milliarden von E-Mails und Textdokumenten auf der ganzen Welt abzugleichen. Kennt ein Geheimdienst die Identität Nakamotos? Doch auch das ist am Ende nur reine Spekulation.

Nakamoto ist bis heute wohl ganz bewusst anonym geblieben. Er weiß, dass es das Projekt schwächen würde, wenn es ein Gesicht bekäme. Bis heute gibt es keinen

Verantwortlichen, über den das Projekt angreifbar wäre. Man kann niemanden dafür verurteilen, dass er Bitcoin gegründet hat oder ihn aus politischen Gründen überzeugen, die Software zu verändern. Nur ohne einen Verantwortlichen kann Bitcoin zu etwas wirklich Großem werden.

Die Frage nach der wahren Identität von Satoshi Nakamoto, dem Computerprogrammierer, der die virtuelle Währung Bitcoin geschaffen hat, ist und bleibt wohl eines der größten modernen Rätsel und eine der spannendsten Geschichten der Technologiebranche.

5

Bitcoins dunkle Seite

5.1 Bitcoin beflügelt die kriminelle Fantasie

Bitcoin erlaubt Transaktionen ohne die Beteiligung Dritter. Banken oder andere Finanzorganisationen sind somit außen vor, wodurch Versender und Empfänger der Transaktion weitgehend anonym bleiben. Diese Tatsache beflügelt von Beginn an die Fantasie Krimineller jedweder Couleur, die versuchen, aus der Anonymität der Transaktion ihren Vorteil zu schlagen. Im Klartext: Bitcoin macht es Kriminellen recht einfach, ihre Geschäfte weitgehend anonym abzuwickeln.

Die Kryptowährung bietet sich regelrecht an, damit Geld zu waschen oder Glücksspiel zu betreiben. Von der Steuerhinterziehung der Gewinne einmal ganz abgesehen. Wer früher sein Geld noch umständlich über die Grenze nach Liechtenstein oder in die Schweiz schaffen musste, der überweist es heute ganz zeitgemäß in die eigene Wallet.

© Springer-Verlag GmbH Deutschland, ein Teil von Springer Nature 2023, korrigierte Publikation 2023
P. Rosenberger, *Bitcoin und Blockchain*,
https://doi.org/10.1007/978-3-662-66530-5_5

Das jährlich vorgestellte Gutachten „National Drug Threat Assessment – Die nationale Beurteilung der Bedrohung durch Drogen", das durch die amerikanische Drogenvollzugsbehörde DEA herausgegeben wird, unterstreicht diese Einschätzung. Demnach hat sich der internationale Handel mit Drogen seit 2017 auf Kryptowährungen umgestellt. Die Kapitalflüsse verändern sich. Denn die Vorteile liegen auf der Hand: Selbst größte Summen können ohne jede Kontrolle über Landesgrenzen hinweg verschoben werden.[64]

5.2   Das Darknet

5.2.1 Deep Web vs. Darknet

Auch Google und andere Suchmaschinenanbieter kennen längst nicht alle Seiten, die sich im Internet tummeln. Spricht man über das Deep Web oder das Darknet, schrillen bei den meisten Menschen die Alarmglocken. In der Vergangenheit wurde viel darüber berichtet. In unserer Wahrnehmung werden beide Begrifflichkeiten oft gleichgestellt, beide stehen synonym für Verbrechen und die düstere Seite des Internets. Tatsächlich aber bezeichnet man alles, was Suchmaschinen nicht automatisiert erfassen können oder über die Suchfunktion nicht auffindbar ist, als das Deep Web. Dabei sind die Seiten im Deep Web in den allermeisten Fällen nicht kriminell. Im Deep Web finden sich auch Webseiten, deren Administratoren sie so konfiguriert haben, dass Suchmaschinen sie nicht indexieren können, wissentlich oder auch aus purer Unwissenheit. Auch Firmen-Intranets werden häufig bewusst aus der Suche ausgesperrt und gelten damit als Seiten im Deep Web.[65]

5.2.2 Maximal anonym

Das Darknet ist der Teil des Deep Web, den man mit herkömmlichen Browsern gar nicht aufrufen kann. Rein technisch gesehen ist das Darknet ein vollständig verschlüsselter Teil des Internets. Genau wie das Deep Web ist auch das Darknet per Definition nicht ausschließlich Kriminellen vorbehalten. Ihr Anteil dürfte jedoch um ein Vielfaches höher sein als im Deep Web.

Erreichen kann man Webseiten im Darknet durch die Verwendung des sogenannten Tor-Browsers[66] („The Onion Router"), der Anonymität beim Surfen gewährleistet. Nur er ist technisch in der Lage, sogenannte .onion-Domains anzusteuern. .onion ist gewissermaßen die „Top-Level-Domain" des Darknets. Dabei steht Onion, auf Deutsch Zwiebel, sinnbildlich für die verschiedenen Schichten der Verschlüsselung, die eine Nutzeridentität auf dem Weg zur aufgerufenen Webseite durchläuft. Anders als man es von normalen Browsern wie Chrome, Safari oder dem Internet Explorer kennt, stellt der Tor-Browser keine direkte Verbindung zwischen Computer und Webseite her, sondern verknüpft gleich eine ganze Reihe von Servern, um ein Maximum an Anonymität zu gewährleisten.

5.2.3 Eine Spielwiese für Kriminelle

Einmal im Darknet angekommen, findet man hier anarchistisch anmutende Freigeister neben einer Vielzahl von Verschwörungstheoretikern. Auch Journalisten und Whistleblower schätzen die Anonymität des Darknet, um verschlüsselt zu kommunizieren und so ihre Quellen zu schützen. Gleiches gilt für Regimekritiker, die von ihrer Regierung beobachtet oder verfolgt werden.

Vor allem aber findet man im Darknet zahlreiche Online-Shops, die denen des normalen Webs in nichts nachstehen. Was Verkäufer und auch Käufer betrifft, sind die Betreiber der Darknet-Shops durchaus wählerisch. In einigen Shops muss man sich zunächst von verifizierten Verkäufern empfehlen lassen, bevor man nach Freischaltung eigene Produkte über die Plattform verkaufen kann. Bei Käufern verhält es sich ähnlich: Auch sie werden vom Shop-Betreiber zunächst genauestens unter die Lupe genommen, bevor sie für den Shop freigeschaltet werden und einkaufen können.[67] Was in der „normalen" Welt nach einem elitären Club klingt, dient hinter den Pforten des Darknets wohl eher der Sicherstellung, dass es sich bei den Antragstellern nicht um verdeckte Ermittler der Polizei handelt. Man bleibt eben gerne unter sich.

Apropos einkaufen: Die Produkte sind mit denen eines herkömmlichen Online-Shops nur selten vergleichbar. Versteckt hinter den.onion-Domains scheint die Kriminalität tatsächlich keine Grenzen zu kennen. Die Produktpalette beginnt hier mit vergleichsweise harmlosen Produkten wie gefälschter Markenkleidung, steigert sich dann aber schnell über gestohlene Hehlerware und harte Drogen zu Waffen und Kriegsgerätschaften, um schließlich in Mordaufträgen zu gipfeln. In der Anonymität des Darknets kann man tatsächlich alles kaufen. Doch im Darknet gibt es nicht nur kriminelle Machenschaften. Auch bekannte Seiten wie Facebook oder die New York Times haben einen Ableger unter einer.onion-Domain installiert. Eine der Standard-Währungen des Darknets ist Bitcoin.

5.2.4 Enttarnung nahezu unmöglich

Die Kryptowährung hat mit dem Tor-Browser den perfekten Spielpartner gefunden. Denn beide Technologien setzen auf ein hohes Maß an Anonymität und sind in Kombination miteinander kaum nachvollziehbar. Es ist daher nicht weiter verwunderlich, dass die Verknüpfung beider förmlich zu illegalen Geschäften einlädt, auch wenn keine der beiden Technologien dafür erschaffen wurde.

Die Käufer und Verkäufer im Darknet bewegen sich beinahe ohne Spuren zu hinterlassen. Genau hier entsteht auch das Problem für die Ermittler. Die Behörden haben daher Spezialeinheiten gegründet, um den Kriminellen in den Tiefen des Web nach langwieriger Recherche auf die Schliche zu kommen. Dabei stehen den Ermittlern keine Dummköpfe gegenüber: Unter den großen Playern des Darknets befinden sich ebenso begnadete Programmierer, wie man sie in der realen Welt hinter den Monitoren großer Tech-Firmen finden würde. Hochspezialisiert und den Behörden oftmals einen großen Schritt voraus, sind diese Entwickler jedoch skrupellos und getrieben vom Reiz des schnellen Geldes. Im Darknet lässt sich jede Menge davon verdienen.

5.3 Silk Road

5.3.1 Ein Marktplatz für Gauner

Unterhält man sich mit Menschen, die sich mit dem Thema Bitcoin nicht tiefgehend auseinandergesetzt haben, hört man oft, dass die Kryptowährung illegal sei und nur von Verbrechern genutzt werde. Schuld am schlechten Ruf von Bitcoin ist unter anderem eine Geschichte, die

2011 begann und in den folgenden Jahren Fahnder und Öffentlichkeit gleichermaßen beschäftigte. Viele Nachrichtenportale, darunter theguardian.com[68], forbes. com[69,70] und welt.de[71] haben die Geschichte detailliert und aufwendig recherchiert.

Alles begann mit einem Eintrag in einem Bitcoin-Forum. Der User „silkroad" stellte dort am 1. März 2011 die Plattform „Silk Road" als einen neuen anonymen Onlinemarktplatz vor und erhielt sogleich zahlreiche Antworten auf seinen Post.[72]

> „Die allgemeine Stimmung in dieser Gemeinschaft ist, dass wir vor etwas Großem stehen, etwas, das die Dinge wirklich aufrütteln kann. Bitcoin und Tor sind revolutionär und Seiten wie Silk Road sind erst der Anfang." (silkroad)

Einigen gefiel die Idee des anonymen Shoppens, andere lehnten sie ab. Wieder andere ahnten bereits, welche zwielichtigen Gestalten sich von Silk Road angesprochen fühlen. Nur hier im Darknet konnten Käufer und Verkäufer ihre Identität vollständig verbergen. Der Onlinemarkt nutzte den Anonymisierungs-Browser Tor, der sämtliche Spuren, die man im Netz hinterlässt, bis zur Unkenntlichkeit verschleiert. Als Zahlungsmittel akzeptierte Silk Road ausschließlich die Kryptowährung Bitcoin, deren dezentrales und auf Kryptografie beruhendes Konzept perfekt zur libertären Ideologie der Online-Plattform passte. Denn Bitcoin ist absolut unpolitisch. Es ist ein freies Netzwerk für Wertaufbewahrung und Werttransfer.

Die Nachricht über die neue Drogenhandelsplattform verbreitete sich im Internet wie ein Lauffeuer. Auch TV-Sender und Nachrichtenportale griffen das Thema auf und verhalfen Silk Road so zu unerwarteter Popularität. Nicht nur Drogenhändler und ihre Kunden wurden auf

die Plattform aufmerksam. Auch die Strafverfolgungs-
behörden interessierten sich für Silk Road und ihren
Gründer, der sich in Internetforen nun nicht mehr
„silkroad", sondern „Dread Pirate Roberts" nannte und
sich so sicher fühlte, dass er sogar dem Forbes Magazine
ein Interview gab.[73] Doch trotz einer eigens gegründeten
Sondereinheit ist es dem FBI mehrere Jahre nicht
gelungen, Silk Road zu enttarnen und zu schließen.

In dieser Zeit etablierte Silk Road sich zu einer Art
illegalem Ebay - verbraucherorientiert und technisch auf
Augenhöhe mit seinem legalen Vorbild. Im Darknet, dem
Bereich des Internets, der für Standard-Internet-Browser
und Suchmaschinen nicht einsehbar ist, gab es Kunden-
bewertungen, ein Forum und sogar ein Treuhandkonto,
mit dessen Hilfe Käufer und Verkäufer die Transaktionen
zunächst zwischenparken konnten, bis beide Parteien der
Zahlung zustimmten.[74] Im Gegensatz zu Ebay wurde auf
Silk Road jedoch mit Drogen, Waffen, Hacker-Software
und gefälschten Ausweisen gehandelt. Sogar Auftragsmörder sollen über die Plattform akquiriert worden sein,
auf der insgesamt fast 1 Mio. registrierte Nutzer einen
Umsatz von etwa 1,2 Mrd. US$ generierten.[75]

Die bestellte Ware wurde einfach per Post an die
Kunden geschickt. Silk Road machte sich dazu das strenge
Briefgeheimnis der meisten US-Staaten zunutze, nach
dem Postsendungen nur bei einem begründeten Verdacht
geöffnet werden dürfen. Drogenkontrollen finden so nur
bei einem Bruchteil aller versendeten Pakete statt, beispielsweise, wenn ein Spürhund darauf anschlägt. Dass tatsächlich einmal eine illegale Sendung entdeckt wurde, war
so extrem unwahrscheinlich. Falls aber doch, konnte in
der Regel nur die Adresse des Empfängers, nicht aber die
des Versenders ermittelt werden.

5.3.2 Ross William Ulbricht ist Dread Pirate Roberts

Doch Dread Pirate Roberts machte einen Fehler. Die Ermittler verfolgten die Idee, dass Dread Pirate Roberts die Plattform in den Anfangszeiten irgendwo im Internet beworben haben muss und dabei möglicherweise noch nicht so vorsichtig war wie in den Hochzeiten der Plattform. Die Ermittlungstechnik war so einfach wie genial: Sie nutzten die Suchmaschine Google, um nach „Silk Road" zu suchen. Im Szeneportal Shroomery.org wurden sie tatsächlich fündig. Ein Nutzer namens „altoid" hatte sich Ende Januar 2011, nur wenige Tage nachdem Silk Road online gegangen war, erkundigt, ob andere Forennutzer bereits von der Plattform gehört hätten. Die Ermittler gingen davon aus, dass „altoid" Insiderkenntnisse besessen haben muss und recherchierten weiter. Dabei stießen sie auf einen gelöschten Beitrag, in dem „altoid" sich zu Techniken der Programmierung austauschte. In diesem Beitrag hatte er eine E-Mailadresse als Kontakt hinterlegt, welche die Ermittler mit einem Mann namens Ross William Ulbricht[76] in Verbindung bringen konnten: rossulbricht@gmail.com.

Der Verdacht gegen Ulbricht erhärtete sich, als bei einer Routinekontrolle an der kanadischen Grenze ein Paket mit gefälschten Pässen gefunden wurde. Alle Pässe trugen das Foto von Ross Ulbricht. Grund genug, um Ulbricht und speziell sein Internetnutzungsverhalten von nun an zu überwachen. Die Fahnder erkannten schnell eine Parallele in den Zeiten von Ulbrichts Internetnutzung und dem Zeitpunkt der Veröffentlichung neuer Beiträge von Dread Pirate Roberts. Ein weiteres Indiz war die Tatsache, dass Dread Pirate Roberts einen dieser Beiträge aus einem Café publiziert hatte, das in der Nähe von Ulbrichts Wohnort lag.

Ulbricht, geboren 1984, wuchs in Austin, Texas auf und verbrachte sein Leben bis dahin vollkommen unauffällig. Er war ein guter Schüler, aktiv als Pfadfinder, nett und naturverbunden. Auf Bildern, die seine Familie und Freunde ins Netz gestellt haben, sieht man ihn als einen liebenswerten, vollkommen unauffälligen Menschen. 2006 schloss Ulbricht zunächst ein Physikstudium an der „University of Texas at Dallas" mit dem Bachelor ab, bevor er anschließend seinen Master an der „Penn State University" im Fach Kristallographie absolvierte. Im Jahr 2009 gründete er gemeinsam mit einem Freund den Online-Shop „Good Wagon Books" für gebrauchte Bücher, scheiterte damit aber.

Die Idee zu Silk Road kam Ulbricht im selben Jahr. Fieberhaft begann er an seiner Website zu arbeiten. Um diese interessant zu machen, sollen die ersten Produkte, die über die Seite gehandelt wurden, halluzinogene Pilze, sogenannte Magic Mushrooms, gewesen sein, die Ulbricht zuvor selbst angebaut hatte. Die Pilze zogen die ersten Nutzer an.

Im Herbst 2012 zog Ulbricht dann nach San Francisco und lebte dort gemeinsam mit einem Freund in einer Wohngemeinschaft. Hier gab er sich als Bitcoin-Händler aus, nannte sich fortan Josh und verdiente während dieser Zeit etwa 80 Mio. US$ an Provisionen über seine Handelsplattform Silk Road. Die verdienten Bitcoins speicherte er in einer lokalen Wallet und reinvestierte große Summen in sein Geschäft. Er baute die Bereiche Marketing und Kundenbetreuung weiter aus, installierte ein Qualitätsmanagement und rekrutierte eine loyale Gruppe Verbündeter als Mitarbeiter, die ihn bei der Expansion seines Unternehmens unterstützen sollten.

Doch einer, der sich bei Silk Road bewarb, war nicht der, der er vorgab. In Wirklichkeit war er ein FBI-Agent, der regelmäßig verdeckt mit Dread Pirate Roberts kommunizierte und ihn mit E-Mails lockte, um ihn dazu zu bringen, seine digitale Deckung zu verlassen. Ulbricht wurde inzwischen beschattet, aber man wollte ihn in flagranti, an seinem Rechner als Dread Pirate Roberts eingeloggt, überführen.

Im Oktober 2013 war es soweit. Ulbricht nutzte das Internet einer Bücherei in Glen Park, wo er sich an einem Arbeitsplatz in der Science-Fiction-Abteilung als Dread Pirate Roberts in die Verwaltungsoberfläche von Silk Road einloggte. Ein männlicher und ein weiblicher FBI-Agent täuschten einen Streit vor, um Ulbrichts Aufmerksamkeit zu erregen. Sobald Ulbricht abgelenkt war, griff ein dritter Agent seinen Computer und übergab ihn an einen Computerspezialisten des FBI. Ulbricht wurde verhaftet.[77]

Auf Ulbrichts Laptop fanden die Ermittler Kalkulationstabellen über die Finanzen von Silk Road, Organigramme, Aufzeichnungen zu Beförderungen und Degradierungen, sogar Gehaltsabrechnungen und Aktivitäten-Protokolle der Mitarbeiter. Dazu fand man jede Menge autobiografisches Material. Aus einer Art Tagebuch charakterisierten Psychologen Ulbricht später als einen Nerd und intelligenten Unternehmer, der von der Ideologie des renommierten Silicon Valley nicht weit entfernt zu sein schien.

„Silk Road wird ein Phänomen werden und mindestens eine Person wird mir davon erzählen, ohne zu wissen, dass ich der Erfinder bin." (Ross Ulbricht)[78]

Eines war er jedoch nicht: der charismatische Abenteurer, den sein Pseudonym suggerierte. Ulbricht hielt nicht viel von staatlichen Regularien, er sah sich vielmehr als Vorreiter in technischen Innovationen und Verfechter freier Märkte. Es war sein Ziel, einen Handelsplatz für Menschen zu schaffen, die nicht jeden ihrer Schritte im

Internet öffentlich machen wollen. Und obwohl neun von zehn der meistverkauften Produkte auf Silk Road Rauschgifte waren, verstand er sein Unternehmen als ein idealistisches, nahezu anarchistisches Projekt mit politischem Anspruch. Zahlreiche seiner Posts in Foren belegen das.

5.3.3 Ein abschreckendes Urteil

Ulbricht hatte ursprünglich vermutlich nicht die Absicht, eine durch und durch kriminelle Webseite zu entwickeln. Im Gegenteil, der Erfolg der Seite dürfte seine kühnsten Erwartungen übertroffen haben. Ross Ulbricht wurde im Mai 2015 verurteilt. Rauschgifthandel, Geldwäsche, Bildung einer kriminellen Vereinigung – schuldig in allen Anklagepunkten.[79] Richterin Katherine Forrest bestätigte das Urteil im Juni 2017 am New Yorker Bezirksgericht Manhattan und verhängte damit die Höchststrafe, weit über die Anträge der Staatsanwaltschaft hinaus. Gleich zwei Mal lebenslange Haft, ohne die Chance einer Freilassung auf Bewährung. Ein abschreckendes Urteil, das in dieser Höhe selbst für amerikanische Verhältnisse äußerst ungewöhnlich ist.[80] Für weitere Anklagepunkte bekam er zusätzlich noch weitere Haftstrafen. Sie allein hätten ihn bis ins hohe Rentenalter hinter Gitter gebracht. Neben Rauschgifthandel, Geldwäsche und anderen Straftaten soll Ulbricht Ermittlungen zufolge auch einen Mord in Auftrag gegeben haben, der letztendlich jedoch nicht ausgeführt wurde. Ein Verfahren dazu wurde im Juli 2018 eingestellt.

„Ulbrichts Verhaftung und Verurteilung – und die Beschlagnahmung von Silk-Road-Bitcoins im Wert von Millionen von Dollar – sollten eine klare Botschaft an alle anderen senden, die versuchen, ein kriminelles Online-Unternehmen zu betreiben." (US-Staatsanwalt Preet Bharara)[81]

Bis heute polarisiert der Fall Silk Road nicht nur die Bitcoin-Szene. Auch Prozessbeobachter kritisierten, dass an Ulbricht ein Exempel statuiert werden sollte, da entlastende Zeugen der Verteidigung vor Gericht nicht zugelassen wurden. Die einen sehen in Ulbricht einen Verbrecher, der in der Schwere seiner Taten denen von Mafia-Bossen in nichts nachsteht. Andere sehen in ihm einen Bitcoin-Pionier und Bauernopfer in einem politischen Prozess, der die volle Härte der amerikanischen Justiz gegenüber Drogendealern demonstrieren sollte.

Unterstützt wurde diese Theorie durch die Tatsache, dass sich einer der ermittelnden Beamten nach Abschluss des Prozesses selbst vor Gericht verantworten musste. Dieser hatte sich Ulbricht im Zuge der verdeckten Ermittlungen als Auftragsmörder angeboten, um mehrere Informanten aus dem Weg zu schaffen, die Ulbricht durch ihr Insiderwissen gefährlich werden konnten. Ulbricht soll ihm dafür Bitcoins überwiesen haben, die der Ermittler jedoch auf sein eigenes Konto veruntreute, statt es der digitalen Asservatenkammer zuzuführen. Doch damit nicht genug: Kurz nachdem er erwischt wurde, bediente sich der unbelehrbare Ermittler erneut – diesmal bei den nach der Schließung von Silk Road beschlagnahmten Bitcoins, von denen er knapp 360.000 US$ auf sein eigenes Konto transferierte.[82] Er und ein weiteres Mitglied der Einheit, die den Silk-Road-Fall untersuchten, wurden später wegen Geldwäsche und Diebstahl der Bitcoins zu mehrjährigen Haftstrafen verurteilt.

Doch trotz der negativen Schlagzeilen, die Silk Road Bitcoin gebracht hatte, spielte der Marktplatz eine nicht unwesentliche Rolle in der Entwicklung der Kryptowährung. Streng genommen war Silk Road das erste große Bitcoin-Unternehmen, das Zahlungen vollständig mit der Kryptowährung abwickelte und damit der Beweis, dass Bitcoin als Währung und als Zahlungsmittel funktionieren kann.

Ironischerweise profitieren Behörden weltweit vom Handel mit Bitcoins im Darknet. Wenngleich auch nur dann, wenn illegale Plattformen ermittelt und geschlossen werden können. Die beschlagnahmten Bitcoins werden dann auf den legalen Handelsbörsen wieder in Fiatgeld getauscht – durch die lange Lagerzeit oftmals mit horrenden Gewinnspannen. So gehörte das FBI eine Zeit lang zu den Besitzern einer der größten Wallets der Welt. Die Bitcoins stammten aus der Beschlagnahmung des Silk-Road-Vermögens. Aber auch bei uns durfte man sich auf unverhoffte Gewinne freuen. Ermittler aus Hessen hatten gemeinsam mit dem FBI und Europol einigen Trittbrettfahrern von Silk Road den Garaus gemacht und dabei Bitcoins beschlagnahmt, die anschließend gewinnbringend veräußert wurden. Die Summe der beschlagnahmten digitalen Münzen hat inzwischen eine solche Dimension erreicht, dass sie in der jährlich veröffentlichten Kriminalstatistik ihren festen Platz gefunden hat.[83]

5.4   Bitcoin-Börse Mt.Gox

Auch der folgende Skandal erschüttert die Kryptowelt bis heute. Die in Tokio ansässige Kryptobörse Mt.Gox meldete 2014 Konkurs an, nachdem sie zuvor medienwirksam gehackt und um 850.000 Bitcoins gebracht worden war. Danach war sie mehrere Jahre lang Gegenstand diverser Rechtsstreitigkeiten und Spekulationen. Die Vorfälle sind bis heute nicht eindeutig geklärt.

Brisant ist nur, dass sich etwa 137.000 der damals verschwundenen Coins in der Insolvenzmasse des Unternehmens befinden und 2023 versteigert werden sollen.[84] Das treibt Anlegern die Schweißperlen auf die Stirn, denn der so entstehende Angebotsüberhang könnte den Preis von Bitcoin massiv nach unten drücken. Erfunden wurde Mt.Gox von Jed McCaleb. Der hatte bereits im Jahr 2000 die berüchtigte Video-Sharing-Website eDonkey gegründet, eines der größten File-Sharing-Netzwerke seiner Zeit.

5.4.1 Jed McCaleb

McCaleb erkannte als einer der Ersten das immense Potential, das die Kryptowährung Bitcoin mit sich brachte. Jed war kein Unbekannter. Nach eDonkey hatte er mit Overnet einen ähnlich erfolgreichen Nachfolger der Peer-to-Peer-Plattform veröffentlicht. 2007 entwickelte McCaleb dann eine Online-Plattform, auf der die damals über 14.000 verschiedenen Karten des Sammelkartenspiels „Magic: The Gathering" getauscht und gehandelt werden konnten. Die Plattform benannte er nach dem Spiel „Magic: The Gathering Online Exchange", abgekürzt „Mt. Gox".

Doch 2009 lief der Handel mit Sammelkarten schleppend. Der Betrieb der Plattform wurde letztlich eingestellt. Nur kurze Zeit später wurde McCaleb schließlich auf Bitcoin aufmerksam. Er recherchierte und erkannte sofort, dass ein Marktplatz fehlte, um die virtuelle Währung online gegen US-Dollar zu erwerben und zu verkaufen. Er zögerte nicht lange und begann mit der Entwicklung einer webbasierten Handelsplattform für Bitcoin, die er 2010 unter der nicht mehr benötigten Domain mtgox.com ins Netz stellte.[85]

Die Plattform schlug auf Anhieb große Wellen und der Handel mit Bitcoin verselbständigte sich. Auch einige Investoren, die von der mysteriösen Währung fasziniert waren, durften vom Erfolg der Plattform profitieren. Mt.Gox überzeugte durch ein beeindruckendes Wachstum – bis McCaleb die Seite im März 2011 überraschend verkaufte. Über das Bitcoin-Forum verbreitete er die Nachricht, dass es interessant gewesen sei, Mt.Gox „aus einer Laune heraus" zu gründen. Doch nun sei es an der Zeit, an jemanden zu verkaufen, „der besser geeignet sei, die Website weiter zu entwickeln".[86]

> „Ich habe Mt.Gox aus einer Laune heraus gegründet, nachdem ich letzten Sommer über Bitcoins gelesen hatte. Es war interessant und hat Spaß gemacht. Ich bin immer noch sehr zuversichtlich, dass Bitcoins eine große Zukunft haben." (Jed McCaleb)

Jed McCaleb hatte die Handelsbörse an einen französischen Programmierer namens Mark Karpelès verkauft. Karpelès war Administrator und Softwareentwickler, bevor er 2009 von Frankreich nach Japan auswanderte, um dort den IT Dienstleister Tibanne Co. Ltd. in Tokio zu gründen. Unmittelbar nach dem Kauf wurde der Firmensitz der Bitcoin-Plattform aus den USA nach Japan überführt.

Jed McCaleb blieb auch weiter im Bereich der Kryptowährungen tätig und sollte im Jahr 2011 den Altcoin Ripple[87] gründen, ein Zahlungsnetzwerk, das jede beliebige Währung unterstützt und 2017 im Windschatten von Bitcoin eine kometenhafte Kursrallye hinlegte. Heute leitet McCaleb die technische Entwicklung von Stellar.org. McCaleb gründete das Unternehmen 2014, um ein globales Netzwerk für den Austausch von Werten zu schaffen.[88] Finanziert wird das Unternehmen über eine spezialisierte Kryptowährung namens Stellar Lumens (XLM), die anfangs auf dem Protokoll von Ripple basierte. Einige Überarbeitungen später gehörte Stellar Lumens zu den zehn Kryptowährungen mit der höchsten Marktkapitalisierung. McCaleb ist außerdem Mitglied des Beirats des Instituts Miri (Machine Intelligence Research Institute), einem Forschungslabor für künstliche Intelligenz in Berkeley, Kalifornien.

5.4.2 Die einst größte Bitcoin-Börse der Welt

Mt.Gox war eines der ersten echten Unternehmen in der sonst so virtuellen Bitcoin-Welt. Die Währung wurde sichtbar und bekam über Mt.Gox ein Gesicht und eine Anlaufstelle. Bitcoin näherte sich Stück für Stück der normalen Welt. Plötzlich beschäftigten sich auch normale Menschen mit Bitcoin, die virtuelle Münze war nicht länger nur den Technikverrückten vorbehalten. Mt.Gox wuchs und wuchs. Die gesamte Bitcoin-Szene wuchs und wuchs. Im Juni 2010 verzeichnete das Bitcoin-Forum einen sprunghaften Anstieg seiner Mitglieder. Die Anzahl der Bitcoin-Interessierten hatte sich innerhalb eines Monats nahezu verdoppelt.

McCaleb hatte die Online-Börse so schnell wie möglich aufgebaut, um von Anfang an von der neuen Kryptowährung zu profitieren. Das System war nicht auf einen derartigen Zuwachs ausgelegt, Skalierbarkeit und Automatisierung fehlten in den entscheidenden Bereichen. Zwischen April und Juni 2010 stieg der Bitcoin-Kurs von 1 US$ auf knapp 30 US$. Ein Grund dafür war der Erfolg von Silk Road und die dadurch stark wachsende Nachfrage nach Bitcoins. Gleichzeitig verzehnfachte sich die Zahl der Accounts bei Mt.Gox auf über 60.000. Karpelès hatte große Probleme, die inzwischen riesige Anzahl an Transaktionen abzuwickeln.[89]

5.4.3 Mt.Gox am Ende

Der große Knall kam im Juni 2011, als die ersten Mt.Gox-Kunden bemerkten, dass Bitcoins aus ihren Accounts verschwunden waren und die Foren sich mit Beschwerden füllten. Doch damit nicht genug: Nur etwa eine Woche später nutzte ein Hacker die Zugangsdaten eines Mitarbeiters der Online-Börse, um eine große Anzahl Bitcoins an sich selbst zu transferieren. Einige Zeit später wurden die vormals verschwundenen Bitcoins zu einem Preis von nur 1 Cent auf Mt.Gox gehandelt. Die Transaktionen wurden durchgeführt und der Kurs fiel ins Bodenlose.

Hinzu kamen immer wieder Probleme mit der Technik. Im Juli 2011 wickelte Mt.Gox über 75 % des gesamten Welthandels von Bitcoins ab. Die Anzahl der Transaktionen stieg permanent. Durchgeführt auf einem System, das dieser Belastung im Jahr 2013 endgültig nicht mehr standhalten konnte. Um die Börse wieder zu stabilisieren, musste Karpelès zunächst die aufgelaufenen Transaktionen abwickeln. Dies funktionierte jedoch nur, wenn nicht gleichzeitig weitere An- und Verkäufe über die Börse abgewickelt wurden. Im April entschloss sich Karpelès, die Börse zwischenzeitlich zu schließen. Er schaffte es tatsächlich, den Handelsplatz kurzfristig zu stabilisieren, doch bereits Ende Juni musste er erneut Zahlungen aussetzen. Ein Zustand, der sich von nun an nicht mehr verbessern sollte.

Hinzu kamen Klagen vom einstigen Mitstreiter CoinLab, der das US-Geschäft für Mt.Gox begleiten sollte. Im Mai beschlagnahmte das Ministerium für Innere Sicherheit der Vereinigten Staaten Konten der Online-Börse bei einem Zahlungsdienstleister, da Mt.Gox es versäumt hatte, einige in den USA notwendige Dokumente zu hinterlegen.[90] Anfang Februar 2014 waren Abhebungen über Mt.Gox schließlich gar nicht mehr möglich. Das Desaster gipfelte in der vollständigen Abschaltung der Plattform am 25. Februar 2014. Am 28. Februar teilte Karpelès schließlich mit, dass circa 850.000 Bitcoins verloren gegangen seien, davon etwa 750.000 aus Kundenkonten.[91] Etwa einen Monat später korrigierte Karpelès die Zahl auf 650.000, etwa 200.000 Bitcoins waren plötzlich wieder aufgetaucht. Mt.Gox war ein für allemal Geschichte[92] und der Ruf von Bitcoin ruiniert. Der Kurs fiel erneut ins Bodenlose.

Mark Karpelès' wurde schlussendlich vorgeworfen, die verschwundenen Bitcoins durch eine interne Manipulation unterschlagen zu haben. Man vermutet, dass nur knapp 7000 Bitcoins tatsächlich durch Hackerangriffe gestohlen wurden. Der gesamte Rest, circa 643.000 Bitcoins, soll von Insidern unterschlagen worden sein.

Laut der Studie „Journal of Monetary Economics",[93] die Anfang Januar 2018 veröffentlicht wurde, hat sich Karpelès als Betreiber von Mt.Gox nicht nur der Unterschlagung, sondern auch der Manipulation der Kryptokurse schuldig gemacht. In einem Zeitraum, in dem der Kurs von Bitcoin in nur zwei Monaten von 150 US$ auf 1000 US$ anstieg, soll der Kurs künstlich in die Höhe getrieben worden sein. Dazu wurden über einen längeren Zeitraum Bitcoin-Käufe getätigt, aber nie bezahlt. Das System hat die Käufe dennoch als Nachfrage interpretiert, was so zu einer Erhöhung der Bitcoin-Preise führte. Insgesamt sollen über mehrere fingierte Konten etwa 600.000 Bitcoins im Wert von 188 Mio. US$ in betrügerischer Absicht erworben worden sein. Im betroffenen Zeitraum stieg der Wechselkurs an Tagen, an denen verdächtige Geschäfte stattfanden, um durchschnittlich 4 %, während er an Tagen ohne verdächtige Aktivitäten leicht zurückging. Aufgefallen war der Manipulationsversuch, da nicht nur die Bitcoins selbst nie bezahlt wurden, sondern für die betroffenen Käufe auch keine Transaktionsgebühren generiert wurden. Grund für die Manipulation soll der Ausgleich hoher Verluste gewesen sein.[94]

Mark Karpelès wurde am 1. August 2015 von den japanischen Behörden festgenommen. Im Juli 2017 musste sich Karpelès in Tokio vor Gericht verantworten. Ihm wurde unter anderem vorgeworfen, über Mt.Gox Daten manipuliert und Bitcoins im Wert von mehreren Millionen US-Dollar veruntreut zu haben. Für die Manipulation der Daten erhielt Karpelès 2019 eine Bewährungsstrafe von zweieinhalb Jahren. Vom Vorwurf der Veruntreuung wurde er freigesprochen.

Es war nicht das einzige Mal, dass Karpelès' Name in Zusammenhang mit einer Straftat genannt wurde. Lange bevor die Behörden bei ihren Ermittlungen im Silk Road-Fall Ross Ulbricht ins Visier nahmen, hatten sie Karpelès als möglichen Urheber und Verwalter des riesigen Online-Drogenmarktes im Auge. Man ging davon aus, dass der Mt. Gox-Besitzer Silk Road benutzt hatte, um den Bitcoin-Preis und damit auch sein privates Krypto-Vermögen in die Höhe zu treiben. Die Anschuldigung wurde vor Gericht zwar vorgetragen, mangels Beweisen jedoch nicht weiter verfolgt.

Ob im Laufe der Zeit herauskommt, was mit den verschwundenen 650.000 Bitcoins geschehen ist, bleibt abzuwarten. Über deren Verbleib wird bis heute spekuliert. Bereits im Juni 2017 hatte die auf Blockchain-Analysen spezialisierte Firma Chainalysis bei einer Anhörung des Unterausschusses für Terrorismus und illegale Finanzgeschäfte des Repräsentantenhauses erklärt, dass man den Verbleib der verschwundenen Bitcoins definitiv kenne. Beweise für diese Behauptung wurden bislang jedoch noch nicht vorgelegt.[95]

5.5   QuadrigaCX

5.5.1   Kanadas erfolgreichste Kryptobörse

Im November 2013, zu einer Zeit, als ein Bitcoin etwa
150 US$ wert war und fast 70 % des Bitcoin-Handels
über die Kryptobörse Mt.Gox abgewickelt wurden,
startete im kanadischen Vancouver die Kryptobörse
QuadrigaCX. Ihre Gründer Gerald „Gerry" Cotten, ein
durchweg sympathischer Nerd und das Gesicht der Plattform, und sein Geschäftspartner Michael Patryn, der das
Projekt 2016 verließ, konnten durch ihr einnehmendes
und seriöses Auftreten schnell eine Reihe von Investoren
von ihrer Idee überzeugen.

Dabei war die Geschäftsidee nicht neu: QuadrigaCX
verdiente an jeder von den Nutzern getätigten Transaktion. Immer, wenn ein Nutzer Bitcoins kaufte oder
verkaufte, verdiente QuadrigaCX mit. Im Laufe der
nächsten Jahre kletterte der Bitcoin-Kurs zeitweilig auf
über 1000 US$, wo er sich Anfang 2017 auch stabilisierte.
Bitcoin wurde immer bekannter und QuadrigaCX als
Kanadas führende Kryptobörse immer populärer.

Als die internationale Presse sich in den folgenden
Monaten für Bitcoin interessierte und nahezu täglich über
neue Kursrekorde berichtete, ließ das einsetzende Bitcoin-
Fieber den Kurs endgültig explodieren. Ende November
2017 springt der Kurs auf 10.000 US$, erreicht Monate
später sogar fast die 20.000 US$-Marke. QuadrigaCX soll
zu diesem Zeitpunkt über 150 Mio. US$ bewegt haben.

Doch Ende 2018 crasht der gesamte Kryptomarkt.
Ein Bitcoin ist plötzlich nur noch etwa 4000 US$ wert.
So euphorisch die Anleger zuvor in Bitcoin investierten,
so panisch wollten sie die Kryptowährung nun wieder
verkaufen. Erste Nutzer beschwerten sich in den Foren

darüber, dass sie ihre Bitcoins zwar erfolgreich verkauft hätten, die Plattform aber das Geld nicht auszahlt. QuadrigaCX zeigt sich zu diesem Zeitpunkt noch besorgt um seine Nutzer, Beschwerde-E-Mails werden teils von Gerry Cotten persönlich beantwortet. Mehr und mehr Nutzer werden in den folgenden Monaten vertröstet, angeblich würden die Banken die Auszahlung verhindern, da sie keine Erfahrung mit Kryptowährungen hätten.

5.5.2 Alles nur Betrug

Die Beschwerden mehrten sich. Im Social-News-Aggregator Reddit wurde ein eigenes Forum eingerichtet[96], in dem sich Betroffene austauschten und über die Gründe der verspäteten Auszahlungen spekulierten. Gerade als immer mehr und mehr Nutzer dem Forum beitraten, veröffentlichte Cottens Ehefrau Jennifer Robertson im Januar 2019 über die Website von QuadrigaCX die Nachricht, dass ihr Mann bereits einen Monat zuvor im Dezember 2018 während ihrer Hochzeitsreise im indischen Jaipur an den Folgen eines perforierten Darms, der einen Herzstillstand auslöste, gestorben sei.[97] Den kryptografischen Schlüssel, der den Zugriff auf das QuadrigaCX-Vermögen und damit das Geld der Nutzer ermöglicht, hätte Gerry mit ins Grab genommen.

Die Verzögerung dieser wichtigen Information entschuldigte Robertson damit, dass Cotten ihr vor seinem Tod von einer E-Mail berichtet hätte, die das System automatisch generieren würde, sollte Cotten sich hier über einen längeren Zeitraum nicht einloggen. Unter einer solchen „Dead Man's Switch" genannten Nachricht handelt es sich in der Regel um eine E-Mail mit den benötigten Zugangsdaten oder einem Hinweis auf den Ort, an dem sie zu finden sind. Diese E-Mail wurde jedoch nie verschickt.[98] Von nun an wurde auch keine Auszahlung mehr veranlasst, die Website selbst ging vorübergehend in den Wartungsmodus.

Die Spekulationen im Forum überschlugen sich. Die Nutzer fühlten sich betrogen und unterstellten Cotten, dass er den eigenen Tod nur vorgetäuscht habe, um mit den Millionen zu verschwinden. Selbst die Echtheit des anschließend von QuadrigaCX veröffentlichten Totenscheins wurde angezweifelt. Die Tatsache, dass Cotton gerade 12 Tage vor seinem Tod seine Frau testamentarisch als Alleinerbin eingesetzt hatte, schürte schließlich die Gerüchte, dass Jennifer Robertson ihren Mann umgebracht hatte.

Die Ontario Securities Commission (OSC), eine unabhängige staatliche Behörde, die die Kapitalmärkte von Ontario reguliert, übernahm nun den Fall. Über einen Zeitraum von etwa zehn Monaten analysierte die Behörde Handels- und Blockchain-Daten, befragte wichtige Zeugen und arbeitete mit den entsprechenden Regulierungsbehörden in Kanada und im Ausland zusammen. Die Behörde ermittelte, dass Cotten die Einlagen von nahezu 76.000 QuadrigaCX-Nutzern nach Belieben ausgegeben, an anderen Kryptobörsen gehandelt und anderweitig veruntreut hatte. Sechs Bitcoin-Wallets, die mit QuadrigaCX verbunden waren, konnten identifiziert werden. Sie waren fast leer. Nur etwa 21 % des verlorenen Vermögens konnte schlussendlich an die Kunden zurückgezahlt werden. Dadurch sind massive Verluste für Investoren aus Kanada und der ganzen Welt entstanden.[99]

Die Vorgehensweise von Cotten war dabei so banal wie effektiv. Cotten eröffnete auf seiner eigenen Plattform unter verschiedenen Namen und E-Mail-Adressen zahlreiche Konten, denen er – nun in der Rolle des Administrators der Plattform – Vermögenswerte gutschrieb. Über diese Vermögenswerte handelte er mit echten Nutzern. Als die Kryptokurse zusammenbrachen, erlitt Cotten echte, reale

Verluste, weshalb er die Abhebungen der Kunden nicht mehr über das QuadrigaCX-Vermögen auszahlen konnte. Anfangs nutzte er für die Auszahlungen noch die Einzahlungen neuer Kunden, bis die Kurspanik das System schließlich zusammenbrechen ließ. Da Cotten seit 2016 die alleinige Kontrolle über das Unternehmen innehatte, das bei keiner Wertpapieraufsichtsbehörde registriert war, fiel der Betrug zunächst nicht auf.

Man kann Gerry Cotten nicht mehr fragen, ob er all das von Anfang an geplant hatte oder ob ihm die Dinge im Laufe der Zeit über den Kopf gewachsen sind. Doch die Tatsache, dass Cotten einen überschwänglichen Lebensstil führte, er Boote fahren und Flugzeuge fliegen konnte und dazu sehr erfahren darin war, seine digitalen Fußabdrücke zu verwischen, lässt den Verdacht aufkommen, dass er von Anfang an einen Ausstiegsbetrug geplant hatte.[100]

Der Journalist Aaron Lammer, der den Fall untersucht hat, beschreibt in seinem Podcast,[101] dass Menschen in Indien Vermittler engagieren können, um den eigenen Tod vorzutäuschen – falsche Leiche inklusive. Vermutlich hat Cotten seinen Ausstieg geplant, ist dann aber tatsächlich gestorben, bevor er seinen Plan umsetzen konnte.

Gegen seine Frau Jennifer Robertson wurde nie ermittelt. Sie versichert bis heute, nie von Cottens Machenschaften gewusst oder einen tieferen Einblick in die Geschäftspraktiken von QuadrigaCX gehabt zu haben. Nach Cottens Tod stimmte sie zu, einen Großteil der verbliebenen Vermögenswerte zu versteigern und den Erlös den Opfern zukommen zu lassen. Sie hofft, dass das letzte Kapitel des Skandals damit abgeschlossen ist.[102]

Einige ehemalige QuadrigaCX-Nutzer haben die Behörden aufgefordert, Cottens Leiche zu exhumieren, um endlich Licht ins Dunkel zu bringen. Bis das geschehen ist, bleibt der Fall wohl eines der größten Mysterien der Krypto-Geschichte.

6

Innovationstreiber Blockchain

6.1 Rai – die Mutter aller Blockchains

Die Dezentralität der Blockchain ist ihre größte Stärke.
Trotz oder gerade weil die Blockchain dezentral aufgestellt ist, haben alle Nutzer einen uneingeschränkten
öffentlichen Zugriff auf die darin hinterlegten Daten.
Nahezu alle derzeit im Umlauf befindlichen nicht-
blockchainbasierten Währungssysteme haben diesen Vorteil nicht, sie beruhen auf einem zentralen System, über
das Banken sämtliche Transaktionen speichern.

Zweifellos ist dies ein sicheres System für eine Gesellschaft, die keine andere Möglichkeit hat, als sich über diese
Art der Buchführung Gewissheit zu verschaffen, wer wem
etwas schuldet. Doch gerade hier liegt das Problem – in der
zentralen Ablage der Daten. Derjenige, der die Daten verwaltet, tut dies in den allermeisten Fällen nicht umsonst.
Durch seinen Wissensvorsprung erlangt er zudem Macht.
Eine ungünstige Situation für den, der Zugriff auf diese

© Springer-Verlag GmbH Deutschland, ein Teil von Springer
Nature 2023, korrigierte Publikation 2023
P. Rosenberger, *Bitcoin und Blockchain*,
https://doi.org/10.1007/978-3-662-66530-5_6

Daten haben möchte. Zeit für ein Konzept, das die Daten auf den Schultern aller verteilt und dabei in erster Linie vertrauenswürdig, aber ebenso sicher und schnell ist und eine Buchführung über sämtliche mit einer Währung getätigten Transaktionen gewährleistet. Zeit für die Blockchain.

Um das Konzept der Blockchain zu erläutern, greift der Softwareingenieur Yevgeniy Brikman zu einem Beispiel aus der Geschichte, nach der auf den mikronesischen Yap-Inseln einst die Schulden der Mitglieder einer Gesellschaft mithilfe von Rai-Steinen, auch Steingeld genannt, vermerkt wurden und nutzt diese, um eine Analogie zu Bitcoin zu schaffen.[103]

Das Steingeld besteht aus riesigen, teils tonnenschweren Steinscheiben, die noch heute überall auf der Insel am Wegesrand oder bei den Häusern herumstehen, obwohl der letzte Rai-Stein bereits 1931 hergestellt wurde. Der Wert eines solchen Steins entstand durch seine Seltenheit. Das Steingeld besteht aus farbigen Kalksteinen, die ihre Farbe durch eingelagerte Aragonitkristalle erhalten. Auf Yap gibt es diesen Kalkstein nicht, dafür auf den über 400 Seekilometern entfernten Palau-Inseln. Das marmorähnliche Material musste dort mithilfe von Gerüsten zunächst von senkrechten Klippen abgebaut werden, bevor es in die typische Form gebracht und mit primitiven Werkzeugen durchbohrt werden konnte. Erst dann konnten die Steinscheiben mühsam in einer vermutlich wochenlangen Fahrt über die raue See zurück nach Yap gebracht werden. Viele der Steinscheiben gingen dabei im Meer verloren. Bis heute können Taucher sich das gesunkene Steingeld in Küstennähe ansehen.[104]

Wenn ein Rai bei einem Kauf den Besitzer wechselte, ließ der neue Eigentümer den Stein gewöhnlich aufgrund des Gewichts einfach dort, wo er stand. Wem wie viel von welchem Stein gehörte, merkte man sich einfach. So die Theorie.

Doch mit der Ausweitung des Handels wurde es im Laufe der Zeit immer schwieriger, festzuhalten, geschweige denn sich zu merken, wer wem in welcher Höhe etwas schuldet. Ob einzelne Personen tatsächlich über den Reichtum verfügten, den sie vorgeben, war plötzlich nicht mehr nachvollziehbar. Es kam, wie es kommen musste. Schuldfragen wurden gewaltsam geklärt. Zeit zu handeln, dachten sich die Stammesältesten und bestimmten eine Person, die von nun an alle Transaktionen mit Rai in einem Buch verzeichnen sollte.

Doch es dauerte nicht lange, bis auch hier die ersten Probleme aufkamen. Wann auch immer der Buchhalter krank war, konnten die Besitzverhältnisse nicht eindeutig protokolliert werden. Später begann der Buchhalter, Gebühren für seine Dienste zu verlangen oder er bevorzugte seine Freunde und Geschäftspartner. Selbst die Stammesältesten drängten ihn dazu, die Bücher doch bitte zu ihren Gunsten zu führen.

Erneut breitete sich Unmut aus, was eine Gruppe besorgter Mitglieder der Gesellschaft auf den Plan rief. Sie entließen den Buchhalter und erklärten sein Grundbuch für ungültig. Von nun an sollte jede Familie des Dorfes ihr eigenes Buch führen. Nicht nur über die eigenen Transaktionen, sondern über die Transaktionen aller. Damit dies funktionieren konnte, ging die Person, die eine Transaktion tätigte, auf den Dorfplatz in der Mitte des Dorfes und verkündete allen Anwesenden Art und Umfang der Zahlung. Anschließend war jede Familie angehalten, ihr eigenes Buch auf den neuesten Stand zu bringen, indem sie Buchung und Gegenbuchung entsprechend vermerkte. Um einen Anreiz zu schaffen, dass das auch wirklich getan wurde, durften neue Steine nur dann in den Büchern hinterlegt und damit in Verkehr gebracht werden, wenn gleichzeitig eine Transaktion in den Büchern hinterlegt und somit bestätigt wurde. Kam es später zu Unstimmigkeiten, wurde nach dem Mehrheitsprinzip entschieden. Eine Buchung war insofern gültig, wenn die Mehrheit der Familien des Dorfes sie als gültig erachtete.[105]

Bis vor kurzem war es nicht möglich, ein solches dezentrales Prinzip in einem weltweiten Netzwerk aufzubauen. Abhilfe brachte das Internet, welches ein weltumspannendes, digitales Netzwerk erst möglich machte.

6.2   Die Bitcoin-Blockchain

6.2.1 Die Byzantinischen Generäle

Der Legende nach hatten osmanische Generäle, die im Jahr 1453 Konstantinopel belagerten, ein Kommunikationsproblem. Wegen der starken Befestigung Konstantinopels war es notwendig, dass die Generäle mit ihren Truppen die Stadt aus verschiedenen Richtungen gleichzeitig angriffen. Die Generäle konnten über Boten miteinander kommunizieren. Allerdings intrigierten einige der Generäle gegen andere. Ihr Ziel war es, ihre Konkurrenten beim Sultan in Misskredit zu bringen – beispielsweise dadurch, dass sie die anderen durch geschickt gestreute Fehlinformationen zu einem verfrühten Angriff treiben wollten. Das führte dazu, dass keiner der Generäle wusste, welche der Informationen echt war und wem man vertrauen konnte.

Es geht also um ein Problem der Übereinkunft, welches darin besteht, dass die Heerführer einstimmig beschließen müssen, ob sie angreifen oder nicht. Kompliziert wird das Problem durch die räumliche Trennung der Befehlshaber. Sie müssen Boten hin- und herschicken, um zu kommunizieren. Außerdem kommt die Möglichkeit hinzu, dass sich unter den Generälen Verräter befinden, die an die anderen Generäle absichtlich irreführende Informationen schicken. Man entschloss sich dazu, dass jeder General eine Angriffszeit ankündigen kann. Die Zeit, die zuerst an alle Generäle kommuniziert wird, sollte zur offiziellen Angriffszeit werden.

Doch was, wenn verschiedene Generäle unterschiedliche Angriffszeiten zum gleichen Zeitpunkt kommunizieren? Und wie kann ein General sicher sein, dass die Zeit, die er zuerst gehört hat, auch die ist, welche die anderen zuerst gehört haben? Das Problem ist, dass Informationen über ein Netzwerk nicht simultan übermittelt werden. So kann nicht ausgeschlossen werden, dass die Generäle unterschiedliche Angriffszeiten zuerst hören.

Bitcoin hat ein ähnliches Problem: Es muss verhindert werden, dass eine Transaktion vorsätzlich oder fälschlich mehrfach ausgeführt wird. Ohne entsprechende Kontrolle wäre es sonst möglich, ein und denselben Wert an unterschiedliche Adressaten zu transferieren.

Das sogenannte Double-Spending-Problem beruht darauf, dass man digitale Informationen grundsätzlich leicht kopieren kann. Wenn man mit physischem Bargeld bezahlt, hat man es danach nicht mehr. In der digitalen Welt verhält es sich anders: Hier könnte man mit einer perfekten digitalen Kopie bezahlen, die vom Original nicht zu unterscheiden ist. Im traditionellen Zahlungsverkehr werden solche Betrugsversuche durch die Betreiber der Zahlungsnetzwerke verhindert. In einem dezentralen Netzwerk gibt es diese Intermediäre jedoch nicht. Hier stehen veränderte Daten nicht zum exakt gleichen Zeitpunkt allen angeschlossenen Rechnern zur Verfügung, da die Informationen sich erst von dem Knoten aus, der die Information veröffentlicht, im Netzwerk verteilen müssen. Dies braucht also Zeit. Würde man diesen Knoten so manipulieren, dass er eine identische Transaktion in verschiedene Richtungen im Netzwerk schickt, so führt dies zu einem Problem, da diese Knoten widersprüchliche Informationen erhalten. Wie kann man also sicherstellen, dass digitales Geld nur einmal ausgegeben wird? Die Lösung im Bitcoin-Konzept ist die Blockchain, in dem alle Bitcoin-Transaktionen, die jemals getätigt wurden, verzeichnet sind.[106]

6.2.2 Das digitale Journal

Erstmals aufgetaucht ist der Begriff „Blockchain" als Technologie hinter der Kryptowährung Bitcoin. Im Fall von Bitcoin funktioniert die Blockchain wie ein digitales Journal, in dem alle Bitcoin-Transaktionen verzeichnet werden. Wenn eine Person einer anderen virtuelles Geld transferiert, wird diese Transaktion auf den Computern aller an der Blockchain Beteiligten hinterlegt und dokumentiert. Das Gleiche passiert, wenn später ein Teil des Geldes an einen Dritten weitergeleitet wird. All diese Daten werden dezentral gespeichert. So entsteht nach und nach eine Kette von Datenblöcken, an denen nachträglich nichts gelöscht oder geändert werden kann. Der gesamte Prozess läuft ohne Mittelsmann wie eine Bank ab, das Netzwerk verifiziert die Vorgänge selbst. Niemand hat die Möglichkeit, die Daten zu manipulieren.

Mit der Blockchain wurde also ein System geschaffen, das die Transparenz eines öffentlichen Grundbuchs gewährleisten kann und in dem eine Transaktion erst dann als gültig gilt, sobald die meisten Nutzer von ihrer Gültigkeit überzeugt sind.

Das schafft Sicherheit. Denn um Daten zu verfälschen, müsste nicht ein einzelner Server oder Computer gehackt werden, sondern jeder Rechner, der in der Blockchain agiert. Aus diesem Grund wird das Netzwerk mit jedem weiteren Teilnehmer sicherer. Wenige Rechner können eben leichter gehackt werden als viele.

Man kann sich die Blockchain wie eine Excel-Tabelle vorstellen: Mit jeder Transaktion wird der Tabelle eine neue Zeile hinzugefügt. Mit jeder Zeile wird die Tabelle länger und dadurch träger in der Bearbeitung. Um dies zu vermeiden, wird diese Tabelle nicht endlos verlängert, sondern alle paar tausend Zeilen, wann immer eine bestimmte Größe erreicht ist, zusammengefasst und gespeichert.

Das Konzept der Blockchain ist sehr ähnlich: Hier werden etwa 2500 Transaktionen zu einem Block zusammengefasst, der dann in der Blockchain gespeichert wird.

Doch das Erstellen eines neuen Blocks ist nicht trivial. Vereinfacht erklärt, wird jeder Block durch eine komplexe Berechnung erstellt. Je mehr Blöcke bereits erzeugt wurden, desto schwieriger und rechenintensiver wird diese Aufgabe. Etwa alle 14 Tage wird der Schwierigkeitsgrad der Berechnung automatisch angepasst, um so zu gewährleisten, dass ungefähr alle zehn Minuten eine weitere Aufgabe gelöst wird und ein Block mit Transaktionen in die Blockchain geschrieben werden kann. Sobald ein Knoten im Netzwerk die aktuelle Aufgabe gelöst hat, wird der Block angehängt. Es entsteht eine ununterbrochene Kette, über die sich die Blockchain vom jeweils aktuellen Block aus bis zum ersten Block, dem sogenannten Genesis-Block, zurückrechnen lässt. Wer Böses im Schilde führt, der müsste so stets die gesamte Historie der Blockkette ändern.

6.2.3 Rätselhaftes Bitcoin-Mining

Konkret besteht die Blockchain also aus einer Kette
von Datenblöcken, in denen jeweils mehrere tausend
Transaktionen zusammengefasst und mit einer Prüf-
summe versehen werden. Neue Blöcke werden in einem
rechenintensiven Prozess erschaffen, der sich Mining
nennt. Unter Mining versteht man das Validieren und
Speichern der Transaktionen in einem Block und das Verbreiten der entsprechenden Information über das Netzwerk. Dabei werden die Transaktionen eines Blocks
immer paarweise fortlaufend miteinander verschlüsselt,
bis kein weiteres Paar mehr gebündelt werden kann, der
sogenannte Merkle-Tree entsteht. (siehe Abb. 6.1) Der
letzte Hashwert, der sogenannte Root-Hash, wird als Prüf-
summe im Block vermerkt. Das Verketten der Blöcke
erfolgt dann mithilfe des Root-Hashes. Jeder Block enthält auch den Root-Hash des vorherigen Blocks, so ist die
Reihenfolge der Blöcke eindeutig festgelegt und das nach-
trägliche Modifizieren vorangegangener Blöcke und Transaktionen praktisch ausgeschlossen.[107]

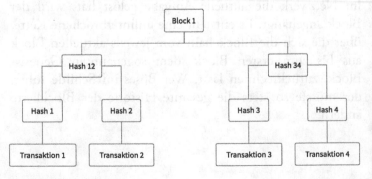

Abb. 6.1 Merkle-Tree

Für jedes Speichern eines Blocks erzeugt das System eine definierte Anzahl an Bitcoins, die dem Miner als Belohnung für seine Leistung gutgeschrieben werden (siehe Abschn. 8.3.1). Durch dieses Prinzip entsteht unter den Minern eine Konkurrenzsituation. Sie alle wollen die Belohnung für das Mining in Form der neu erzeugten Bitcoins erhalten. Welcher der Miner einen neuen Block in der Blockchain speichern darf, entscheidet sich durch eine Art Wettbewerb: Der erste, der ein rechenintensives, kryptografisches Rätsel lösen kann, darf den Block für sich beanspruchen und in die Blockchain schreiben. Dabei müssen die Miner zu einer gegebenen Lösung den passenden Lösungsweg errechnen. Die Miner probieren daher solange in einem Trial-and-Error-Verfahren mögliche Rechenwege durch, bis das Ergebnis schließlich passt. Die Wahrscheinlichkeit, ein solches Rätsel zu lösen, hängt dabei unmittelbar von der Rechenleistung ab, die der Miner zur Verfügung stellen kann. Je höher die Leistung, desto wahrscheinlicher ist der Erhalt des Blocks.

Hintergrund dieses Verfahrens ist die Tatsache, dass die Erzeugung der Bitcoins gleichmäßig auf die verbleibenden Jahre verteilt werden soll. Wir erinnern uns: Das Bitcoin-Protokoll sieht nur 21 Mio. der digitalen Münzen vor. Wenn etwa alle zehn Minuten ein Block in die Blockchain geschrieben wird, entsteht der letzte Bitcoin etwa im Jahr 2140. Das Prinzip der künstlichen Verknappung.

Doch die Leistung moderner Computer nimmt stetig zu. Hardware wird von Jahr zu Jahr immer performanter. Um die mathematischen Rätsel schneller als ihre Konkurrenten zu lösen und so an die begehrten Bitcoins zu kommen, entwickeln Mining-Unternehmen ihre Rechnerarchitektur permanent weiter. Auch diese Entwicklung wurde im Bitcoin-Protokoll berücksichtigt: Um zu gewährleisten, dass die Erzeugung der Bitcoins auch in Zukunft gleichmäßig, nämlich etwa alle 10 min, stattfindet, sieht das Bitcoin-Konzept vor, den Schwierigkeitsgrad der Rechenaufgaben, Mining Difficulty genannt, mit dem Anstieg der Rechenkapazität zu erhöhen. Dazu überprüft das System permanent den in den Blöcken vermerkten Zeitstempel und die Anzahl der Versuche, die benötigt wurden, um das mathematische Rätsel zu lösen. Wird die Aufgabe zu schnell gelöst, da Hard- oder Software der Miner optimiert werden konnten, passt das System anhand dieser Daten den Schwierigkeitsgrad der mathematischen Aufgabe entsprechend an. So wird verhindert, dass durch die zunehmende Gesamtrechenleistung Blöcke schneller erzeugt werden können, was zu einer schnelleren Ausschüttung der digitalen Münzen führen würde.

6.2.4 Mehr Geld für die Miner

Um einen zusätzlichen Anreiz für das Mining zu schaffen, integrierte Satoshi Nakamoto geringe Transaktionsgebühren, um die Bitcoin-Miner für ihren Ressourcenaufwand zu entschädigen. Die Höhe dieser Gebühr kann vom Versender einer Transaktion im Prinzip beliebig festgelegt werden. Auf diese Weise konkurrieren die Teilnehmer des Bitcoin-Netzwerks, also diejenigen, die Transaktionen veranlassen, um den Platz in den Blöcken. Die Miner legen ihre Mindestgebühr fest, während die Nutzer anhand der Höhe der Transaktionsgebühr entscheiden, wie schnell ihre Transaktion validiert wird. Die Zahlung einer höheren Gebühr garantiert eine höhere Priorität und damit eine schnellere Transaktionsgeschwindigkeit. Die Gebühr, die man zahlt, damit die Transaktion im nächsten Block, also in maximal 10 min, verarbeitet wird, ist insofern höher als die Gebühr für die Verarbeitung im übernächsten Block, was länger als 10 min dauern würde. In der Praxis unterscheidet das System eine Verifizierung der Transaktion in den nächsten Block, innerhalb der nächsten drei oder innerhalb der nächsten sechs Blöcke. Die Kosten dafür, wann eine Transaktion in einen Block aufgenommen wird, variieren also nach der Dynamik von Angebot und Nachfrage.

Jede Gebühr, die ein Miner erhält, ist somit ein Zuschuss zu seinen Betriebskosten und ein zusätzlicher Faktor, der seine Rentabilität garantiert. Dadurch, dass sie Spam-Transaktionen verhindern, sorgen die Gebühren zudem auch für mehr Sicherheit im Bitcoin-Netzwerk.

Trotzdem wird die Transaktionsgebühr auch kritisiert. Eine Bitcoin-Transaktion kostet in der Regel nur wenige Satoshis. Ein Satoshi ist die kleinste Bitcoin-Einheit. 1 Bitcoin entspricht dem Gegenwert von 100 Mio. Satoshis. Wenn zum Zeitpunkt der Transaktion aber eine hohe Nachfrage nach Bitcoins existiert, kann es passieren, dass die Versender der Transaktionen sich gegenseitig überbieten. Dadurch entsteht ein Bieterkrieg, der die Gebühren in die Höhe treibt und die Transaktion teurer als eine vergleichbare Kreditkartentransaktion macht.

6.3 So revolutionär wie einst das Internet

6.3.1 Willkommen im Krypto-Zeitalter

Fahren Sie noch mit Straßenkarten in den Urlaub oder nutzen Sie einen Stadtplan? Vermutlich nicht. Für Schnappschüsse nutzen Sie mit hoher Wahrscheinlichkeit Ihr Smartphone und Filme streamen Sie auf Ihrem Fernseher. Videotheken haben ausgedient, Kamerahersteller müssen umdenken. Auch der Konsum von Musik verlagert sich immer weiter auf Streaming-Dienste. Das gute alte Faxgerät ist inzwischen ein Teil unserer Geschichte. Und wer weiß schon, wie es mit dem klassischen Fernsehen auf Dauer weitergehen wird.

Der Blockchain wird unterstellt, so revolutionär wie einst das Internet zu sein. Ganze Berufszweige werden überflüssig und dafür neue geschaffen. Neue Anwendungen und ein neues Ökosystem sollen entstehen. Ob es so kommt, das wird sich zeigen. Wir stehen erst am Anfang. In jedem Fall aber haben Blockchains ein riesiges Potential.

Die Technologie hat das Potential, die nächste Evolutionsstufe des Internets einzuleiten. Denn die Blockchain ist dezentral organisiert und bietet zudem die Möglichkeit, über sogenannte Smart Contracts, intelligente Verträge, zum Beispiel Besitzansprüche fälschungssicher zu hinterlegen und diese vor ungewollter Manipulation zu schützen.

Eben diese Fälschungssicherheit, bedingt dadurch, dass Daten nicht zentral an einem, sondern mittels effizienter, kryptografischer Verfahren dezentral an vielen Orten hinterlegt sind, schafft ein hohes Maß an Vertrauen zwischen Teilnehmern, die sich ansonsten nicht kennen.

Ein erstes Beispiel ist die Entwicklung des Bitcoin-Systems, der ersten digitalen Währung, die sicherstellen kann, dass es einen Bitcoin nicht mehrfach gibt und dessen Transfer nur von seinem Besitzer vorgenommen werden kann.

Auf der Grundlage der Blockchain-Technologie lassen sich neue Applikationen entwickeln und komplett neue Ökosysteme begründen. Nahezu jede Großbank tüftelt aktuell an Blockchain-Produkten. Banken richten eigene Forschungslabore ein oder arbeiten an einer eigenen Version einer Kryptowährung. Zentralbanken arbeiten an digitalem Zentralbankgeld (CBDC) um das Finanzsystem mit neuen Funktionen auszustatten und eine Alternative zu dezentralen Kryptowährungen zu schaffen. Auch die Börsen testen Blockchains und analysieren das Wesen eines dezentralen Blockchain-Registers. Wohin der Enthusiasmus führt, ist aktuell schwer vorherzusagen, Geld fließt jedenfalls en masse. Diese Entwicklung ist eigentlich paradox, denn die Technologie wurde einst entwickelt, um Banken zu ersetzen.

Allein im Jahr 2021 haben Kapitalgeber in die Sektoren Blockchain und Kryptowährungen mit über 32 Mrd. US$ fast sechsmal so viel investiert wie im Jahr zuvor.[108] Noch 2017 lag diese Zahl bei 5,5 Mrd. US$. Weitere 5 Jahre zuvor, im Jahr 2012, lagen die Investitionen, die in die Entwicklung individueller Blockchain- und Bitcoin-Projekte geflossen sind, noch bei null.

6.3.2 Bahnbrechende Projekte auf Blockchain-Basis

Eines der fundamentalsten und zugleich reduziertesten Projekte auf Basis der Bitcoin-Blockchain ist „Proof of Existence" des argentinischen Programmierers Manuel Aráoz. Über die Webseite „poex.io" lässt sich eine beliebige Datei kryptografisch verschlüsseln und gegen eine kleine Gebühr in der dezentralen Blockchain hinterlegen – angereichert durch einen Zeitstempel. So wird dokumentiert, dass der Nutzer diese Datei zu einem bestimmten Zeitpunkt besessen hat. Dabei werden die Dokumente selbst weder in der Datenbank des Anbieters noch in der Bitcoin-Blockchain gespeichert, sondern lediglich eine kryptografische Zusammenfassung der Datei. Man muss sich also keine Sorgen machen, dass die verschlüsselten Daten von Dritten eingesehen werden können. Einmal im Besitz des Hashes, kann der Nutzer jederzeit öffentlich den Besitz des Dokuments zu einem bestimmten Zeitpunkt nachweisen. Dies ist das Grundprinzip der Blockchain.

Wer Onlinebanking nutzt, der vertraut zwangsläufig der gesicherten Verbindung, die sein Rechner mit dem Server der Bank aufbaut. Der Server weist sich als vertrauenswürdig aus, indem er ein gültiges Zertifikat zur Überprüfung bereithält. Doch was, wenn das Zertifikat gar nicht von der Bank kommt, sondern von einem Dritten, der Böses im Schilde führt? Der Domainname, beispielsweise musterbank.de, wird über dezentrale DNS-Server (Domain Name System)[109] in eine maschinenlesbare IP-Adresse umgewandelt. Dabei ist das System trotz zentraler Organisation auf einer Vielzahl von Servern hierarchisch strukturiert, es wird also von einer übergeordneten Instanz organisiert. Konkret von einer Non-Profit-Organisation namens Internet Corporation for Assigned Names and Numbers, kurz ICANN, mit Sitz in Los Angeles, Kalifornien. Denkt man darüber nach, dass eine der Hauptfunktionen des Internets in den Händen einer einzigen Organisation liegt, wird einem schon mulmig, oder? Was hier helfen könnte, ist eine vollständig dezentrale Organisation des DNS, inklusive der verifizierenden Instanz. Auch hier könnte die Blockchain helfen.

Ein Fork von Bitcoin mit dem passenden Namen Namecoin[110] setzt genau an diesem Problem an. Geht es nach den Machern der experimentellen Open-Source-Technologie, würde die Auflösung von Domains in eine IP-Adresse zukünftig dezentral in der Blockchain organisiert. Domains könnten so nicht mehr willkürlich attackiert, zensiert oder abgeschaltet werden. Die Sicherheit und Privatsphäre der Internet-Infrastruktur würde mithilfe dieses Projekts deutlich verbessert. Namecoin wird von einem Team internationaler

Programmierer entwickelt, die sich dafür einsetzen, die freie Meinungsäußerung online zu schützen.

6.3.3 Der dezentrale Marktplatz

Als die Menschen anfingen zu handeln, ging man in den Dörfern aufeinander zu und tauschte Waren, deren Wert man für ähnlich oder gleich hielt. Als die Dörfer größer wurden, traf man sich dazu an zentralen Plätzen. Später wurden die Dörfer zu Städten und die Städte zu Metropolen. Und mit ihnen wuchsen die Marktplätze, für deren Nutzung man als Händler eine Gegenleistung erbringen musste. Zunächst im Tausch, später gegen Geld.

Mit der Entwicklung des Geldes verhielt es sich ähnlich. Nach dem Tausch etablierte sich das Geld und wurde zunächst durch Schecks und später durch Kreditkarten und Banking-Software ergänzt. Diese Zahlungsmöglichkeiten basieren auf einem zentralisierten System. Keines dieser Zahlungsmittel kommt ohne einen Moderator wie eine Bank oder einen Zahlungsdienstleister aus.

Mit Bitcoin entstand schließlich erstmals ein dezentrales System, mit dem es möglich war, Transaktionen direkt vom Sender zum Empfänger einer Zahlung vorzunehmen.

Auf genau diesem Prinzip beruhte das Konzept von „OpenBazaar", einem dezentralen Online-Marktplatz, der heute nicht mehr online ist, aber einen festen Platz in der Bitcoin-Geschichte eingenommen hat. Das Projekt stammt im Kern bereits aus dem Jahr 2014. Den Prototypen hatte der Netzaktivist Amir Taaki entwickelt, der das Projekt aus Protest gegen die Schließung von Silk Road (siehe Abschn. 5.3) zunächst unter dem Namen „Dark Market" veröffentlichte. Amir Taaki ist ein britisch-iranischer Revolutionär und Programmierer, der maßgeblich an der Entwicklung des Bitcoin-Projekts beteiligt war und 2014 von Forbes als einer der 30 einflussreichsten Unternehmer des Jahres gelistet wurde.[111] Der Prototyp wurde von einem Software-Entwickler namens Brian Hoffman übernommen, der ihn zu einem klassischen Open-Source-Geschäftsmodell ausbaute.

OpenBazaar stellte die Infrastruktur für einen weltweiten Handel zur Verfügung. Wie bei Bitcoin fand der Handel direkt vom Verkäufer zum Käufer statt, ohne eine zentralisierte Plattform in der Mitte. Sämtliche Transaktionen, ganz gleich, ob Kauf oder Verkauf, waren grundsätzlich kostenlos. Eine Gebühr wurde nur dann erhoben, wenn man für eine Transaktion von A nach B einen Moderator einsetzen wollte, der den Erhalt des Geldes sicherstellte. In diesem Fall wurde der Kaufpreis zunächst auf ein Treuhandkonto überwiesen, welches nur ausgelöst werden konnte, wenn die Kaufbedingungen erfüllt wurden und mindestens zwei der drei Beteiligten ihre Zustimmung erteilt hatten. Doch selbst dann ging diese Gebühr nicht an OpenBazaar, sondern an den Moderator, der einen Anteil der Transaktionsgebühr für seine Leistung einbehielt. Der digitale Marktplatz gilt somit als der erste ernstzunehmende Versuch einer wirklich dezentralen E-Commerce-Software.

Im Gegensatz zu einem normalen Online-Shop war OpenBazaar eine Software, die mit wenigen Handgriffen auf den gängigen Betriebssystemen installiert wurde und sich kinderleicht und intuitiv konfigurieren ließ. Mit dem Start der Software auf dem eigenen Rechner wurde man zu einem Teil des Netzwerkes. Man musste sich lediglich noch entscheiden, ob man als Käufer oder Verkäufer auftreten möchte. Die Preise wurden in der Landeswährung des Verkäufers angegeben, bezahlt wurde jedoch ausschließlich zum Echtzeit-Umrechnungskurs in Bitcoin.

Die Produktübersicht glich einem bunten Strauß an Artikeln aus aller Herren Länder. Die Bandbreite reichte dabei von Rennrädern über Schmuck bis hin zur Play-station oder getrockneten thailändischen Garnelen. Die meisten Artikel waren gebraucht und von privat.

Illegales war dagegen nicht zu finden. Das verwunderte angesichts der Tatsache, dass es keinen zentralen Betreiber gab, der das Geschäft regulierte. Der Grund für das Fehlen solcher Angebote war dennoch simpel: Über eine Schnittstelle konnte man die IP-Adressen der Nutzer des Marktplatzes einsehen. OpenBazaar wies in den Teil-nahmebedingungen ausdrücklich darauf hin. Wer also Böses im Schilde führte, hätte zwar die Vorzüge des dezentralen Angebots nutzen können, nämlich nahezu kostenlose Transaktionen, nicht aber die weitgehende Anonymität des Netzwerks, wie es bei Silk Road der Fall war.

Obwohl OpenBazaar als Vorreiter einer dezentralen Plattform in der Szene bejubelt wurde, konnte man den Grad an Nutzerwachstum und -akzeptanz nicht erreichen, der notwendig gewesen wäre, um ein nachhaltiges Business aufzubauen. Infolgedessen konnte das Ent-wicklerteam die laufenden Infrastrukturkosten auf Dauer nicht mehr finanzieren. Dies führte dazu, dass die Server Mitte Januar 2021 abgeschaltet wurden.

Vor allem für die Entwicklung und Akzeptanz von Bitcoin hätte OpenBazaar ein wichtiger Faktor sein können. Der Marktplatz, der seinen Nutzern die voll-ständige Kontrolle über ihre Daten zusicherte, bot – zumindest in der Theorie – einen in sich geschlossenen Wirtschaftskreislauf auf Krypto-Basis. Dies ist ein wichtiger Aspekt für das Wachstum eines so sensiblen Ökosystems, bei dem es wichtig ist, Bitcoin mög-lichst lange im System zu belassen. Wird Bitcoin in eine Fiatwährung zurückgetauscht, versickern die digitalen Münzen im Kreislauf der traditionellen Banksysteme.

6.3.4 Der kybernetische Wald

Die Fantasie der Blockchain-Kreativen treibt teils bunte Blüten. Ein ebenso zukunftsweisendes wie kurioses Projekt wurde 2016 unter dem Namen terra0[112] ins Leben gerufen. In dem bis heute fortwährenden Kunstprojekt stellt man sich der Herausforderung, Technologie und Natur derart zu verschmelzen, dass die Natur sich mittels der Technologie selbst verwaltet. Das Ziel ist die Schaffung einer nicht-ausbeuterischen wirtschaftlichen Beziehung zwischen Natur, Mensch und Technik. Doch der Reihe nach.

Der Wald ist uns allen wichtig. Wir nutzen ihn als Naherholungsgebiet und sorgen uns, wenn saurer Regen ihm das Leben schwer macht. Wir hegen und pflegen unsere Wälder. Unsere Bemühungen, den Wald stets gesund zu halten, kosten uns Millionen, Jahr für Jahr.

Wissenschaftler des Forschungszentrums Informatik in Berlin und des Wuppertaler Instituts für Klima, Umwelt und Energie haben daher Pflanzen mit Sensoren ausgerüstet, die über Sonnenbestrahlung, Schädlingsbefall oder Wachstumsgeschwindigkeit in einer Blockchain Buch führen. Basierend auf diesen Daten entscheidet ein Algorithmus, ob ein Baum gedüngt, bewässert oder unter Umständen auch gefällt werden muss. Diese Entscheidungen werden anhand von Wenn-dann-Beziehungen getroffen, die vorab per Smart Contract in der Blockchain hinterlegt wurden. Wenn der Boden zu trocken ist, dann startet die Bewässerungsanlage. Was einfach klingt, das ist es am Ende auch und soll eine Menge Geld sparen. Doch die Wissenschaftler gehen noch einen Schritt weiter.

In ihrer Vision hat der Wald nicht nur eine konkret vorausberechenbare Produktionskraft, sprich er wächst und produziert dadurch Holz, sondern er fungiert gleichzeitig auch als Dienstleister. Er tut dies neben seiner Funktion als Rohstofflieferant, indem er anderen Pflanzen Schatten spendet oder seinen Besuchern als Wohlfühloase dient und so seinen Beitrag zu einem ökologischen Gleichgewicht leistet.

Über ein per Smart Contract definiertes Wirtschaftsmodell könnte sich ein Wald in automatisierten Prozessen so selbst bewirtschaften und über den Verkauf von Anteils-Tokens sogar Kapital erwirtschaften. Dies geschieht beispielsweise, wenn ein Baum gefällt und zur Weiterverarbeitung entnommen wird. Hat der Wald genug erwirtschaftet, zahlt er das Geld, das zum Start des Projekts aufgebracht wurde, an die Initiatoren zurück. Von diesem Punkt an kontrolliert der Wald sich selbst als alleiniger Anteilseigner seiner eigenen Wirtschaftseinheit. Theoretisch ist der Wald damit auch in der Lage, weitere Flächen zu kaufen und damit zu expandieren. Ein radikaler Wahrnehmungswandel.

7

Die Blockchain kann die Welt verändern

7.1 Eine Bank für die Banklosen

7.1.1 Menschen ohne Bank

Der extrem volatile Kurs von Bitcoin und Berichte über potenziell massive Spekulationsgewinne verschafften der Kryptowährung ungeahnte Popularität. Das ist gut so, obwohl Bitcoins Ideologie ursprünglich einen sehr anarchistischen, politischen Ansatz verfolgte. Satoshi Nakamoto, wer auch immer es ist, hat Bitcoin als dezentrale Währung konzipiert, die sich dem Einfluss von Banken und Börsen vollständig entzieht. Bitcoin glänzt durch Transaktionen ohne zwischengeschaltete Banken und eine hohe Anonymität im Vergleich zum konventionellen Banking. Fonds, Trading, Handel, Spekulationsgewinne – all das hat nichts mit der anfänglichen Ideologie hinter Bitcoin zu tun.

© Springer-Verlag GmbH Deutschland, ein Teil von Springer
Nature 2023, korrigierte Publikation 2023
P. Rosenberger, *Bitcoin und Blockchain*,
https://doi.org/10.1007/978-3-662-66530-5_7

Doch das wirklich Bahnbrechende an Bitcoin ist nicht die Währung selbst, sondern die Technik dahinter - die Blockchain. Das digitale Grundbuch findet bei all dem Hype und der Berichterstattung über die Kryptowährung aktuell noch recht wenig Beachtung. Denn die Blockchain kann die Welt verändern, sie für viele von uns erträglicher machen und so vielleicht sogar Leben retten.

Angesichts der weltweiten Entwicklungen bei den digitalen Finanzdienstleistungen ist es kaum zu glauben, aber fast 1,7 Mrd. Menschen auf dieser Erde haben kein Bankkonto. Das ist fast ein Viertel der Weltbevölkerung. Teile Afrikas, Südamerikas, Asiens, Indiens etc. – überall hier finden sich riesige Gebiete ohne eine Bank. (siehe Tab. 7.1) In Marokko, Vietnam, Ägypten, den Philippinen und Mexiko haben weit über 60 % keinen Zugang zu einer Bank.[113] Laut dem Bericht der Vereinten Nationen über die Finanzierung nachhaltiger Entwicklung aus dem Jahr 2021 verfügen in den Industrieländern 94 % der Erwachsenen über ein Bankkonto, während es in den Entwicklungsländern nur 63 % sind. Demnach gibt es auch bei den

Tab. 7.1 Länder mit den meisten Menschen ohne Bankkonto (Stand Dezember 2021)

Land	Bevölkerung (in Millionen, ca.)	Ohne Bankkonto (in Prozent, ca.)
Marokko	37,3	71
Vietnam	98,2	69
Ägypten	104,3	67
Philippinen	111,0	66
Mexiko	130,3	63
Nigeria	211,4	60
Peru	33,3	57
Kolumbien	51,3	54
Indonesien	276,4	51
Argentinien	45,8	51

Geschlechtern Unterschiede. Weltweit besitzen 72 % der Männer ein Bankkonto, aber nur 65 % der Frauen.[114]

Diese Menschen sind dadurch von der modernen Welt abgeschnitten, können ihr Erspartes nicht zur Bank bringen, Sparkonten eröffnen oder mit Kreditkarten bezahlen. Sie können sich volkswirtschaftlich nicht entwickeln, Handel wird klein und nahezu ausschließlich lokal betrieben. Bereits seit 2011 gibt es daher Bestrebungen und glücklicherweise große Fortschritte bei der Ausweitung der sogenannten „finanziellen Integration" der betroffenen Bevölkerung. Davor waren etwa 2,5 Mrd. Menschen auf dieser Erde ohne Bank.[115] Von 2017 bis 2021 stieg der durchschnittliche Anteil der Kontobesitzer in den Entwicklungsländern von 63 % auf 71 %. Dennoch haben bis heute längst nicht alle Erwachsenen ein Konto und damit Zugang zu einem globalen Finanzsystem. Laut Studien geht dies mit mangelnder Bildung und Armut einher. Zum Vergleich: In Deutschland haben nahezu 100 % aller Menschen, die älter als 15 sind, ein Bankkonto. In den USA liegt der Anteil mit etwa 93 % schon deutlich darunter.

Dabei ist es sicherlich nicht so, dass diese Menschen ohne Bank kein Interesse an einem Konto haben. Der Hauptgrund dieser Situation dürfte sein, dass die Kontoführung in diesem Bereich der Welt für die Banken einfach unwirtschaftlich ist. Hinzu kommt in vielen Regionen ein System, das weder eine konsequente Erfassung von Grundeigentum noch ein Unternehmensregister kennt. Ist dieser Rahmen nicht gegeben, kann kein Konto eröffnet werden. Eine fatale Situation, denn die Teilnahme am Finanzsystem ist eine fundamentale Voraussetzung für ein Wachstum von Konsum, Beschäftigungsstatus und letztlich Einkommen.

Es gibt Regionen in Afrika, in denen die Männer ihre Dörfer verlassen, um Geld in den Großstädten zu verdienen. Teils hunderte Kilometer von ihrem Heimatdorf entfernt. Ihre Frauen und Kinder bleiben in den Dörfern zurück. Es ist nicht unüblich, dass die Männer das Bargeld, das sie verdienen, sogar per Boten in ihr Heimatdorf „transferieren". Man kann sich vorstellen, wie viel dieses Geldes tatsächlich bei Frau und Kindern ankommt.

Im Ausland lebende Kenianer überweisen jährlich etwa 1 Mrd. US\$ in ihre Heimat. Die Transaktionsgebühren dafür belaufen sich auf 4 bis 5 % des Überweisungsbetrags, das sind bis zu 50 Mio. US\$. Die Nutzung eines Kurierdienstes liegt sogar bei knapp 29 %.[116] Das sind Millionen US-Dollar, die den Armen zugutekommen könnten. Stattdessen versickern sie bei Banken oder Dritten, die von den Transaktionen profitieren. Bitcoin könnte dieses Problem lösen und diese Gelder freisetzen. Gelder, die wiederum diesen Menschen zur Verfügung stehen könnten. Ein notwendiges Gedankenspiel angesichts der Tatsache, dass dort noch immer Menschen verhungern.

7.1.2 Ein Handy wird zur Bankfiliale

Interessanterweise haben in Afrika statistisch acht von zehn Menschen einen Mobilfunkanschluss. Die Anzahl der Mobilfunknutzer ist seit Erfindung des Feature Phone, einer Art abgespecktem Smartphone, und dem Ausbau der GSM-Netze schlagartig gestiegen. Ein erster Schritt in die richtige Richtung. Ein einfaches Handy wird so in den Händen seines Besitzers zur Bankfiliale. Es gibt zahlreiche Dienste, wie den kenianischen Vodafone-Dienst M-Pesa, der in Afrika von monatlich rund 50 Mio. aktiven Kunden genutzt wird und durch den das Transferieren von Geld mithilfe eines Mobiltelefons erst möglich wird.[117] Die Funktionsweise ist dabei ähnlich der einer Prepaid-Karte.

Man lädt Geld von seinem Konto auf sein Smartphone und transferiert es von dort auf ein anderes Smartphone, wo es vom Besitzer zurück in Geld gewechselt werden kann. Die Voraussetzungen dafür sind ein Smartphone und ein Bankkonto. Diejenigen, die keinen Zugriff auf ein Bankkonto haben, wenden sich an einen Menschen mit Smartphone und Bankkonto, der das Geld transferiert – natürlich gegen Gebühr. Das können Privatpersonen sein, aber auch Tankstellen, Internet-Cafés, Supermärkte oder Kioske. Ein neues Geschäftsmodell ist entstanden. Das Konzept ist so erfolgreich, dass sich innerhalb kürzester Zeit alle großen Unternehmen darauf eingestellt haben. Selbst Gehälter werden inzwischen per Handy bezahlt.[118] Größer könnte der Kontrast zu einer klassischen Überweisung, so wie wir sie kennen, wohl kaum sein.

Der Zahlungsanbieter M-Pesa ist inzwischen in zahlreichen Ländern dieser Welt vertreten. Außerhalb Afrikas beispielsweise in Indien, Afghanistan, Fidschi, in Ägypten und mit Rumänien auch in Europa. Während aber große Teile Europas beim Zahlen per Smartphone noch zögerlich sind, hat sich Afrika ganz unbemerkt an die Weltspitze transferiert. Vodafone verdient dabei an jeder Transaktion. Und auch die „Banken", also Privatpersonen, Kioske oder Tankstellen, stellen ihre Dienstleistung sicherlich nur in den wenigsten Fällen kostenlos zur Verfügung.

7.1.3 Internationaler Handel dank Kryptowährungen

Welche Möglichkeiten würden sich diesen Menschen erst offenbaren, wenn sie Geld auf internationaler Ebene transferieren und so am globalen Finanzsystem teilnehmen könnten. Und das zu vertretbaren Kosten. Sie würden mit diesen Möglichkeiten Geld verdienen. Genau wie der Rest der Welt ist auch Afrika voll von fleißigen Menschen, die versuchen voranzukommen und Business zu betreiben. Sie sind nur aufgrund ihrer fatalen Situation oftmals nicht in der Lage, dies zu tun.

Hier kann Bitcoin helfen. Denn Bitcoin ist eine Kryptowährung auf Basis eines offenen Zahlungsprotokolls, das den Nutzern die Möglichkeit gibt, über Grenzen hinweg elektronisch zu handeln, ohne dass dazu ein Dritter benötigt wird. Das Bitcoin-Netzwerk ist frei, international und unabhängig von Banken, Zahlungsdienstleistern oder staatlichen Regulierungsbehörden. Man überweist von Smartphone zu Smartphone. Von Mensch zu Mensch.

So einfach wie man ein E-Mail-Konto erstellt, kann man ein Bitcoin-Konto eröffnen, um damit Bitcoins zu senden oder zu empfangen. Im Gegensatz zu M-Pesa aber über die Landesgrenzen hinaus. Dies macht Bitcoin zu einem wertvollen Werkzeug für Menschen, die einen Weg suchen, am internationalen Finanzsystem und der modernen Wirtschaft teilzunehmen.

Macht man sich klar, welchen Einfluss der Zugang zu einem globalen Finanzsystem hat, nämlich einen Zugang zu Bildung und Vermögen, so wird auch klar, dass dieser Zugang schlussendlich zu einer boomenden Volkswirtschaft führen kann. Die Blockchain kann Menschen ohne Bankverbindung auf der ganzen Welt in ein Finanzsystem bringen, das einen ungehinderten und grenzüberschreitenden Kapitalfluss ermöglicht. Das führt zu geregelten Eigentumsverhältnissen, Schulen, Universitäten und einem flächendeckenden Netz medizinischer Versorgung. So kann die Blockchain sogar Leben retten.

In Nordafrika sind bereits einige Länder an das Bitcoin-System angeschlossen, es gibt Bitcoin-Automaten, über die Bitcoins erworben werden können, Läden akzeptieren Bitcoin als Zahlungsmittel. Die Zahl der Online-Shops,

Geschäfte und Services, bei denen man mit Bitcoins bezahlen kann, steigt. Ein weiterer Schritt in eine positive Zukunft der Banklosen.

7.2 Mehr Geld für die humanitäre Hilfe

Jahr für Jahr fließen Hunderte Millionen US-Dollar in Entwicklungsländer. Dabei ist oftmals gar nicht klar, welche gesamtwirtschaftlichen Auswirkungen dieser Geldfluss tatsächlich hat. In der Spendensumme, die beim Empfänger ankommt, steckt im Vergleich zur Summe, die ursprünglich zur Verfügung gestellt wurde, noch viel Potential. Einem Bericht der somalischen Rechnungsprüfbehörde PFMU zufolge spricht vieles dafür, dass in einigen Ländern Diktatoren, korrupte Staatsdiener oder andere eigennützige Mittelsmänner einen großen Teil der Spendensumme in die eigene Tasche fließen lassen, bevor die Spende dort ankommt, wo sie tatsächlich benötigt wird.[119]

Hinzu kommt die Tatsache, dass ein Anstieg der Staatseinnahmen die Ausschüttung am Ende reduzieren oder sogar verhindern kann. Als Grund dafür nennt eine Analyse des Journal of International Economics,[120] dass der erhöhte Verwaltungsaufwand, der durch den Zuwachs entsteht, das zusätzliche Kapital am Ende in großen Teilen liquidieren kann. Dabei spielt es keine Rolle, ob das Geld von einem Staat zum anderen geflossen ist oder über eine Organisation zur Verfügung gestellt wurde.

Doch auch die Hilfsorganisationen selbst haben ein großes Problem: Sie müssen Vertrauen schaffen, um an Spendengelder zu gelangen. Sie befinden sich im Wettbewerb mit zahlreichen anderen Hilfsorganisationen, die um dieselben Spendentöpfe ringen. Vertrauen schafft man in erster Linie durch Transparenz. Um sämtliche Transaktionen vollkommen nachvollziehbar vorhalten zu können, experimentiert UNICEF Ventures, das UNICEF-Büro für Innovation, seit 2015 mit den Smart Contracts der Ethereum-Blockchain. So soll zukünftig jede noch so kleine Transaktion öffentlich einsehbar sein „und als ein Fenster für die Arbeit dienen, die UNICEF leistet."[121]

Mit einer virtuellen Münze namens Unicoin[122] rief UNICEF eines der ersten Krypto-Projekte des Kinderhilfswerks der Vereinten Nationen ins Leben. Unicoins sollten helfen, bedürftigen Kindern auf der ganzen Welt den Zugang zu Bildung zu ermöglichen. Es gab nur einen Weg, um einen Unicoin zu erhalten: Die Kinder mussten eine Zeichnung erstellen und sie mit einem Text darüber versehen, was sie im Leben erreichen wollen. Diese Zeichnung wurde anschließend auf einer eigens dafür geschaffenen Plattform veröffentlicht. Für ihr Engagement erhielten die Kinder einen Unicoin. Dieser Unicoin konnte wiederum nur auf eine Art und Weise ausgegeben werden, nämlich als Spende für Schulmaterial für benachteiligte Kinder, die von den UNICEF-Programmen zur frühkindlichen Entwicklung profitieren. Für die Kampagne wurden insgesamt 20.000 Unicoins erzeugt und ausgegeben.

Denkt man diese Idee weiter, könnte mittels der Blockchain-Technologie jedes hilfsbedürftige Kind mit einem eigenen Konto ausgestattet werden, auf das Spendengelder anteilig transferiert werden. Kein Diktator oder korrupter Beamter könnte Zugriff auf dieses Konto und damit die Gelder erlangen, die die Ärmsten auf dieser Welt so dringend benötigen.

Auch der amerikanische Wohlfahrtsverband Red Cross stand 2010 nach einem Erdbeben im Karibikstaat Haiti in der Kritik. Der Verband wurde verdächtigt,

Mittel zu verschwenden und nicht dem geplanten Ziel zukommen zu lassen. Was war passiert? Das Red Cross hatte angekündigt, etwa 130.000 neue Wohnungen zur Verfügung zu stellen, tatsächlich wurden am Ende aber gerade einmal sechs gebaut. Auf Nachfrage stellte sich heraus, dass die Organisation einfach nicht in der Lage war, herauszufinden, wem das Land, auf dem die Wohnungen gebaut werden sollten, eigentlich gehört. Die unorganisierten Strukturen Haitis konnten diese vermeintlich einfache Information nicht bereitstellen.[123] In einem virtuellen Grundbuch wären diese Informationen unwiderruflich und unmanipulierbar hinterlegt. Die Technik schafft klare Eigentumsverhältnisse und schützt vor unrechtmäßiger Enteignung.

Auch in der aktuellen Flüchtlingsdiskussion könnte die Blockchain eine entscheidende Rolle spielen. Das Gedankenspiel beginnt an der Stelle, an der Menschen mit falschen oder mehreren Identitäten durch die Welt reisen. Würde die Identität in der Blockchain hinterlegt, könnte die echte Identität eines Reisenden mit seinen individuellen Daten und Merkmalen jederzeit und absolut fälschungssicher abgerufen werden, auch wenn die Ausweisdokumente auf der Flucht verloren gegangen sind oder der Staat, aus dem sie fliehen, sie für ungültig erklärt hat.

In Jordanien ist man bereits soweit. Das United Nations World Food Programme (WFP) speichert die Identität der dort emigrierten Flüchtlinge direkt auf der Blockchain – inklusive eines Scans der Iris. Die Menschen ohne Dokumente und Geld werden so zurück in ein sicheres Finanz- und Rechtssystem gebracht. Auslöser dieser bis dato ungewöhnlichen Methode eine Identität fälschungssicher zu speichern, war die Vorgehensweise zahlreicher Flüchtlinge bei der Ausgabe der rationierten Lebensmittel – denn diese wurden bei der Ausgabestelle unter verschiedenen Identitäten gleich mehrfach abgeholt und auf dem Schwarzmarkt wieder angeboten.[124]

Dieses Verhalten wird unter anderem durch massive Probleme bei der Koordination der verschiedenen Hilfsorganisationen begünstigt. Denn bei einer schnellen Reaktion auf eine Krise werden oftmals dieselben Personen von unterschiedlichen Hilfsorganisationen unterstützt, während andere leer ausgehen. Schuld sind voneinander abweichende Systeme und Verfahren für die Zuteilung der Hilfe.

Wo auch immer Menschen durch Hilfslieferungen unterstützt werden müssen, gerät die örtliche Wirtschaft in der Regel in Schieflage. Denn die Hilfslieferungen lösen keinen Zahlungsstrom in das lokale Finanzsystem aus. Umsatz bleibt aus, da Nahrungsmittel kostenlos zur Verfügung gestellt werden. Die Bedürftigen mit Bargeld zu versorgen, führt wiederum zu Missbrauch und Zweckentfremdung. Abhilfe schafft auch hier die Blockchain und ein über die Blockchain generiertes Konto. Die Bedürftigen bekommen virtuelle Münzen auf ihr Handy gespielt, womit sie sich Lebensmittel kaufen können. Der Wirtschaftskreislauf bleibt geschlossen.

Das World Food Programme hat zu diesem Zweck mit „Building Blocks" ein Programm ins Leben gerufen, das ein zentrales Problem jeder humanitären Hilfe löst: Es hilft verschiedenen Hilfsorganisationen dabei, sich zu vernetzen, zusammenzuarbeiten und so die Möglichkeit zu haben, sich dank automatisierter Prozesse auf das Wesentliche zu konzentrieren, nämlich das Leben der Menschen zu verbessern, die in einem schwierigen Umfeld leben. Dafür stellt das World Food Programme eine robuste Anwendung zur Verfügung, die die Organisation und Koordinierung verschiedener Hilfsprojekte ermöglicht, darunter Bargeld, Nahrungsmittel, Sanitärversorgung, Medikamente und mehr.

Das Projekt startete mit nur 100 Personen in Pakistan. Ab 2017 wurde Building Blocks dann skaliert. Heute ermöglicht das Netzwerk Bargeldtransfers in Höhe von 325 Mio. US$ für eine Million Flüchtlinge in Bangladesch und Jordanien. Building Blocks ist die weltweit größte Implementierung von Blockchain-Technologie für humanitäre Hilfe.

Building Blocks ist im Grunde eine Sammlung von Blockchain-Knotenpunkten in Form von Servern, die von jeder teilnehmenden Hilfsorganisation unabhängig voneinander betrieben werden. Alle Server zusammen bilden ein humanitäres Blockchain-Netzwerk, das einen neutralen Raum für Transaktionen und den sicheren Austausch von Informationen in Echtzeit bietet. Das Netzwerk ist neutral und kennt keine Hierarchie der Eigentumsverhältnisse: Alle teilnehmenden Hilfs-organisationen sind zu 100 % gleichberechtigte Miteigen-tümer des Netzwerks.[125,126]

Auch in der Ukraine konnte sich die Krypto-Techno-logie als zuverlässiger Partner humanitärer Hilfe beweisen. Der russische Überfall setzte weltweit eine Welle der Solidarität frei. Um die Millionen an Spenden mög-lichst unbürokratisch einsammeln zu können, eröffnete die Regierung in Kiew zu diesem Zweck eigene Krypto-Wallets, an die Kryptowährungen wie Bitcoin und Ethereum gespendet werden konnten. Die Adressen dieser Wallets wurden über den Regierungsaccount bei Twitter veröffentlicht.

> „Stehen Sie an der Seite der Menschen in der Ukraine. Wir nehmen jetzt Spenden in Kryptowährungen an. Bitcoin, Ethereum und USDT."[127]

Nachdem der Tweet veröffentlicht wurde, flossen mehr als 100 Mio. US$[128] in Kryptowährungen in Richtung Ukraine.

Hunderttausende Menschen, die von dort vertrieben wurden, geflohen sind oder unter den schrecklichen Verhältnissen des Krieges leiden, wurden so unterstützt.

Die Blockchain kann einen wichtigen Beitrag dazu leisten, den Geldfluss der Entwicklungshilfe zu optimieren. Durch sie werden keine Mittelsmänner benötigt, die Gelder in die eigenen Taschen wirtschaften oder für ihre Dienstleistungen Geld verlangen. Building Blocks trägt so zur Ernährung von weltweit über 80 Mio. Menschen bei. Für die Ukraine konnte unbürokratisch und schnell Geld gesammelt werden. Denn die Blockchain macht es möglich, Beträge direkt und ohne Umweg von A nach B zu transferieren. So kommt am Ende der Kette letztlich mehr an. Des Weiteren sorgt sie für absolute Transparenz in der gesamten Prozesskette vom Spender zum Empfänger. Bei jeder Spende eines Einzelnen könnte nachvollzogen werden, wofür sie schlussendlich eingesetzt wurde – für den Bau eines Krankenhauses oder um das Gehalt eines Dorflehrers zu finanzieren. Fehler oder Veruntreuung der beteiligten Organisationen würden sofort auffallen und geahndet werden. Über Smart Contracts, digitale Verträge, die sich über die Blockchain aufsetzen lassen, könnten Treuhandkonten eingerichtet werden, die eine definierte Summe erst dann freisetzen, wenn die Voraussetzungen dafür erfüllt sind - ohne Mittelsmann, ohne Notar. In Smartphone-Wallets könnten mit Ausweisen, Bildungsabschlüssen oder Verwandtschaftsverhältnissen alle Arten von Dokumenten gespeichert werden, die nötig sind, um ein legitimes Mitglied des Finanz- und Rechtssystems zu werden.

8

Eine Ideologie wird Wirklichkeit

8.1   Bitcoin hat prominente Unterstützung

Beschäftigt man sich mit Bitcoin, so erliegt man schnell der Faszination der Kryptowährung. Nahezu unendlich scheinen die Anwendungsmöglichkeiten, die sich aus der Verwendung von Bitcoin und der dahinterliegenden Technik ergeben. So ist es nur verständlich, dass die digitale Münze inzwischen auch zahlreiche prominente Unterstützer für sich gewinnen konnte.

Unter ihnen Steve Wozniak, einer der Apple-Gründer, der sich 2017 auf einer Finanzkonferenz in Las Vegas als großer Bitcoin-Fan outete. Wozniak ist begeistert von der endlichen Menge an Bitcoin, die im Vergleich zu Gold und Fiatwährungen einer mathematischen Begrenzung unterliegt.[129] Damit unterstützt er den 2021 verstorbenen McAfee-Gründer John McAfee, der zeitlebens äußerst positiv für die Kryptowährung argumentierte und für Bitcoin ein Kurswachstum auf 1 Mio. US$ prognostizierte.[130] Schauspieler Ashton Kutcher, der auch vorher schon erfolgreich als Venture Capitalist im Technologiebereich tätig war und in bekannte Unternehmen wie AirBnB und Uber investierte, unterstützt BitPay, eine Zahlungsschnittstelle, über die es Händlern möglich ist, Bitcoin als Zahlungsmittel zu akzeptieren. Rapper Snoop Dogg demonstrierte sein Interesse an neuen Technologien, als er ankündigte, dass sein Album „available in bitcoin" und „delivered in a drone" sein wird. Leider blieb er der Ankündigung nach Veröffentlichung des Albums nicht treu. Für die Bekanntheit von Bitcoin war es trotzdem ein Erfolg.

Seine Musiker-Kollegin Mel B., das ehemalige Spice Girl, machte Snoops Bekanntgabe schließlich wahr und akzeptierte in Kooperation mit einem Londoner Technologie-Unternehmen als erste Musikerin überhaupt Bitcoin als Zahlungsmittel. Mel B. ist überzeugt von der Idee, dass neue Technologien wie Bitcoin das Leben einfacher machen.[131]

Auch die isländische Sängerin und Komponistin Björk treibt die Verbreitung von Kryptowährungen voran. Ihr Album „Utopia" konnte zusätzlich zu Euro und US-Dollar auch über Kryptowährungen wie Bitcoin, Litecoin oder AudioCoin erworben werden. Vorbestellungen werden mit einem kleinen AudioCoin-Guthaben belohnt, für welches der Kooperationspartner Blockpool automatisch Wallets einrichtet. Somit können die AudioCoins in andere Kryptowährungen gewandelt, ausgezahlt oder auch gespart werden. In jedem Fall aber ist ein leichter Einstieg in die Welt der Kryptowährungen gewährleistet.[132]

Aber natürlich will auch Björk von der neuen Zahlungsmethode profitieren. Für sie wirken die AudioCoins wie ein Kundenbindungs-Tool, also ein echtes Marketing-

Instrument. Es könnten Belohnungsmechanismen implementiert werden, wie beispielsweise die Auszahlung eines kleinen Betrages direkt an die Fan-Wallet für das Verlinken des Björk-Shops. Facebook-Einträge oder Blog-Posts könnten ebenso vergütet werden. Die Möglichkeiten scheinen endlos. Auch die britische Rockband Muse hat ihr Studioalbum „Will of the People" blockchaintauglich als NFT-Edition veröffentlicht. Das Album ist weltweit auf 1000 Exemplare limitiert und von den Muse-Mitgliedern digital signiert.[133]

Der legendäre Skateboarder Tony Hawk ist seit Jahrzehnten eine feste Instanz im Bereich der Videospiele. Nun will er im Metaverse den größten virtuellen Skatepark aller Zeiten bauen. Über eine NFT-Plattform können Fans und Investoren den Zugang zum Park erhalten, in dem sie mit anderen Sportlern Skateboard fahren können. Außer einer Sammlung digitaler Avatare kann auf der Plattform zudem ein digitales Duplikat jenes Skateboards erworben werden, mit dem Tony Hawk 1999 den ersten „900er" geschafft hat, eine zweieinhalbfache Drehung in der Halfpipe, die Hawk endgültig zur Legende werden ließ.[134,135]

Selbst zwei Montessori-Schulen in New York möchten inzwischen am Hype um Kryptowährungen mitverdienen. Im technologieoffenen New York sind Kryptowährungen längst im Mainstream angekommen, sodass die Eltern der Montessori-Schüler die Möglichkeit anfragten, das Schulgeld von nun an auch mit Bitcoins und Ether zu begleichen. Die Schulen erkannten schnell die Vorzüge des digitalen Transfers – im Speziellen die Schnelligkeit und die vermeintlich niedrigen Transaktionsgebühren überzeugten die Entscheider. Doch sind die digitalen Münzen erst einmal in der Schul-Wallet gelandet, ist die weitere Handhabung noch recht konservativ – aufgrund der starken Kursschwankungen zahlen oder spekulieren die

Schulen nicht mit Bitcoin und Ether, sondern wandeln sie
unmittelbar nach Erhalt automatisiert in US-Dollar um.[136]

8.2   Die Krypto-Profiteure

Jackie Fenn, Technologieberaterin des amerikanischen
IT-Marktforschungsanalysten Gartner, prägte den Begriff
des Hype-Cycle[137], der die Einführung einer neuen
Technologie in Phasen unterteilt. (siehe Abb. 8.1) Am
Anfang steht immer die Veröffentlichung von etwas gänzlich Neuem, was auf ein gewaltiges Interesse des Fach-
publikums stößt. Die Berichte mehren und überschlagen
sich und erzeugen überzogene Erwartungen an mögliche Anwendungen der neuen Technologie. Können
diese Erwartungen nicht zeitnah erfüllt werden, ebbt die
Euphorie, die den Hype zunächst auslöste, recht schnell
wieder ab. Die Diskussion wird wieder emotionsneutral
und deutlich sachlicher als zuvor. Der Hype ist vorbei.
Produktiv wird eine Technologie erst dann, wenn die Vorteile allgemein anerkannt und akzeptiert werden.

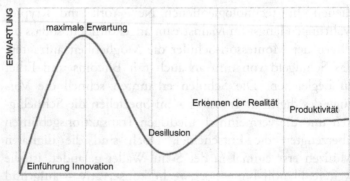

Abb. 8.1   Hype Cycle

Bezogen auf Bitcoin wächst der Hype um die Kryptowährung noch immer von Jahr zu Jahr. Die Medien erkennen Bitcoin als ein System, das frei von jeglicher Regulierung ist und somit keine Banken oder Zahlungsdienstleister benötigt. Zudem ist die Blockchain frei von Korruption oder Manipulation. Doch all diese Vorzüge, die die virtuelle Währung schnell und fälschungssicher machen und Befürworter der Kryptowährung in Verzückung versetzen – sie scheinen bedeutungslos gegen die Tatsache zu sein, dass Bitcoin, Ethereum und andere Kryptowährungen das Potential haben, schnelles Geld zu bringen. Nahezu täglich erscheinen neue Berichte über neue Kurs-Bestmarken. Das lockt Spekulanten auf den Plan. Die Zahl der Nutzer, eine Mischung aus Bitcoin-Enthusiasten und Spekulanten, steigt permanent. Die Marktkapitalisierung wächst. Noch ist unklar, ob wir uns bereits am Scheitelpunkt des Hype-Cycle befinden oder die Begeisterung noch weiter wächst.

Denn man darf eines nicht vergessen. Bislang ist das Thema Bitcoin recht komplex, insgesamt eher technisch, die Beschaffung und Aufbewahrung vergleichsweise kompliziert – man muss sich in die Materie erst einmal reindenken. Die breite Masse hat Bitcoin zwar zur Kenntnis genommen, scheitert aber noch an der technischen Hürde und ist verunsichert durch unzählige, teils veraltete Informationen, die im Netz kursieren und Bitcoin als eine Währung darstellen, die nur für Nerds von Interesse sein kann.

Für Spekulanten ist die technische Hürde deutlich kleiner. Hier geht es nicht darum, mit einer Kryptowährung zu bezahlen oder sich damit bezahlen zu lassen, sondern es geht nur um den An- und Verkauf. Spezialisierte Dienstleister haben den Markt dafür längst breit besetzt. Dieser „Missbrauch" von Kryptowährungen führt letztlich dazu, dass der Sprung zur anerkannten

Währung aktuell in der Praxis noch nicht realisierbar ist. Zu volatil ist der Kurs, zu hoch die technische Hürde, um sich am Markt zu behaupten. Gewissheit darüber brachte eine Untersuchung des SWIFT Institutes, nach der Bitcoins derzeit in erster Linie als Kapitalanlage eingesetzt werden und nicht als Zahlungsmittel.[138]

Stand heute (09.11.2022) gibt es circa 19,2 Mio. Bitcoins mit einer Marktkapitalisierung von knapp 336 Mrd. US$. Etwa 14 %, also circa 47 Mrd. US$, sind dabei auf nur 100 Wallets verteilt. Umgerechnet sind dies durchschnittlich 470 Mio. US$ pro Wallet. Dies und die Tatsache, dass auf diesen Wallets nahezu keine Bewegung stattfindet, stützt die Hypothese, dass ein Großteil der Bitcoins zu spekulativen Zwecken verwendet wird. Dies bestätigt auch eine Umfrage des Statista Global Consumer Survey, nach der 14 % der Deutschen in den nächsten zwölf Monaten zu Anlagezwecken in Kryptowährungen investieren wollen. Im Vorjahreszeitraum waren es noch 9 %.[139] Während das Interesse an Bitcoin als Wertaufbewahrungsmittel im Laufe der Zeit immer weiter zunimmt, nimmt das Interesse an Bitcoin als Zahlungsmittel ab. Die massive Marktdominanz macht es dennoch unwahrscheinlich, dass Bitcoin in absehbarer Zeit als bislang ungeschlagene Nummer 1 der Kryptowährungen verdrängt wird.

Diese Zahlen deuten auf eine extreme Vermögenskonzentration, verteilt auf einen geringen Anteil von Bitcoin-Nutzern. Das spektakuläre Wachstum des Bitcoin-Kurses hat in kurzer Zeit eine elitäre Gruppe von Spekulanten zu Bitcoin-Königen gemacht. Unter den etwa 43 Mio. Bitcoin-Besitzern weltweit gibt es etwa zwanzig Milliardäre. Fast alle sind durch Bitcoin-Investitionen oder ihre eigenen Krypto-Unternehmen zu Reichtum gekommen. Unter ihnen befinden sich bekannte Namen wie die Erfinder der Kryptowährung Ripple, Chris Larsen und Jed McCaleb, Brian Armstrong, der Geschäftsführer von Coinbase oder die Technologiemanager Alex Atallah und Devin Finzer der NFT-Plattform OpenSea.

Cameron und Tyler Winklevoss kennt man durch ihre Klage gegen Facebook-Milliardär Mark Zuckerberg, den die Zwillinge des Ideenraubs beschuldigt hatten, als sie noch gemeinsam in Harvard studierten. Einen Teil der 65 Mio. US$, mit denen sie seinerzeit abgefunden wurden, sollen sie 2013 zukunftsträchtig in Bitcoins investiert haben. Man spricht von etwa elf Millionen US-Dollar – zu einer Zeit, als der Bitcoin noch etwa 120 US$ wert war. Die circa 91.000 Bitcoins, die die beiden damals kauften, haben im Jahr 2021 eine Wertsteigerung von über 50.000 % erfahren, was die Winklevoss-Zwillinge zu den bislang wohl prominentesten Bitcoin-Milliardären macht.[140]

Diese kleine Gruppe hat insofern einen unverhältnismäßig großen Einfluss auf die Bitcoin-Wirtschaft. Sie ist sehr daran interessiert, dass Bitcoin funktioniert und akzeptiert wird und vielleicht sogar ein anerkanntes Zahlungsmittel wird. Denn all das beeinflusst den Kurs der Kryptowährung.

Bitcoin hat eine neue Generation von Superreichen erschaffen. Menschen, die sich ihr Vermögen nicht erarbeiten mussten, sondern zur richtigen Zeit auf das richtige Pferd gesetzt haben. Kapitalanleger, deren Investition teilweise bei wenigen tausend US-Dollar lag, investiert zu einem Zeitpunkt, als ein einzelner Bitcoin noch wenige Cents wert war. Oder Bitcoin-Dinosaurier, die schon in den Anfangstagen Bitcoins gemined haben, als es noch möglich war, mit einem einzigen Computer Tausende von Bitcoins zu schürfen.

All diese Bitcoins bzw. die Summe ihrer Transaktionen werden in der Blockchain gespeichert. Hinterlegt sind die Absender- und Empfängeradresse sowie der transferierte Betrag jeder einzelnen Transaktion. Im Gegensatz zu einem Bankkonto können diese Adressen in der Regel aber keiner natürlichen Person oder einem Unternehmen zugeordnet werden. Man spricht in diesem Zusammenhang von Pseudoanonymität. Ebenfalls im Gegensatz zu einem Bankkonto sind die einzelnen Konten aber für jedermann einsehbar. Jeder kann jederzeit nachvollziehen, wie viele Bitcoins sich auf einem Konto befinden. Eine Information bleibt jedoch im Verborgenen: nämlich wem dieses Konto gehört.

Im Netz findet man eine Handvoll Websites, die darüber spekulieren, wer wohl die Besitzer der großen Bitcoin-Konten sind. Eines der vermögendsten Konten findet man unter der Adresse „34xp4vRoCGJym3xR7yCVPFHoCNxv4Twseo". Derzeit sind dort knapp 250.000 Bitcoins gespeichert. Der Besitzer ist jedoch weit weniger spannend. Die täglich schwankenden Bestände lassen darauf schließen, dass es sich dabei um ein Konto von Binance handelt, einer der größten Bitcoin-Börsen der Welt.[141] Die Börse nutzt vermutlich unter anderem diese Adresse, um die Bitcoin-Bestände ihrer Kunden zu speichern.

Auch das amerikanische Federal Bureau of Investigation (FBI) gehörte einmal zu den größten Bitcoin-Besitzern der Welt. Im September 2013 schloss das FBI den Darknet-Marktplatz Silk Road (siehe Abschn. 5.3). Als Nebeneffekt gelangte die Behörde in den Besitz von mehr als 144.000 Bitcoins, die in mehreren Auktionen über mehrere Jahre hinweg für insgesamt 48,2 Mio. US$ versteigert wurden. Ross Ulbricht, der den berüchtigten Marktplatz betrieb, hatte die Rechtmäßigkeit der Beschlagnahmung wiederholt angefochten und die Regierung so daran gehindert, über das eingenommene Geld verfügen zu können. Die Behörden hatten die beschlagnahmten Bitcoins zu einem Durchschnittspreis von 334 US$ verkauft. Hätte die

Regierung erst Mitte November 2021 verkauft, zu dieser Zeit erreichte Bitcoin mit fast 69.000 US$ sein Allzeithoch, hätte sie über 3,3 Mrd. US$ einnehmen können.[142]

Doch der nach wie vor größte Bitcoin-Besitz ist einer Person oder einer Gruppe zuzuordnen. Sie ahnen es bereits – die Ehre wird dem sagenumwobenen Erfinder von Bitcoin, Satoshi Nakamoto, zuteil. Nakamoto hatte in den Anfängen der Währung etwa 1 Million Bitcoins erzeugt. Er benutzte dafür zahlreiche Adressen, von denen mindestens eine ihrem Besitzer verbindlich zuzurechnen ist. Sie lautet „1A1zP1eP5QGefi2DMPTfTL 5SLmv7DivfNa". Es ist die erste Bitcoin-Adresse, die jemals erzeugt wurde, die sogenannte Genesis-Adresse. Von diesem Konto wurde nie ein Bitcoin gesendet. Auch auf den anderen Konten hat Nakamoto den Großteil der erzeugten Bitcoins wohl lediglich zu Testzwecken transferiert. Er hat sie weder in eine Fiatwährung gewandelt, noch ist bekannt, dass sie jemals für einen anderen Zweck verwendet wurden. Warum, ist nicht bekannt. Nakamoto verschwand 2011 aus der Öffentlichkeit.

Diese bemerkenswerte Vermögenskonzentration passt nicht zur Ideologie von Bitcoin. Generell passt es nicht zur Ideologie von Bitcoin, die virtuellen Münzen als Spekulationsobjekt einzusetzen. Satoshi Nakamoto, wer auch immer es ist, hatte Bitcoin als dezentrale Währung konzipiert, die sich dem Einfluss von Banken und Börsen entzieht. Wenn Reichtum und Einfluss sich auf eine kleine Gruppe konzentrieren, entsteht kein gesellschaftliches Vertrauen, es entsteht Misstrauen und Neid. Zwar verhält es sich mit den US-Dollar, Euro und Yen ähnlich, diese müssen jedoch niemanden mehr von sich überzeugen. Die großen Leitwährungen sind gesellschaftlich akzeptiert. Die Zukunft wird zeigen, ob Bitcoin es ihnen gleichtun kann.

8.3　Bitcoin als Kapitalanlage

8.3.1　Künstliche Verknappung als Kaufanreiz

Die Werthaltigkeit traditioneller Währungen resultiert aus Rücklagen, die einem Zahlungsmittel gegenüberstehen. Als die Bank of England 1844 Papiergeld einführte, wurde dieses durch eine entsprechende Menge an Gold hinterlegt. Theoretisch hatte so jeder die Möglichkeit, Papier gegen Gold zu tauschen. Die Menschen brauchten einige Zeit, um diesen Mechanismus zu akzeptieren, doch schließlich breitete sich diese Form der Wertstabilisierung über die ganze Welt aus.

Bei Bitcoin verhält es sich ein wenig anders. Um die Werthaltigkeit der virtuellen Währung zu gewährleisten, wurde eine im Protokoll verankerte künstliche Verknappung bei der Erzeugung der Münzen integriert, um Angebot und Nachfrage so in einem richtigen Verhältnis zu halten. Nakamotos Protokoll sieht es vor, in den ersten vier Jahren etwa alle zehn Minuten eine Menge von 50 Bitcoins zu erzeugen. Alle vier Jahre halbiert sich diese Menge, sodass 2012 nur noch 25 Münzen pro Block erzeugt werden konnten und ab 2016 dann 12,5. Seit 2020 werden 6,25 Bitcoins pro Block gemined. (siehe Abb. 8.2).

Rechnerisch sinkt dieser Wert im Jahr 2140 auf null, bei insgesamt 21 Mio. Bitcoins ist Schluss, es werden keine weiteren Coins mehr generiert. Diese künstliche Verknappung soll den Preis von Bitcoin stützen und einen Anreiz schaffen, weiterhin Coins zu schürfen. Je geringer die Ausschüttung, desto höher die Nachfrage, desto höher der Preis.

Akzeptiert man erst den Umstand, dass Bitcoins im Gegensatz zu traditionellen Geldanlageprodukten wie

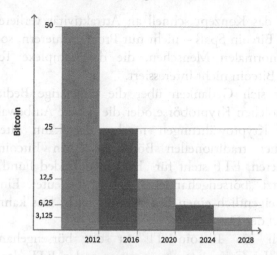

Abb. 8.2 Die Belohnung der Miner halbiert sich alle 4 Jahre

Immobilien, Gold, Edelsteinen, Münzen, Antiquitäten oder Briefmarken faktisch weder einen haptischen Gegenwert besitzen noch eine Unternehmensbeteiligung darstellen, wie es beispielsweise bei Aktien der Fall ist, sondern man beim Erwerb von Bitcoins ausschließlich in Einsen, Nullen und den festen Glauben daran investiert, dass Bitcoins sich tatsächlich etablieren, so akzeptiert man auch ihre Eignung als Kapitalanlage oder zumindest als Spekulationsobjekt.

8.3.2 Mogelpackung Bitcoin-ETF

Einen maßgeblichen Beitrag für die Verbreitung und Akzeptanz leisten dabei Kryptobörsen wie Binance, Coinbase, Kraken oder der deutsche Anbieter bitcoin.de, über die auch weniger technikaffine Menschen Kryptowährungen über eine grafische Benutzeroberfläche gegen Fiatwährungen kaufen können. Ohne diese Möglichkeit würde das Konzept schnell an Attraktivität verlieren. So macht Bitcoin Spaß – nicht nur Programmierern, sondern auch normalen Menschen, die die komplexe Technik hinter Bitcoin nicht interessiert.

Wer sich Gedanken über die schwierige Bedienung einer solchen Kryptobörse oder die sichere Aufbewahrung seiner Kryptowährungen macht, der kann alternativ an einer traditionellen Börse in einen Bitcoin-ETF investieren. ETF steht für „Exchange Traded Fund", was übersetzt „börsengehandelter Fonds" bedeutet. Ein ETF bildet eigentlich einen Börsenindex nach. Das kann zum Beispiel der Dax sein.

Auch ein Bitcoin-ETF ist ein börsengehandelter Fonds. Im Gegensatz zu einem normalen ETF, der einen Börsenindex abbildet, beinhaltet ein Bitcoin-ETF jedoch ausschließlich Bitcoins als Vermögenswert. Ein Unternehmen, welches den Bitcoin-ETF aufsetzt, kauft mit dem Geld der Kapitalanleger Bitcoins, verbrieft diese und handelt sie als Wertpapier an der Börse. Der Wert des Bitcoin-ETF entspricht daher immer dem Wert der hinterlegten Bitcoins.

Einen solchen nur mit Bitcoins hinterlegten ETF gibt es in Deutschland aufgrund der rechtlichen Rahmenbedingungen bis heute nicht. Um als börsengehandelter Fonds in Deutschland die Zulassung zu erhalten, muss ein ETF mindestens fünf verschiedene Vermögenswerte beinhalten. Es reicht insofern nicht, ausschließlich Bitcoins zu hinterlegen.

In Kanada sieht es anders aus. Dort sind mit Bitcoins hinterlegte ETFs seit 2021 erlaubt. Auch an der New Yorker Börse wurden inzwischen die ersten Bitcoin-ETFs zugelassen. Doch eigentlich sind die dort gehandelten ETFs eine Mogelpackung. Sie verwenden das Geld ihrer Anleger, um damit in Bitcoin-Futures statt in echte Bitcoins zu investieren.[143]

Bitcoin-Futures können beispielsweise über die US-Terminbörsen Chicago Mercantile Exchange und CBOE Global Markets gehandelt werden.[144] Diese Form der Spekulation ist speziell für Unternehmen attraktiv, da sie das Risiko eines schnellen Kursverlustes, welches die hohe Volatilität von Bitcoin mit sich bringt, minimiert. Denn über Futures wird der Preis festgelegt, zu dem ein Bitcoin zu einem bestimmten Zeitpunkt gehandelt wird. Diese Eigenschaft der Terminkontrakte, wie Futures auch genannt werden, sichert nicht nur Käufer und Verkäufer gegen Kursschwankungen ab, sondern lässt auch Raum für Spekulation auf zukünftige Kursentwicklungen und wird so als eine Art Wette auf den Bitcoin-Kurs zweckentfremdet. Ein Investor spekuliert beispielsweise darauf, dass Bitcoin an einem bestimmten Tag einen bestimmten Kurs hat. Liegt der Kurs an diesem Tag höher, gewinnt er. Liegt er darunter, war es ein Minusgeschäft.

Für die Aufsicht über den Handel der neuen Derivate ist die US-Regulierungsbehörde Commodity Futures Trading Commission (CFTC) zuständig. Die Behörde hat die Regulierung des Rohstoffhandels inne und hatte sich zuvor einige Jahre über die Thematik abgestimmt, bevor sie Bitcoins angesichts ihrer Beschaffenheit schlussendlich als Rohstoff eingestuft hatten.

Nach dem erfolgreichen Start in den USA wurde auch die Deutsche Börse auf den Erfolg der Futures aufmerksam. Auch hierzulande gibt es bereits Gespräche, entsprechende Derivate einzuführen. Ob und wann dies passiert, ist bislang jedoch noch unklar.[145]

Die Meinungen zum Thema Bitcoin-ETF gehen in der Szene weit auseinander. Befürworter stufen die Investitionsmöglichkeit als einen großen Schritt in der Akzeptanz der Kryptowährung ein. Für sie gilt der erste Handelstag als der Tag, an dem Bitcoin zum Mainstream wurde. Kritikern missfällt dagegen der Wandel vom ursprünglich disruptiven Ansatz zu einem emotionslosen Finanzprodukt. Denn der dezentrale Charakter von Bitcoin wird durch die Zentralisierung in einem Wertpapier vollständig ausgehebelt.

8.3.3 Bitcoin versus Gold

Zweifellos, Bitcoin bietet viele Vorteile. Die Kryptowährung funktioniert ohne Banken oder andere Zahlungsdienstleister und ist dadurch frei von Manipulation und Korruption. Dadurch, dass es nur eine begrenzte Anzahl Bitcoins gibt, sind Bitcoins zudem weitgehend inflationsgeschützt. Das Bitcoin-Konzept ist auf schnelle Transaktionen ausgelegt und fälschungssicher. Die Transaktionen selbst sind pseudoanonym und mit nur geringen Transaktionsgebühren belegt. Inzwischen können mit Bitcoins weltweit Waren und Dienstleistungen bezahlt werden. International operierende Technologieriesen wie Microsoft akzeptieren die virtuellen Münzen ebenso wie die Wissensplattform Wikipedia oder der nordamerikanische Telekommunikationskonzern AT&T.[146] Auf der ganzen Welt flüchten sich Menschen in die virtuelle Währung, obwohl der Bitcoin aufgrund massiver Kursschwankungen bereits mehrfach totgesagt war. Speziell, wenn die eigene Landeswährung unsicher erscheint und die Angst vor der Entwertung groß ist, bietet Bitcoin ein hohes Maß an Sicherheit, Freiheit und eine Chance auf eine schnelle Veräußerung.

Bedeutet das, dass Gold zukünftig als Kapitalanlage ausgedient hat? Das Edelmetall gilt bis heute als das beliebteste Anlageprodukt in Krisenzeiten und typischer Indikator für eine Krisenstimmung in der Gesellschaft. Je höher der Goldpreis, desto größer ist die Unsicherheit am Finanzmarkt.

Wer Ende 2011 in Gold investiert hat, konnte sich im Oktober 2022 über einen Wertzuwachs von etwa 37 % freuen. Im selben Zeitraum stieg der Kurs von Bitcoin um fast eine halbe Million Prozent. Sie lesen richtig. Während der Goldpreis in diesem Zeitraum aber vergleichsweise wenigen Schwankungen unterlag, brach der Bitcoin-Kurs gleich mehrfach um etwa die Hälfte zusammen. Bitcoin ist im Vergleich zu Gold hochvolatil und damit in höchstem Maße spekulativ.

Diese Volatilität führt dazu, dass Bitcoin als Zahlungsmittel zur Zeit noch eher ungeeignet ist, eine Gemeinsamkeit mit Gold. Im Gegensatz zu Gold hat Bitcoin hier jedoch großes Potential. Denn die Kryptowährung wurde zu genau diesem Zweck erfunden. Theoretisch könnte man auch heute bereits beim Bäcker mit Bitcoins bezahlen. Dafür fehlt es in erster Linie an der nötigen Akzeptanz in der Gesellschaft. Bitcoins werden stattdessen als Kapitalanlage zweckentfremdet. Das ist nachvollziehbar, denn der Bitcoin-Kurs hat dank der im Code eingebauten Verknappung das Potential, langfristig im Wert zu steigen. In jedem Fall gilt Bitcoin als eine attraktive Möglichkeit, das Portfolio zu diversifizieren und auf hohe Kursgewinne zu setzen.

Dabei punktet Bitcoin vor allem bei der jüngeren Generation. Laut einer Studie von Facebook IQ[147] äußerte die große Mehrheit der um die Jahrtausendwende geborenen Altersgruppe ihr Misstrauen gegenüber klassischen Banken und Finanzinstituten. Die Kryptowährung wird als Alternative zum heutigen Bankensystem und traditionellen Anlageformen bewertet. Das spricht für Bitcoin.

Dafür punktet Gold als ein im Wortsinn physisch greifbarer, aber äußerst knapper natürlicher Rohstoff. Ein Totalverlust ist dadurch ausgeschlossen. Bitcoin ist indessen von Menschen gemacht. In der Theorie könnte

Bitcoin daher auch von Menschen manipuliert werden. Ohne eine Internetverbindung ist Bitcoin zudem nicht handelbar. Gold dagegen schon – und zwar seit Jahrtausenden.

Fest steht, dass Finanzexperten weltweit vor Bitcoin als Kapitalanlage warnen und das Platzen der Investitionsblase prognostizieren, die rund um die virtuelle Währung entstanden ist. „Aufgrund ihrer Konstruktion sind Bitcoins hochspekulativ", erklärte beispielsweise Carl-Ludwig Thiele, Mitglied im Vorstand der Bundesbank, gegenüber dem Handelsblatt bereits im Dezember 2017.[148] „Die Kursschwankungen der letzten Jahre haben gezeigt, dass Bitcoins als sichere Geldanlage derzeit noch nicht geeignet sind." Wie Thiele betonte, gebe es keine staatlichen Garantien, ein Totalverlust für die Anleger sei grundsätzlich möglich. Eine Meinung, die sein Kollege Burkhard Balz, ebenfalls Mitglied des Vorstands der Deutschen Bundesbank, im August 2022 bestätigte:

> „Bitcoin hat im Unterschied zu Gold keinen intrinsischen Wert und im Unterschied zu anderen Währungsreserven auch keinen Emittenten. Bitcoin wird primär aus spekulativen Motiven gehalten und ist deshalb ungeeignet, das Vertrauen in unser Geld zu stärken." (Burkhard Balz)[149]

Eignet sich die Kryptowährung also, um die Funktion von Gold als Krisenindikator zu übernehmen und Gold langfristig abzulösen? Investoren sind seit jeher auf der Suche nach Vermögenswerten, die nicht von Regierungen kontrolliert werden können. Gold hat diese Rolle über viele Jahrhunderte gespielt. Fakt ist, dass immer mehr institutionelle Investoren die Kryptowährung für sich entdecken. Die Akzeptanz ist hier deutlich weiter fortgeschritten als bei privaten Investoren und Bitcoin-Nutzern. Was in Bitcoin investiert wird, fehlt unter anderem bei den Edelmetallen. Sollte diese Entwicklung fortschreiten, ist davon auszugehen, dass der Goldpreis in den kommenden Jahren unter einer zunehmenden Akzeptanz von Kryptowährungen leidet.

8.4   Pizza for Bitcoins

Als Laszlo Hanyecz, ein IT-Angestellter aus Jacksonville, Florida, im April 2010 Mitglied im Bitcoin Forum wurde, war die Kryptowährung in der Öffentlichkeit noch vollkommen unbekannt. Gerade eine Handvoll Menschen beschäftigten sich mit ihr und niemand wusste, welch bahnbrechende Entwicklung Bitcoin in den nächsten Jahren nehmen würde. Die Forumsmitglieder waren allesamt technikbegeistert, die Spekulanten von heute gab es damals noch nicht. Alles drehte sich um das Minen und den eigentlichen Bitcoin-Code in einem eher spielerischen und experimentellen Kontext. Einen Anwendungsfall für Bitcoin gab es noch nicht, noch nie war etwas mit Bitcoin bezahlt worden.

Die komplexen Rechenprozesse des Minings wurden seinerzeit noch über die zentrale Prozessoreinheit (CPU) des Computers abgewickelt. Erste Diskussionen kamen darüber auf, den deutlich schnelleren Grafikkartenprozessor GPU für die Berechnungen einsetzen zu können. Auch Satoshi Nakamoto hatte sich bereits Monate zuvor in einem Post dazu geäußert und mahnte darin, das Wettrüsten so lange wie möglich hinauszuzögern.

„Wir sollten ein Gentleman's Agreement haben, um den GPU-Rüstungswettlauf zum Wohle des Netzwerks so lange wie möglich zu verschieben. Es ist viel einfacher, neue Benutzer auf den neuesten Stand zu bringen, wenn sie sich keine Sorgen um Grafikprozessortreiber und Kompatibilität machen müssen. Es ist schön, dass jeder, der nur eine CPU hat, im Moment ziemlich gleichmäßig konkurrieren kann."[150] (Satoshi Nakamoto)

Damals konnte niemand ahnen, welche Ausmaße das Technik-Wettrüsten nur wenige Jahre später haben sollte, wenn ganze Mining-Fabriken die kleineren Heim-Miner vollständig verdrängen würden.

Laszlo Hanyecz war nicht nur einer der ersten, der mit seinem Rechner Bitcoins minte, er war auch einer der ersten, der seinen Rechner auf das Mining per Grafikkartenprozessor umrüstete und so die Rechenleistung seines Rechners um ein Vielfaches steigerte. Seit dem Aufkommen der Kryptowährung konnte er sich so unzählige der Bitcoins sichern, die das Bitcoin-Konzept als Entschädigung der Miner für Strom und Rechenleistung vorsah. Tatsächlich besaß Hanyecz zu diesem Zeitpunkt wohl den größten Anteil aller je geschürften Bitcoins.[151]

Doch sein Beitrag in der Geschichte von Bitcoin geht noch weit darüber hinaus. Denn was nützen all die Bitcoins, wenn sich niemand findet, der die virtuellen Münzen als Zahlungsmittel annimmt? Bis zu diesem Zeitpunkt hatte noch nie jemand in der realen Welt Bitcoins als Zahlungsmittel akzeptiert. So kam Laszlo Hanyecz am 18. Mai 2010 eine ebenso einfache wie bahnbrechende Idee: In einem Bitcoin-Forum bot er 10.000 Bitcoins für 2 Pizzas.

„Ich zahle 10.000 Bitcoins für ein paar Pizzas... vielleicht 2 große, dann habe ich noch etwas übrig für den nächsten Tag."[152] (Laszlo Hanyecz)

Da es keine Pizzeria gab, die Bitcoins als Zahlungsmittel akzeptierte, brauchte Hanyecz einen Mittelsmann, dem er die Bitcoins überweisen konnte. Dieser Mittelsmann sollte dann die Pizzas bestellen, um das Geschäft zu vervollständigen. Aus Hanyecz' Sicht genügten 10.000 Bitcoins, damals etwa 30 US$, um zwei Pizzas zu bezahlen und den Mittelsmann für seine Bemühungen zu entschädigen.

Was dann passierte, ist Geschichte. Wenige Tage später, am 22. Mai 2010, meldete sich ein Forumsmitglied aus England. Der damals 18-jährige Jeremy Sturdivant bestellte von England aus über das Internet die Pizzas in Hanyecz' Lieblings-Pizzeria Papa John's in Florida und bezahlte mit seiner Kreditkarte. Der Erwerb der Pizzas gilt als erster dokumentierter Kauf einer materiellen Ware mit Bitcoins und damit als Bitcoins erster Schritt in die reale Welt. Der Tag selbst ist als „Bitcoin Pizza Day" bis heute fester Bestandteil der Geschichte von Bitcoin und wird in der Szene gefeiert.

Übrigens: Bereits ein Jahr später wären die Pizzas 57.000 US$ wert gewesen. Würde man sie mit dem Marktpreis von heute bewerten (Stand Dezember 2022), hätten sie einen Gegenwert von etwa 170 Mio. US$. Glaubt man einem Interview der Krypto-Plattform CoinMarketCap mit Laszlo Hanyecz aus dem Jahr 2020, so hat dieser trotz allem nie bereut, einen Großteil seiner Bitcoins in Pizza investiert zu haben.

> „Eine Zeit lang bekam ich Pizza umsonst. Das war schon irgendwie cool."[153] (Laszlo Hanyecz)

Als Bitcoins den Wert von einem US-Dollar erreichten, veräußerte Hanyecz den Rest seiner Bitcoins und kaufte sich vom Gewinn einen neuen, leistungsstärkeren Rechner. Von Papa John's bekam er eine Zeit lang Pizza umsonst und eine kleine, goldene Peperoni zum Dank. Über beides freut er sich bis heute. Er arbeitet als Software-Entwickler für eine amerikanische Bekleidungsmarke, die ihm zuliebe online auch Bitcoin akzeptiert. Nebenbei gilt er als „Crypto Titan" und damit als anerkannter Pionier der Kryptoszene. Als solcher tritt er häufig in Podcasts auf und ist ein gefragter Interviewpartner, um über den Bitcoin Pizza Day und seine Beteiligung an der Geschichte von Bitcoin zu sprechen.

Auch Sturdivant ist bis heute ein Bitcoin-Enthusiast, der Bitcoins nutzt wie ein Girokonto, mit dem er sowohl online als auch offline Geschäfte tätigt, wann immer er die Gelegenheit dazu hat. Die 10.000 Bitcoins von damals hat er nach eigenen Angaben schnell ausgegeben. Für Sturdivant ein gutes Geschäft. Er konnte sein Investment verzehnfachen und seine Videospiel-Bibliothek damit beträchtlich aufstocken.[154]

9

Die Zukunft ist heute

9.1 ICO: Crowdfunding auf Kryptobasis

Der Hype um Kryptowährungen setzt auch deren technische Basis, die Blockchain, ins verdiente rechte Licht. Über die zukunftsweisende Technologie, die bislang im Schatten der Berichterstattungen über die Kursgewinne von Bitcoin ihr Dasein fristete, entstehen derzeit zahlreiche spannende Anwendungen im Bereich der Finanzdienstleistung und Rechteverwaltung.

Um die Entwicklung dieser Anwendungen zu finanzieren, setzen zahlreiche Start-ups, aber auch etablierte Unternehmen, auf das sogenannte ICO-Konzept, eine Abkürzung für Initial Coin Offering. Der Begriff ICO ist abgeleitet vom Börsenbegriff IPO für Initial Public Offering, dem Börsengang eines Unternehmens, bei dem Aktien aus einer Kapitalerhöhung oder dem Bestand von

© Springer-Verlag GmbH Deutschland, ein Teil von Springer Nature 2023, korrigierte Publikation 2023
P. Rosenberger, *Bitcoin und Blockchain*,
https://doi.org/10.1007/978-3-662-66530-5_9

Altaktionären auf dem Kapitalmarkt angeboten werden. Bei einem IPO geht es dabei um den Verkauf von Firmenanteilen, beim ICO um den Verkauf sogenannter Tokens.

Tokens können unterschiedliche Funktionen haben, dienen in den meisten Fällen aber als Währung des Projekts, das durch sie finanziert werden soll. Investoren haben so die Möglichkeit, in eine Kryptowährung zu investieren, die es zum Zeitpunkt der Investition nicht zwangsläufig überhaupt schon gibt. In Zusammenhang mit einem ICO entspricht ein Token im Prinzip einem Firmenanteil, genau wie beim IPO.

Für Anleger stellt das Finanzierungsmodell ICO eine interessante Investitionsmöglichkeit dar. Allein 2017 wurden etwa 5,5 Mrd. US$ in unterschiedlichste ICOs investiert. 2018 waren es bereits 16,7 Mrd. US$. 2016 war der Wert mit etwa 295 Mio. noch deutlich geringer.[155]

Das ehemals kleine Start-up Ethereum ist sicherlich das bekannteste Beispiel für eine Finanzierung per ICO. Die Schweizer Ethereum-Foundation, heute eine Nonprofit-Stiftung rund um ihren Gründer Vitalik Buterin, verkaufte 2014 Ether-Token, auch einfach „Ether" genannt, im damaligen Gegenwert von etwa 13 Mio. US$ – transferiert mit Bitcoin.[156] Was damals noch als unverhältnismäßig in der Kritik stand, entwickelte sich im Laufe der nächsten Jahre zu einer äußerst lukrativen Investition für alle beteiligten Investoren.

Auf Seite der Unternehmen bietet ein ICO die Chance, Crowdfunding für eine Idee zu betreiben, ohne einen partizipierenden Dritten wie eine Crowdfunding-Plattform ins Boot holen zu müssen. Eine äußerst konsequente Methode, bei der mithilfe der Blockchain ein Blockchain-Projekt finanziert wird. Ein Musterbeispiel, um Eigentumsrechte über eine Kryptowährung zu definieren, die im Erfolgsfall des Projektes sogar noch im Wert steigt.

Dabei stellt die Investition in ein ICO ein extremes Risiko dar. Traditionelle Finanzmärkte, Börsen oder Fonds, sie alle unterliegen zahlreichen Regulierungen, die vor allem einem Zweck dienen – dem Schutz der Anleger. ICOs bewegen sich außerhalb dieser Struktur, weshalb diese Regulierungen auf diese Form der Anlage nicht anwendbar sind. Dies kann, je nach Sichtweise, positiv oder auch negativ ausgelegt werden. Aller Gefahren zum Trotz gibt es inzwischen passende Investmentplattformen, die die traditionelle Start-up-Finanzierung neu erfinden möchten, indem sie die Möglichkeit schaffen, Gründer und Investoren direkt miteinander zu vernetzen.

Mit zunehmender Bekanntheit lenken ICOs so zwangsläufig auch das Interesse der Regulierungs- und Aufsichtsbehörden auf sich. Auf der ganzen Welt diskutieren die Behörden über den Umgang mit der neuen Technologie, die so gar nicht ins Raster der traditionellen Investmentmöglichkeiten passt. Dem Fortschritt der Blockchain wird daher zukünftig viel Aufmerksamkeit aus den unterschiedlichsten Richtungen zuteil. Eine gute Entwicklung, denn man darf davon ausgehen, dass sich eine Technologie etabliert, wenn sie einmal in den Fokus der Aufsichtsbehörden gerückt ist. Mehr zur Regulierung von ICOs erfahren Sie in Abschn. 11.2.

9.2 Smart Contracts

9.2.1 Eigentlich schon alter Tobak

Jeder kennt sie. Von Kindesbeinen an sind sie uns in Fleisch und Blut übergegangen. Die Rede ist von Smart Contracts. Stimmt nicht? Doch, stimmt. Denn wer die klugen Verträge für eine Erfindung des Informationszeitalters hält, der liegt tatsächlich falsch. Sie heißen heute nur anders. Weil heutzutage immer alles komplizierter und internationaler klingen muss. Aber es gibt sie schon lange. In einer ihrer anspruchlosesten Form hingen sie über Generationen an jeder zweiten Häuserecke: Zigarettenautomaten. Geld rein, Zigaretten raus. Eine simple Wenn-/dann-Beziehung. Wenn man Geld in den Automaten steckt, dann kann man Zigaretten ziehen. Leistung und Gegenleistung. Was den Vertrag so smart macht, ist der Verzicht auf einen Mittelsmann, in diesem Fall den Kioskverkäufer. Apropos Geld: Um dieses am EC-Automaten zu ziehen, schließt man im Grunde einen Smart Contract für Fortgeschrittene. Wenn PIN-Code und Kontostand in Ordnung sind, dann spuckt der Automat Geld aus. Zweimal „Wenn" führt zu einmal „Dann".

Doch natürlich ist unsere Welt in den letzten Jahrzehnten weit komplexer geworden und die Smart Contracts der heutigen Zeit stehen gerade erst am Anfang ihrer Entwicklung. Aber sie werden kommen, da sie unsere Gesellschaft verändern, das Leben vereinfachen und Prozesse optimieren. Dadurch sparen sie Geld. Denn Smart Contracts beruhen auf der technischen Basis der Blockchain, was sie durch die dezentrale Speicherung fälschungssicher und unbestechlich macht. Die Einhaltung eines Vertrages wird quasi automatisiert on-the-fly überprüft. Theoretisch ist so weder eine Kontrollinstanz noch ein Notar mehr nötig, um diesen Vertrag zu schließen. Das macht den Prozess günstiger. Unternehmen investieren inzwischen Milliardenbeträge in die Entwicklung von Verträgen, nach deren Abschluss sich niemand mehr um die Abwicklung kümmern muss. Diese Aufgabe übernimmt dann der Vertrags-Code.

9.2.2 Grenzenlose Anwendungsmöglichkeiten

Diese Wenn-dann-Bedingungen lassen sich auf nahezu jeden Bereich unseres täglichen Lebens adaptieren. Eines der bislang bekanntesten Anwendungsfälle ist sicherlich die smarte KFZ-Versicherung. Smart insofern, als dass sich die Höhe der Versicherung dem eigenen Fahrverhalten anpasst. Eine Anpassung des Beitrags an die eigene Fahrweise ist im Vertrag fest einprogrammiert. Die im Auto verbaute Blackbox könnte das Fahrverhalten tracken und den Versicherungsbeitrag entsprechend anpassen. Umsichtige Fahrer müssten so weniger bezahlen als waghalsige Rowdies im Straßenverkehr.

Auch den Gebrauchtwagenkauf könnten Smart Contracts sicherer machen. Die meisten von uns beschleicht bei diesem Thema ein ungutes Gefühl. Schuld sind zahllose Artikel über manipulierte Tachometer, deren Kilometerstände oftmals um weit über die Hälfte der tatsächlichen Laufleistung zurückgedreht werden. Die Stände zugunsten des Verkäufers zu ändern, gilt als ein beliebtes Mittel, um den Preis des Autos in die Höhe zu treiben. Die eigentliche Manipulation war schon früher recht simpel: Wer wusste, wie es geht, der drehte den Tacho einfach so lange mit der Bohrmaschine zurück, bis der gewünschte Kilometerstand erreicht war. Heute kann sich jeder Laie die entsprechende Software besorgen, mit deren Hilfe der elektronische Tacho nahezu beliebig eingestellt und damit gefälscht werden kann. Dass dieses Verhalten weniger schwarzer Schafe aber nicht nur einen Imageverlust für die Branche bedeutet, sondern auch einen kapitalen wirtschaftlichen Schaden verursacht, erklärt sich von selbst. Dabei wäre es recht einfach, den Werdegang eines Fahrzeugs in einer Blockchain zu hinterlegen, von der Fertigung bis zum Schrottplatz. Dies könnte permanent über GPS geschehen oder im Intervall bei jeder Inspektion oder jedem Werkstattbesuch. Leasinggeber könnten Leasingverträge über Smart Contracts anhand der Laufleistung des Fahrzeugs dynamisch anpassen. Läuft es in einer Spedition gerade einmal nicht so gut und die Laufleistung ist gering, könnte die Rate innerhalb eines vorab definierten Rahmens entsprechend schwanken und den Leasingnehmer entsprechend entlasten. Denkt man diese Idee weiter, so wäre es auch problemlos möglich, die jeweiligen Besitzverhältnisse am Fahrzeug in der Blockchain zu hinterlegen.

Von dieser Idee ist auch der Zuffenhausener Sportwagenhersteller Porsche überzeugt. Im Panamera soll die Technologie es möglich machen, den Code zum Öffnen und Schließen des Panamera in einer Blockchain verschlüsselt zu hinterlegen und die Daten somit vor Zugriffen von Externen zu schützen. So soll es zukünftig auch möglich sein, Dritten einen temporären Zugang zum Auto zu verschaffen, natürlich App-gesteuert und intuitiv bedienbar. Dazu werden die Daten zunächst lokal im Auto zwischengespeichert und bei Bedarf mit der Blockchain abgeglichen, in der auch auf zahlreiche andere Datenkanäle wie Schwarmdaten zugegriffen werden kann, die beispielsweise für ein autonomes Fahren hilfreich sein können. Uwe Michael, Leiter Entwicklung Elektrik/Elektronik bei Porsche ist jedenfalls begeistert von der neuen Technologie:

„Mit dieser modernen Technologie unterstützen wir auch unsere Elektromobilitätsoffensive: angefangen bei der schnelleren, einfacheren und sichereren Authentifizierung an der Ladesäule bis hin zum Bezahlvorgang" (Uwe Michael)[157]

Und auch die Musikindustrie könnte von Smart Contracts profitieren, denn mit dem Schreiben eines Songs bis zum schlussendlichen Verkauf entsteht gleich eine ganze Reihe an Anteilseignern, die vom Verkauf des Songs profitieren möchten. Der Songschreiber selbst, Plattenfirmen, Vermarkter etc. Die Umstellung auf Smart Contracts würde die Bezahlmodalitäten transparent aufzuschlüsseln und Einnahmen automatisiert zu den korrekten Anteilen an alle Beteiligten auszahlen. Wenn man davon ausgeht, dass ein gestreamter Song nur einen Bruchteil eines Cents an Einnahmen generiert und diese dann noch durch alle Beteiligten geteilt werden muss, dann erkennt man schnell, dass eine Auszahlung erst dann möglich ist, wenn in Summe wenigstens ein Centbetrag erreicht ist. Weniger lässt unser Währungssystem dank der Beschränkung auf zwei Nachkommastellen einfach nicht zu. Mit der höheren Anzahl an Nachkommastellen bei Kryptowährungen könnte eine Auszahlung an den Künstler unmittelbar stattfinden, wenn ein Hörer den Play-Button drückt – theoretisch sogar sekundengenau nach Laufzeit. Denkt man diese Idee weiter, so wäre es sogar möglich, Fans direkt am Erfolg ihres Künstlers zu beteiligen. So wie Investoren sich über den Kauf einer Aktie einen Teil einer Firma sichern, könnten auch Fans einen Teil ihres Lieblingskünstlers erwerben. Mit dem Erfolg des Künstlers steigt auch sein Wert und damit die Ausschüttung an den Anteilseigner. Geld für die Produktion neuer Alben könnte über Initial Coin Offerings (ICOs) eingenommen werden. Noch befindet sich die Technik in der Entwicklung. Doch sie hat das Potential, die unbewegliche Struktur der Musikindustrie von Grund auf zu verändern.

Weltweit entstehen derzeit Plattformen, über die man Unternehmensanteile leicht und unkompliziert an- und verkaufen können soll. Die Idee ist wahrlich nicht neu. Doch neu daran ist der Ansatz, voll auf die Blockchain und darin implementierte Smart Contracts zu setzen. Idealerweise wird der Gang zum Notar so gleich überflüssig. Doch das ist bislang Zukunftsmusik, denn die juristischen Voraussetzungen dafür sind noch längst nicht geschaffen.

9.2.3 Die Angst vor Plagiaten

Nicht wirklich überraschend ist eine Geschäftsidee zum Thema Smart Contracts aus China. jd.com, der zweitgrößte E-Commerce-Anbieter Chinas, ermöglicht seinen Kunden, sich Gewissheit über die Herkunft ihrer Einkäufe zu verschaffen. Das Unternehmen spielt dabei mit der Angst der Chinesen vor den eigenen Plagiaten. Mit Erfolg. Am Beispiel eines Steaks lässt sich nun, dank Smart Contract und aufgeschalteter Smartphone-App, beispielsweise die Vita eines Kälbchens bis zu dessen Schlachtung nachvollziehen. Dabei informiert die App mit dem klangvollen Namen „Die wunderbare Reise des Rindfleischs" nicht nur über Gewicht und Haltbarkeitsdatum des Steaks, sondern gibt auch Einblicke in das Leben des Rinds. Dazu zählen Wohnort, Alter, Gewicht sowie die Art der Ernährung und sogar der Name des Tierarztes, der das Vieh zu Lebzeiten berreute.[158]

Einen ähnlichen Ansatz verfolgt ein britisches Unternehmen, das Diamanten in einer Blockchain registriert. Diamanten gelten weltweit als das Luxusgut schlechthin und stehen für Schönheit und wahre Liebe. Dabei ist ihre Herkunft oftmals zweifelhaft. Denn ihr Verkauf finanzierte in der Vergangenheit blutige Unruhen in afrikanischen Ländern wie Angola oder Sierra Leone. Daher verpflichtete sich die Diamantenindustrie dazu, sogenannte Blutdiamanten nicht in den Handel zu bringen. Doch der Nachweis der Seriosität eines

Diamanten ist kompliziert, Papiere können gefälscht werden. Daher erstellt Everledger, ein Unternehmen, das sich für digitale Transparenz einsetzt, ein digitales Abbild des Diamanten in der Blockchain. Es besteht aus Dutzenden Attributen, darunter die Zertifikatsnummer und die Masse der Diamanten in Karat. Bislang wurden mehr als 1,6 Mio. Diamanten auf diese Art und Weise erfasst und fälschungssicher hinterlegt. Schritt für Schritt soll so das Papierzertifizierungsverfahren durch die digitale Zertifizierung per Blockchain ersetzt werden. Everledger konzentriert sich dabei zunächst ganz auf Industriekunden. Dennoch ist es denkbar, dass die Herkunft der Diamanten demnächst auch für Privatpersonen ganz einfach per App transparent und nachvollziehbar wird.

Die Idee, einen digitalen Zwilling auf der Blockchain zu hinterlegen, lässt sich beliebig auf andere Produkte adaptieren. Daher hat Everledger sein Produktportfolio inzwischen erweitert und fügt mit hochpreisigen Weinen und Kunstgegenständen inzwischen auch weitere Luxusgüter der Blockchain hinzu. Die Anwendungsmöglichkeiten scheinen hier grenzenlos zu sein.[159]

9.2.4 Token-Economy

Die Blockchain-Technologie ermöglicht die Hinterlegung von Rechten in sogenannten Tokens. Bitcoins stellen dabei eine der einfacheren Formen der Rechtehinterlegung dar. In der Bitcoin-Blockchain werden lediglich Besitzverhältnisse dokumentiert. Konkret zu welcher Wallet welche Bitcoin-Werte gehören. Bei Investitionen, beispielsweise über einen ICO, werden oftmals Stimm- und/oder Liquidationsrechte hinterlegt und der Investor somit zum Teilhaber. Auch Nutzungsrechte sind in der Blockchain hinterlegbar. So eröffnet sich ein ganzer Kosmos an denkbaren Geschäftsmodellen. Wir stehen erst am Beginn der sogenannten Token-Economy.

Doch so praktisch sie auch sein mögen: Die Begrifflichkeit des Smart Contracts, des „klugen Vertrags" liefert noch lange keine Rechtssicherheit. Im Gegenteil gilt es bei der Anwendung die rechtlichen Herausforderungen zu meistern, die die neue Technologie mit sich bringt. Denn was Anhänger der Technologie frohlocken lässt, nämlich einzig mit Programmcode Rechtswirkung entfalten zu können, treibt Juristen die Sorgenfalten ins Gesicht. Denn die Ideologie hinter Smart Contracts steht im Konflikt mit der Gesetzeslage in Deutschland. Genauso wenig wie ein schriftlicher Vertrag, kann auch ein Smart Contract die vom Gesetzgeber auferlegten Grenzen nicht überschreiten. Insbesondere die Frage der Haftung eines Blockchain-Anbieters kann schnell zur juristischen Irrfahrt werden. Denn dort, wo unter Umständen mit Beträgen in Millionenhöhe hantiert wird, ziehen die Entwickler den Kopf naturgemäß gern aus der Schlinge.

Ethereum beispielsweise versucht die Haftungsfrage über die AGB zu regeln: Haftung ausgeschlossen. Aber ist das wirklich so einfach? Wer haftet, wenn aufgrund eines Programmierfehlers zwischen den Parteien Geld verloren geht oder Transaktionsgebühren falsch berechnet werden? Bei im Ausland ansässigen Unternehmen kommt hinzu, dass die Frage des juristischen Anbieters gar nicht so leicht zu klären ist. Während in Deutschland die Impressumspflicht besteht, wird im Ausland die Identität des Anbieters gern verschleiert. Man schließt im Prinzip also einen Vertrag mit Unbekannten. Die Dezentralität des Netzwerks und all seiner Beteiligten verursacht zusätzliche Hürden. Wo ist im Falle einer Auseinandersetzung der Gerichtsstand anzusiedeln und wo werden welche Steuern und Gebühren fällig?[160]

Man erkennt schnell, dass der so anarchische Ansatz von Bitcoin im Bereich der Ethereum-Blockchain und Smart Contracts nicht mehr zum Tragen kommen kann und darf. Dort, wo ein perfektes Design und gute Performance dem Nutzer Integrität und Seriosität vorgaukeln, bedarf es klarer Regularien und Strategien für den Fall einer juristischen Auseinandersetzung. So wie überall anders eben auch.

9.2.5 Non-fungible Tokens (NFT)

Prinzipiell kann jeder reale Vermögenswert in einen digitalen Zwilling verwandelt werden. Darunter ist nicht zu verstehen, dass man ein digitales, grafisches Abbild beispielsweise eines Autos erschafft. Ein NFT ist vielmehr ein digitales Echtheitszertifikat und gleichzeitig eine digitale Besitzurkunde. Ein kleines Stück Programmcode, das beweist, wem dieses Auto gehört beziehungsweise wie viele Anteile dieses Autos wem gehören.

NFTs gibt es bereits seit 2014, doch wirklich bekannt wurden die Tokens erst in den letzten drei Jahren durch digitale Kunstprojekte. Hier schaffen NFTs digitale Knappheit, denn genau wie die physischen Vorbilder sind auch NFTs einmalig oder zumindest nur in einer sehr begrenzten Auflage zu haben. Jeder NFT hat eine digitale Signatur, deren Transaktions- und Eigentumshistorie in der Blockchain eindeutig dokumentiert ist. Im Gegensatz dazu sind die meisten digitalen Schöpfungen fast immer in einer unendlichen Menge verfügbar, schon dadurch, dass man sie einfach per Mausklick kopieren kann.

Der amerikanische Künstler Beeple versteigerte im März 2021 eine digitale Collage aus 5000 Einzelbildern für beispiellose 69,35 Mio. US$.[161] Musiker wie Snoop Dogg, Katy Perry, Rihanna, Jason Derulo oder Sportler wie Cristiano Ronaldo, Toni Kroos und Mario Götze springen auf den Zug auf und präsentieren ihren Fans eigens gestaltete NFT-Bildchen. Twitter-Gründer Jack Dorseys erster Tweet war einem Fan satte 2,9 Mio. US$ wert. Auch der FC Bayern handelt inzwischen digitale Abbilder der Sammelkarten seines Basketball-Kaders über eine entsprechende Online-Plattform.[162] Selbst der amerikanische Ex-Präsident Donald Trump kämpft mit einer eigenen Kollektion von digitalen Sammelbildchen um mehr Wachstum in seiner immer kleiner werdenden Anhängerschaft. Ein 12-jähriger Schüler aus London wurde sogar Millionär, indem er digitale Profilbilder von Walen als NFTs verkauft hat. Der Gesamtmarkt für NFTs war weltweit allein im Jahr 2021 schwindelerregende 41 Mrd. US$ wert. Dieser Betrag nähert sich immer weiter dem Gesamtwert des globalen Kunstmarktes.[163]

Warum sind Menschen bereit, viel Geld für Bilder auszugeben, die sie sich kostenlos ansehen und im Gegensatz zu einem physischen Bild sogar auf der Festplatte speichern oder ausdrucken könnten? Weil ein NFT es dem Käufer ermöglicht, das Originalobjekt zu besitzen. Ein Bild kann millionenfach per Whatsapp geteilt werden. Per NFT ist es jedoch möglich, das Eigentum an diesem Bild eindeutig zu verbriefen.

Auf der Anbieterseite bieten NFTs Künstlern eine einzigartige Möglichkeit, ihre Kunst zu vermarkten. Sie sind nun nicht mehr auf Galerien oder Vernissagen angewiesen. Die neuen Auktionshäuser sind NFT-Plattformen, über die digitale Kunst direkt vom Konsumenten ersteigert werden kann. Per Smart Contract kann zudem definiert werden, dass der Künstler bei jedem Wiederverkauf erneut über Lizenzgebühren mitverdient. Das steigert den Gewinn und sorgt für langfristige Einnahmen.

Kunst ist nicht die einzige Möglichkeit, mit NFTs Geld zu verdienen. Die Eigentumsverhältnisse praktisch jedes

Vermögenswertes können über Tokens in der Blockchain verbrieft werden. Beispielsweise arbeitet man in Norddeutschland gerade fieberhaft daran, Oldtimer in einem juristisch abgesicherten Prozess in seine digitalen Einzelteile zu zerlegen, um ihn im Prinzip in voll regulierte, handelbare Aktien umzuwandeln.

Mithilfe von NFTs wird es in Zukunft möglich sein, in den Bäcker an der Ecke zu investieren oder in einen Künstler, der seine Musikrechte demokratisieren möchte. Menschen wollen vor allem eins: Teil von etwas sein, zu dem sie einen persönlichen Bezug haben.[164]

9.2.6 Tokenisierung von Immobilien

Smart Contracts machen es möglich, dass Häuser und Wohnungen nicht nur als einzelne Einheiten, sondern beliebig kleinteilig segmentiert und gehandelt werden können, theoretisch bereits ab 1 EUR. Makler und Notare werden dafür allenfalls noch beratend benötigt. Auch das funktioniert über Tokens. Sie schaffen ein digitales Abbild der Immobilien und machen sie so digital handelbar.

Ein Wohnungsbesitzer kann beispielsweise eine Wohnung, die einen Wert von 100.000 EUR hat, in 1000 Token zerlegen. Jeder Token hat dann einen Wert von 100 EUR. Mit jedem Token erwerben die Anleger das Recht auf einen bestimmten Prozentsatz der Mieteinnahmen. Davon werden Kosten wie die Grundsteuer, Reparaturen oder Versicherungen abgezogen. Wenn die Wohnung mit der Zeit an Wert gewinnt oder die Mieteinnahmen steigen, steigt auch der Wert des Tokens. Aus einer in der Regel kapitalintensiven und nur sehr bürokratisch handelbaren Immobilie wird so ein liquider sowie schnell und kleinteilig zu handelnder Vermögenswert.

Tokenisierung heißt der Trend, bei dem Immobilien digital geteilt werden. Er hat das Potenzial, die Immobilienwirtschaft in den Bereichen Kauf, Verkauf, Finanzierung, Vermarktung und Immobilien-Management grundlegend zu verändern.

Denn auch in Zeiten hoher Inflation gelten Immobilien als eine gefragte und vergleichsweise sichere Wertanlage. In Deutschland ist das „Betongold" seit Jahrzehnten die beliebteste Anlageform. Allein im Jahr 2021 wurden hier rund 21,6 Mrd. EUR in Wohnimmobilien investiert. Für Gewerbeimmobilien kamen noch einmal rund 60,1 Mrd. EUR hinzu.[165] Einmal richtig ausgewählt, generieren Immobilien monatliche Mieteinnahmen und je nach Lage sogar Wertsteigerungen. Doch der kleinste zu kaufende Teil einer Wohnimmobilie ist eine Wohnung. Diese oder gar ein ganzes Haus können sich nur die wenigsten leisten. Die Idee hinter der Tokenisierung einer Immobilie ist es daher, den Wert dieser Immobilie in beliebig kleine Teile zu zerlegen.

Man kann einen Token mit einem Anteil an einem Immobilienfonds vergleichen. Auch hier wird das Kapital mehrerer Anleger gebündelt, um es in Immobilien zu investieren. Der Unterschied ist aber: Die Haltefrist beträgt bei Immobilienfonds in der Regel mindestens 24 Monate. Man muss die Anteile also zwei Jahre halten, bevor man sie verkaufen oder an die Fondsgesellschaft zurückgeben kann. Hinzu kommt eine Mindestinvestition von 5000 EUR aufwärts. Hier ist die tokenisierte Immobilie dem Fonds gegenüber klar im Vorteil: Ein Token-Anteil kann grundsätzlich jederzeit, auf der ganzen Welt, ohne einen Zwischenhändler und unbürokratisch gekauft und wieder verkauft werden. Insbesondere für private Investoren, die nur kleinere Summen anlegen wollen, ist dies eine attraktive Möglichkeit, in eine

Immobilie zu investieren, die finanziell sonst unerreichbar wäre.

Rein technisch kommt bei der Tokenisierung die Blockchain ins Spiel. Im Bereich der tokenisierten Immobilien fungiert die Blockchain im Grunde als ein elektronisches Register, in dem die Tokens, die einen bestimmten Anteil des Immobilienwertes darstellen, gespeichert werden. Verwaltet werden die Tokens durch Smart Contracts, die ebenfalls in der Blockchain gespeichert werden. In ihnen ist hinterlegt, wie viele Tokens es zu einer Immobilie gibt und welche Rechte an jeden einzelnen Token gebunden sind, beispielsweise wie viel Prozent der Mieteinnahmen darauf entfallen. So kann dann alles automatisch abgewickelt und berechnet werden. Der Erwerber verwaltet seine Tokens ganz einfach mithilfe einer Wallet-App, einer digitalen Börse, mit der er ein individuelles Immobilien-Portfolio zusammenstellen kann. Je nach Ausgestaltung der App kann man nicht nur Zahlungseingänge überprüfen oder sich die Wertveränderungen seiner Tokens als Diagramm ausgeben lassen, sondern die Tokens sogar direkt über das Smartphone wieder verkaufen. Das macht dieses Konzept sehr kostengünstig und effektiv.

An die Tokenisierung von Immobilien sind daher hohe Erwartungen geknüpft. Anbieter von Immobilienfonds werden sich auf weitere Konkurrenz einstellen müssen. Dieser Meinung ist auch Prof. Dr. Philipp Sandner, Leiter des „Frankfurt School Blockchain Center (FSBC)" an der „Frankfurt School of Finance and Management".

> „Das Potenzial dieser innovativen Art des Immobilieninvestments als groß zu beschreiben, erscheint untertrieben." (Prof. Dr. Philipp Sandner)

Sandner ist Mitautor der weltweiten „Studie zur Tokenisierung von Immobilien", die im September 2021 erstmals veröffentlicht wurde. Der Studie zufolge steht der Markt für tokenisierte Immobilien noch am Anfang, aber in Deutschland stehen bereits einige Unternehmen in den Startlöchern. Von den insgesamt 41 untersuchten Anbietern, die sich mit der Tokenisierung von Immobilien beschäftigen, kommen sechs aus Deutschland. Mehr findet man nur in den USA. Dort gibt es 13 Anbieter.[166]

Rechtlich werden Immobilien-Tokens derzeit wie Wertpapiere behandelt. Das hat die Bundesanstalt für Finanzdienstleistungsaufsicht (BaFin) festgelegt. Die Tokens unterliegen damit der Wertpapieraufsicht und müssen zahlreiche rechtliche Pflichten erfüllen, die dem Schutz des Anliegers dienen.[167] Käufer besitzen insofern keinen physischen Anteil an einer Immobilie. Das ist anders als bei Aktien, mit denen sich der Käufer direkt an einem Unternehmen beteiligt. Ein Immobilien-Token ist im Prinzip ein Darlehen, das der Anbieter der Tokens zur Finanzierung der Immobilie nutzt. Die Zinsen für dieses Darlehen werden aus den Mieteinnahmen gezahlt.

Das birgt ein gewisses Verlustrisiko, es drohen Mietausfälle und schlimmstenfalls sogar die Insolvenz des Anbieters. Dieses Risiko ist insofern höher als bei einem Immobilienfonds, über den man in der Regel in viele Immobilien gleichzeitig investiert. Allerdings ist die Mindestinvestition bei Immobilien-Tokens deutlich geringer. Theoretisch ist eine Investition ab 1 EUR möglich. Das erleichtert es, in unterschiedliche Immobilienprojekte zu investieren, um so das Verlust- und Klumpenrisiko entsprechend zu senken. Bei den Renditeaussichten sind tokenisierte Immobilien dagegen konkurrenzlos: Laut der „Studie zur Tokenisierung von Immobilien" beträgt die durchschnittliche prognostizierte

Rendite bei allen untersuchten Anbietern rund 7,7 % pro Jahr.

Doch nicht nur die Vorteile einer kleinteiligen Stückelung und die hohe zu erwartende Rendite machen die Tokenisierung von Immobilien so attraktiv. Auch die heute im Bereich des Immobilienkaufs üblichen analogen Prozesse können zukünftig mithilfe von Smart Contracts digitalisiert und damit effizienter und unbürokratischer gestaltet werden. Die dann digitalen Vertragsbestandteile können automatisch auf Plausibilität überprüft, terminiert und ausgeführt werden. Dabei wird jeder einzelne Schritt in der Blockchain unmissverständlich dokumentiert. Speziell in Prozessen, an denen mehrere Parteien beteiligt sind, entstünden so deutliche Effizienzsteigerungen und damit niedrigere Kosten. Makler, Banken und Notare könnten in diesem Zusammenhang zukünftig nur noch eine untergeordnete Rolle spielen.

Selbst das Immobilienmanagement ließe sich über die Blockchain organisieren. Die hinterlegten Smart Contracts könnten zum Beispiel vollautomatisiert die anteiligen Miet- und Zinseinnahmen errechnen, diese einziehen und an die Token-Besitzer auszahlen. Umgekehrt könnten anteilige Grundsteuern und Reparaturkosten eingezogen werden. All das in Echtzeit und ohne Dritte, die die Transaktionen initialisieren müssen.

Doch ein solches Szenario, bei dem reale Immobilien-Anteile in der Blockchain verbrieft werden, ist in Deutschland noch Zukunftsmusik. Noch fehlt es an einem regulatorischen Rahmen und dem digitalen, Blockchainbasierten Grundbuch. Die Prozesse, die mit einem Immobilienkauf einhergehen, bleiben daher vorerst noch mit viel Bürokratie, Zeitaufwand und damit auch hohen Kosten verbunden. Zwischen 1,5 und 2 % des Kaufpreises einer Immobilie entfallen in Deutschland allein auf den Notar und den Eintrag in das Grundbuch.

In Schweden ist man bereits ein ganzes Stück weiter. In einem damals weltweit einzigartigen Projekt wurde dort schon 2018 ein Blockchain-basierter Grundstücksverkauf getestet. Neben der Möglichkeit, Verkaufsprozesse rein digital zu realisieren, wurden auch die Auswirkungen auf Geschwindigkeit und Kosten der Transaktion getestet – mit einem klaren Ergebnis: Der gesamte Immobilien-Kauf konnte in einigen Tagen statt wie sonst üblich in mehreren Monaten durchgeführt werden. Sämtliche Daten sind für die Öffentlichkeit einsehbar. Kontrolliert wird das Blockchain-Netzwerk durch die entsprechende Landesbehörde.

Darüber hinaus führte das Versuchsprojekt noch zu einem weiteren verblüffenden Ergebnis: Man hat ermittelt, dass es durch die Umstellung ganz Schwedens auf Blockchain-basierte Prozesse beim Grundstücksverkauf potenziell möglich wäre, Kosteneinsparungen von mehr als 100 Mio. EUR pro Jahr zu erzielen. Das Projekt gilt dadurch als so erfolgreich, dass es noch heute durch ein Konsortium aus Behörden und privatwirtschaftlichen Unternehmen fortgeführt wird.[168]

Die Basis für den breiten Erfolg der Immobilien-Tokenisierung ist längst gelegt. Die Technologie hat das Potential, erhebliche Liquidität freizusetzen. Zusätzlich zu den traditionellen Investoren wird ein neuer Typ von Anleger angesprochen, der offen für entsprechende Innovationen ist. Damit könnte eine vollkommen neue Ära des Bruchteilseigentums anbrechen.

9.3   Wie die Blockchain den Arbeitsmarkt verändert

9.3.1   Wir werden dezentral

Die Einführung von Kryptowährungen und der Blockchain-Technologie stellt unsere Gesellschaft vor völlig neue Herausforderungen. Schon in naher Zukunft stehen sämtliche Bestandteile unseres Lebens unter dem Einfluss eines dezentralen Netzwerks. Dies ändert die Art, wie wir Zahlungen abwickeln oder Verträge schließen. Viele traditionelle Berufe werden infrage gestellt, andere müssen sich neu erfinden. Neue Berufsbilder entstehen.

Die neuen dezentralen Technologien geben uns die Möglichkeit, sich von einer zentralen Organisation zu befreien. Unternehmen wie AirBnB zeigen uns bereits heute den Weg in eine Zukunft, in der Hotelzimmer ohne Hotels auskommen, Uber vermittelt Taxidienstleistungen ohne Taxizentrale. Nachbarschaftsportale machen Baumärkten das Leben schwer, indem sie Werkzeuge zwischen den Nachbarn vermitteln und Solaranlagenbesitzer können ihren Strom nun direkt an lokale Supermärkte, Schulen oder Wasserwerke verkaufen.

Die Wuppertaler Stadtwerke makeln Ökostrom über eine eigens dafür entworfene Plattform, genannt „WSW Tal.Markt", die Ökostrom-Erzeuger und Konsumenten direkt zusammenbringen soll. Jede Transaktion wird letztlich in einer Blockchain verbucht. Als Betreiber übernehmen die Stadtwerke die wirtschaftliche Abwicklung des Prozesses.[169] Und auch in New York sorgt diese Art des Stromhandels bereits für Furore. In einem Nachbarschaftsprojekt ist über viele zusammengeschaltete Solaranlagen eine Art Stadtteilstromnetz entstanden. Das Nachbarschafts-Start-up „Brooklyn Microgrid"[170] unterstützt die Anlagen-Betreiber darin, ihren überschüssigen Strom direkt zu verkaufen, statt ihn gegen eine pauschale Vergütung ins Netz zu speisen. Technische Basis ist auch hier die Blockchain. Natürlich braucht man für diese Beispiele nicht zwangsläufig eine Blockchain oder irgendeine Kryptowährung. Aber eben dieser Ansatz, dieses Grundprinzip, zeigt eine klare Akzeptanz eines dezentralen Systems.

Die Menschen haben begriffen, dass es sinnvoll ist, Ressourcen, die man selbst nicht benötigt, an andere zu verteilen. Menschen, die Dinge benötigen, leihen zudem immer häufiger, anstatt zu kaufen. Noch vor wenigen Jahren war das Auto als Statussymbol der Deutschen allgegenwärtig, heute bleibt die Garage oftmals leer und das Stadtteilauto tritt als reines Gebrauchsfahrzeug seinen Dienst an. Die Sharing Economy ist da.[171]

Diese Entwicklung eröffnet den Kryptowährungen neue Möglichkeiten. Ganze Wirtschaftszweige werden von der Fälschungssicherheit und Unbestechlichkeit der Blockchain profitieren und so die bestehende Ordnung infrage stellen. Die Rede ist von der Umstellung unserer zentralisierten Gesellschaft hin zu einer dezentralen Struktur, von der nicht nur Kryptowährungen, sondern nahezu jeder Bereich unseres Lebens profitieren kann.

Überall entstehen aktuell Gemeinschaften, die nicht zentral geführt werden. Communitys entwickeln Computerspiele, Software und Betriebssysteme. Linux steht als eines der führenden Crowd-Produkte beispielhaft für eine Entwicklung, deren Fortführung maßgeblich durch den Konsens der Mitglieder bestimmt wird.

Spanien bereitet derzeit Gesetze vor, die das Land durch Steuererleichterungen für ausländische Blockchain-Unternehmen aus der Finanz- oder Gesundheitsbranche attraktiv machen sollen. Auch ICOs sollen dort zukünftig durch spezifische Regularien zielgerichtet durchgeführt werden können.[172]

Der Schweizer Kanton Zug gilt als Steueroase der Schweiz, denn dort findet man die niedrigsten Steuersätze des Landes vor. Auch im Bereich der Blockchain möchte Zug ganz vorn dabei sein. Der kleine Kanton ist durch wirtschaftlich ideale Rahmenbedingungen zu einem attraktiven Standort für Krypto-Unternehmen geworden. Selbst im Rathaus werden dort Bitcoins akzeptiert. Der ehemalige Zuger Stadtpräsident Dolfi Müller, der all das erst möglich machte, gilt heute als Pionier des digitalen Bezahlens und wahrer Held der Kryptoszene.[173]

Auch Japan arbeitet an einem Krypto-Ökosystem. Das ostasiatische Land vergibt Lizenzen an ausgewählte Kryptobörsen, um so Standards zu setzen und unseriöse Anbieter in die Illegalität zu treiben.

Die Anhänger von Kryptowährungen und Blockchain beobachten diese Entwicklung mit Genugtuung. Ihnen kann der Prozess der Dezentralisierung gar nicht schnell genug gehen, denn die Akzeptanz der virtuellen Münzen ist für sie nur eine logische Konsequenz. David Johnston, Seriengründer im Technologiebereich und früher Bitcoin-Investor, formuliert es etwas pragmatischer:

„Alles, was dezentralisiert werden kann, wird dezentralisiert werden."[174] (David Johnston)

Der Satz hat als „Johnston's Law" inzwischen Blockchain-Geschichte geschrieben. Ob er sich tatsächlich bewahrheitet, bleibt abzuwarten.

9.3.2 Alte Technologien neu erfunden

Obwohl die Blockchain-Thematik in den letzten Jahren einen regelrechten Hype erfährt, steckt sie bislang noch immer in den Kinderschuhen. Während große Konzerne wie Google oder Instagram Themen wie die Online-Suche oder soziale Plattformen längst marktbeherrschend besetzen konnten, ist der Kampf um die Blockchain noch längst nicht entschieden. Aktuell arbeiten tausende von Unternehmen auf der gleichen technischen Basis und versuchen diese mit individuellen Ideen anzureichern. Eine ganze Industrie formiert sich um dieses Thema. Das ist auch kein Wunder – derzeit gibt es wohl kein technisches Thema, das weltweit mehr Aufmerksamkeit und damit Umsatz generiert als die Blockchain.

Risikokapitalgeber fördern scheinbar blind nahezu jedes Projekt, das sich nur ansatzweise mit der Thematik auseinandersetzt. Denn das Thema ist nach wie vor heiß – man glaubt, es hat das Potential, das neue Internet zu werden. Daher greift sich jeder sein Stück vom Kuchen, die Großen mit Geld und viele kleine Unternehmen mit Ideen, Innovation und Know-how.

So hat sich der IT-Riese Microsoft mit der Bank of America Merrill Lynch für ein gemeinsames Blockchain-Projekt zusammengetan. Ziel der Kooperation ist es, Handelstransaktionen zwischen Unternehmen, ihren Kunden und deren Banken billiger, sicherer und transparenter, aber vor allem schneller zu machen. Die technische Basis bildet, wie sollte es auch anders sein, ein Blockchain-Framework auf technischer Basis von Microsofts Cloud-Computing-Plattform Microsoft Azure. Die Plattform hat mehr als 80 % der weltweit größten Banken in der Kundenkartei.[175] Bereits 2016 hatte Microsoft mit „Project Bletchley" eine Plattform vorgestellt, über die es möglich sein sollte, die Einrichtung der Netzwerkinfrastruktur von Ethereum zu automatisieren.[176] Laut Microsoft ist Bletchley Microsofts architektonischer Ansatz für den Aufbau eines Blockchain-Ökosystems, auf dem echte Lösungen für reale Geschäftsprobleme entwickelt werden können.

Auch der amerikanische Soft- und Hardwarehersteller IBM ist bereits seit 2016 dabei. In einem Pilotprojekt mit der chinesischen Kreditkartenfirma China UnionPay wurde eine Software auf Blockchain-Basis entwickelt. Sie löst ein für Kreditkartenfirmen zentrales Problem, nämlich das zunehmende Desinteresse der Kunden an Treuepunkten, dem für Kreditkartenfirmen wirksamsten Kundenbindungsinstrument. Mithilfe der Blockchain ist es nun möglich, Treuepunkte, die für Kreditkartenkäufe vergeben werden, frei unter den Anbietern zu tauschen und einzulösen. Das vergrößert die Auswahl an Prämien, gegen die die Treuepunkte eingelöst werden können, deutlich. Die Anzahl der Teilnehmer am Treueprogramm konnte so um ein Vielfaches gesteigert werden.[177]

Nicht nur im Bereich der Treuepunkte bei Kreditkarten, sondern generell findet derzeit eine Revolution im Zahlungsverkehr statt. Die größte Stärke der Blockchain ist ihre Dezentralität. Trotz oder gerade weil die Blockchain dezentral aufgestellt ist, haben alle Nutzer einen uneingeschränkten öffentlichen Zugriff auf die darin hinterlegten Daten. Nahezu alle derzeit im Umlauf befindlichen Währungssysteme haben diesen Vorteil nicht, sie beruhen auf einem zentralen System, über das Banken sämtliche Transaktionen speichern.

Viele Anbieter nutzen daher die Vorzüge des traditionellen monetären Systems und ergänzen sie durch neue Technologien. Dabei spielt das Smartphone eine entscheidende Rolle. Es wird von zahlreichen Unternehmen genutzt, um den klassischen Zahlungsverkehr durch mobile Anwendungen auf den Kopf zu stellen. PayPal ermöglicht bereits Zahlungen von A nach B, in den USA in Kürze sogar per E-Mail, QR-Code, Bluetooth oder NFC. Die Möglichkeiten aktueller Marktführer, traditionelle und bewährte Zahlungssysteme mit neuen Technologien aufzuladen, machen es Kryptowährungen schwer, in bestehende Märkte vorzudringen. Dabei steht hier im Hintergrund noch immer ein Mittelsmann, nämlich die Bank. PayPal beispielsweise verdient an jeder Transaktion. Die ist für Käufer zwar gratis, dem Empfänger entstehen aber bei jedem Geldeingang Kosten in Form einer prozentualen Gebühr. Genau an diesem Punkt könnten Kryptowährungen besser sein. Bitcoin und andere Kryptowährungen haben eine für den Nutzer ähnliche Funktionsweise, können im Hintergrund aber auf einen Mittelsmann verzichten.

Auch die Reisebranche denkt um und geht neue Wege. Knackpunkt ist hier, dass Daten, die beispielsweise Reiseunternehmen für ihre Arbeit benötigen, zuvor von Dienstleistern gebündelt und aufbereitet werden. Das können Daten wie Flugzeiten oder der Belegungsstatus eines Hotels sein. Naturgemäß erschweren diese Dienstleister einen direkten Zugang zu diesen Informationen oder verhindern ihn völlig, denn mit der Bereitstellung dieser Daten verdienen diese Unternehmen ihr Geld. An diesem Punkt setzt ein Unternehmen namens Winding Tree in Kooperation mit dem Lufthansa Innovation Hub an. Gemeinsam möchte man die Reisebranche vollständig reorganisieren. Mithilfe der Blockchain wurde eine dezentrale Plattform entwickelt, über die nun sämtliche Akteure direkt auf die Daten zugreifen können. Fluggesellschaften, Hotels und andere Reisedienstleister können ihre Dienstleistungen direkt in die Blockchain einspeisen. Reisebüros und Online-Plattformen greifen ebenfalls direkt auf die Blockchain zu. Buchungen können so direkt in die Blockchain geschrieben und verifiziert werden. Doppelbuchungen sind somit faktisch ausgeschlossen.[178]

Nachrichten, Bücher, Musik oder Filme – auch in der Content-Industrie eröffnet die Blockchain vollkommen neue Abrechnungsmodelle. Denn mithilfe der Blockchain sind auch Kleinstzahlungen möglich. Das sind Beträge,

deren Transfer sich aufgrund der hohen Transaktionsgebühren bei den traditionellen Überweisungssystemen
nicht lohnt. Im Gegensatz zum Euro, der hinter dem
Komma nur zwei Stellen aufweist, lässt sich ein Bitcoin
in 100.000.00 Einheiten unterteilen. Dadurch ist nahezu
jede Stückelung denkbar. So könnten Nachrichtenportale
für zahlungspflichtige Artikel auf eine zeilen-, wort- oder
sogar zeichenbasierte Abrechnungsmethode setzen, statt
einen pauschalen Monatsbetrag abzurechnen. Hier ist alles
denkbar.

Genau hier setzt das Berliner Start-up Satoshipay an.
Über die Software ist es möglich, auch Kleinstbeträge
von A nach B zu überweisen. So können Songs oder
Artikel einfacher monetarisiert werden. Die drei Gründer
erhielten dafür bereits 2015 eine Finanzierung von Jim
Mellon.[179] Der britische Milliardär ist ein visionärer
Unternehmer und dafür bekannt, neue globale Trends
zu erkennen. Noch einen Schritt weiter geht das Start-up
Ujo, das auf der Ethereum-Blockchain aufsetzt. Mithilfe
der von Ujo entwickelten Software können Lizenzen und
Verwertungsrechte eines Songs lückenlos und eindeutig
dokumentiert und abgerechnet werden.

Über die Blockchain und darin implementierte Smart
Contracts wird es zukünftig auch möglich sein, dass
Elektrogeräte miteinander kommunizieren und über
eine Wenn-dann-Beziehung interagieren. Viele Unternehmen arbeiten derzeit an Plattformen, die ein autonomes Bezahlen zwischen miteinander kommunizierenden
Maschinen ermöglichen sollen. Die Idee dabei ist, dass
Geräte unterschiedlicher Hersteller zukünftig nicht einfach nur kompatibel miteinander sein werden, sondern
sich ihre Leistung auch gegenseitig vergüten. Anwendung
findet dieser Ansatz zumindest indirekt bereits bei
Anwendungen, die Fahrer von Elektroautos und
Betreiber von Ladestationen zusammenbringen. Über die

Blockchain wird sichergestellt, dass beim Tanken auch tatsächlich nur die vereinbarte Menge Strom zum vereinbarten Preis fließt. Die Bezahlung findet im Anschluss an den Ladevorgang direkt vom Auto an die Ladestation statt.

Das Unternehmen IPDB aus Berlin positioniert sich als Blockchain-Datenbank für eine zunehmend dezentrale und serverlose Welt. Mithilfe dieser Datenbank soll eine dezentrale Kontrolle von Daten und damit eine Unverwundbarkeit des gesamten Systems gewährleistet sein. Als „Hüter der Dezentralität" dienen dabei gemeinnützige Organisationen auf der ganzen Welt, die sich für den Ausbau eines offenen, dezentralen Internets einsetzen.[180]

9.3.3 Neue Berufswelten entstehen

Sollte die Online-Technologie sich in dem Maße etablieren wie erwartet, wird dies voraussichtlich eklatante Auswirkungen auf den Arbeitsmarkt haben. Nicht nur Banken müssen umdenken. Schon heute gibt es kaum noch Bankkunden, die eine Überweisung vor Ort tätigen oder Beratungsdienstleistungen in Anspruch nehmen. Banken in ihrer ursprünglichen Kernfunktion, dem Verwalten von Geld, könnten bald überflüssig sein. Neue Zahlen der Bundesbank bestätigen das: Die Präsenz der Banken vor Ort nimmt derzeit in atemberaubendem Tempo ab. Allein im Jahr 2021 wurden fast 10 % aller Filialen in Deutschland geschlossen, genau wie im Jahr zuvor. Speziell jüngere Menschen haben zum Teil noch nie in ihrem Leben eine Bank betreten.[181]

Aber auch Versicherungen, Makler, Notare, um nur einige zu nennen – all diese Berufe müssen sich komplett neu organisieren. Natürlich werden diese Berufsbilder nicht über Nacht verschwinden, aber die Entwicklung hat schmerzhafte Auswirkungen auf die betroffenen Branchen. Doch wo auch immer an einer Stelle Arbeitsplätze wegfallen, entstehen an einer anderen neue. Ersetzt in der Automobilindustrie ein Roboter den Arbeiter, entsteht ein Arbeitsplatz in der Industrie, die den Roboter fertigt. Neue Berufsbilder entstehen. Es ist davon auszugehen, dass die Einführung der Blockchain weltweit unzählige neue Berufe und Arbeitsplätze schafft. Schon heute wird fieberhaft auf den großen Jobportalen nach Blockchain-Entwicklern und Experten in diesem Bereich gesucht.

9.4 Internet of Things (IoT)

Es wäre verwunderlich, wenn sie sich nicht durchsetzen würde, diese neue Technologie namens Blockchain. Sie ist die technische Basis für Smart Contracts, über die zukünftig rechtlich verbindliche Beziehungen zwischen Geschäftspartnern festgelegt werden sollen. Deren monetäre Abwicklung erfolgt direkt zwischen den Geschäftspartnern, ohne eine Zwischeninstanz, ohne eine Bank.

Man stelle sich dazu Folgendes vor: Es ist Montag und noch vor dem schrillen Klingeln des Weckers werden Sie sanft von den ersten Sonnenstrahlen geweckt. Ihr erster Weg führt Sie in die Küche, wo Sie mit Ihrer Kaffeemaschine einen frischen Kaffee aufbrühen. Sie haben die Kaffeemaschine nicht gekauft, sondern geleast, so wie fast alle technischen Geräte in Ihrem Haushalt. Was aus heutiger Sicht unvorstellbar klingt, dient nur dem einen Zweck, nämlich der Abrechnung nach Verbrauch bzw. Dauer der Benutzung. Sie zahlen nur dann, wenn Sie ein Gerät auch tatsächlich verwenden. Während Sie also den Kaffee aufbrühen, stellt Ihre Kaffeemaschine im Hintergrund über das Internet eine Verbindung zum Hersteller der Maschine her und überweist einen Betrag, den Sie per Smart Contract mit dem Hersteller vereinbart haben. Sie zahlen mit einer Kryptowährung wie Bitcoin und für den Transfer ist keine Bank mehr nötig. Banken in der Form, wie wir sie heute kennen, gibt es in der Zukunft nicht mehr.

Ihren Kaffee genießen Sie mit einem frischen Croissant, das der Lieferservice Ihres Lieblingsbäckers vor Ihre Haustür gelegt hat. Bezahlt haben Sie die Lieferung automatisch per Kryptowährung. Während Sie duschen, überprüft Ihr Kühlschrank die Lebensmittel auf Vollständigkeit und bestellt Marmelade und Butter, da Sie diese Lebensmittel beim Frühstück fast verbraucht haben. Sie hatten mit Ihrem Lebensmittelhändler vereinbart, dass er Ihre Grundnahrungsmittel stets wieder auffüllt, sollten sie einmal verbraucht sein. Fahren Sie in den Urlaub, pausieren Sie das Abonnement, so wie das Ihrer Tageszeitung.

Apropos fahren. Es ist nun Zeit, zur Arbeit zu fahren. Nachdem sich Ihre Haustür hinter Ihnen automatisch verriegelt hat, indem sie einen Sicherheits-Token mit Ihrem Handy abgeglichen hat, treten Sie auf die Straße. Nur Sie können Ihre Tür wieder öffnen – oder jede andere Person, der Sie den Sicherheits-Token für Ihre Tür zur Verifizierung auf das Handy schicken und diese Person damit legitimieren, Ihre Wohnung zu betreten. Für die Fahrt zur Arbeit nutzen Sie normalerweise die U-Bahn, deren Fahrkarte Sie beim Einsteigen lösen, indem Ihr Smartphone beim Ein- und Aussteigen registriert wird und so die Länge der Strecke und der Fahrpreis ermittelt werden kann. Die Bezahlung erfolgt – Sie ahnen es bereits – über einen Smart Contract per Kryptowährung. Vielleicht möchten Sie heute nach der Arbeit noch eine Freundin besuchen, daher haben Sie heute auf die U-Bahn verzichtet und fahren mit dem Auto zur Arbeit. Während

Sie auf dem Weg zum Auto kurz die Sonne genießen, entriegelt sich das Auto bereits. Ihr Auto gleicht Wochentag und Uhrzeit ab und kommt anhand Ihres Bewegungsprofils zu der Erkenntnis, dass Sie mit hoher Wahrscheinlichkeit zur Arbeit fahren möchten. Sie bestätigen dies über das große Display, das prominent im Fahrzeug platziert ist. Ihr Auto wird Sie nun zur Arbeit fahren, und sich dabei permanent mit anderen Fahrzeugen abgleichen, um Staus zu vermeiden und möglichst effizient ans Ziel zu kommen.

Am Zielort angekommen, nähern Sie sich der Eingangstür des Bürogebäudes, dessen Türen sich bereits öffnen, da das Gebäude Sie anhand eines RFID-Chips erkannt hat, den Sie bei sich tragen. Alternativ werden Sie von einer intelligenten Kamera erkannt, die den Eingangsbereich überwacht. Sie nutzt dafür die individuellen Merkmale in Ihrem Gesicht. Wenn Sie die Tür durchqueren, kommuniziert die Tür mit Ihrem Büronetzwerk. Bis Sie über den Fahrstuhl Ihr Büro erreichen, hat sich das Licht eingeschaltet und die Klimaanlage arbeitet an Ihrer Wohlfühltemperatur. Die Peripherie Ihres Rechners fährt hoch und wartet darauf, sich mit Ihrem Smartphone verbinden zu können, das in der Zukunft den PC, so wie wir ihn kennen, längst abgelöst hat. Als Sie das Büro betreten, erwachen Monitor, Tastatur und Maus aus dem Standby. Das Internet of Things ist allgegenwärtig.

Was hier nach Science Fiction klingt, könnte in einigen Jahren bereits Realität sein. Für die Blockchain-Technologie stellt das Internet of Things keine nennenswerte Herausforderung dar. Ihre Geräte sind vernetzt und kommunizieren in Echtzeit untereinander und mit den entsprechenden Dienstleistern. Zahlungsströme fließen ebenfalls in Echtzeit ohne Unterstützung von Banken, wie wir sie heute kennen. Um am Beispiel des intelligenten Kühlschranks zu bleiben, reduziert dieser seine Aufgaben

oder stellt diese vollkommen ein, wenn Zahlungen aus-
bleiben – wenn es vorab per Smart Contract so vereinbart wurde. Stellt er bei der Diagnose seines Systems
einmal einen Fehler fest, veranlasst er die nötigen Schritte,
um sich selbst gegen ein funktionsfähiges Modell auszu-
tauschen.

Laut einer Gartner-Studie soll das Internet of Things im
Jahr 2020 21 Mrd. Geräte umfasst haben.[182] Eine Prognose
der International Data Corporation (IDC) schätzt, dass es
im Jahr 2025 bereits über 41 Mrd. Geräte geben wird, die
fast 80 Zettabytes (ZB) an Daten erzeugen.[183]

9.5 Metaverse

Das Metaversum, englisch Metaverse, ist derzeit noch
die Vision einer virtuellen Welt, die mit der echten,
physischen Welt und einer erweiterten Realität verschmelzen soll. Man betritt diese Welt in der Regel mithilfe einer entsprechenden Virtual-Reality-Brille. Die
genaue Ausgestaltung eines Metaversums wird von
den verschiedenen Akteuren derzeit noch unterschied-
lich interpretiert, die technisch wie inhaltlich ihr eigenes
Süppchen kochen. Allen Akteuren vorweg Meta, ehemals Facebook. Das Unternehmen wurde sogar eigens
umbenannt – wohl auch um dem Vorhaben mehr Glaub-
haftigkeit zu verleihen. Für Meta steht viel auf dem Spiel,
das Unternehmen hat Milliarden in die neuen Welten
investiert.

Für die Nutzer sollen sich im Metaverse vollkommen
neue Interaktionsmöglichkeiten ergeben. Sie sind keine
reinen Konsumenten mehr, sondern agieren mit anderen
und tragen so dazu bei, das Metaverse mitzugestalten.
Dabei soll keine Parallelwelt entstehen, sondern man soll
Gegenstände aus der realen Welt auch in der virtuellen

Welt und umgekehrt nutzen und kaufen können. Gezahlt wird per Kryptowährung. Die reale Welt wird also erweitert. Die User bewegen sich dabei mit ihrer digitalen Identität in einer grenzenlosen virtuellen Welt.

Glaubt man den Ausführungen von Meta-Chef Mark Zuckerberg, wird das Metaverse der Nachfolger des mobilen Internets, in dem man sich so präsent fühlt, als sei man tatsächlich mittendrin. Man wird zu einem Teil der virtuellen Welt, die man vor sich sieht, taucht förmlich in sie ein. Das soll die Art, wie man heute lebt, vollkommen verändern. Man kann Freunde virtuell zu sich einladen. Sie sind dann tatsächlich anwesend, nur eben virtuell, als Avatar. Das ist etwas anderes, als wenn man sich mit Freunden per Videoübertragung verabredet und sie nur auf dem kleinen Monitor des Smartphones sieht. In virtuellen Meetings soll man sogar Blickkontakt halten können, statt nur auf ein Raster mit verschiedenen Gesichtern auf dem Bildschirm zu schauen. Alles, was man heute am Rechner erledigt, sei es Unterhaltung, Spiele, soziale Kontakte und selbst die Arbeit – das alles wird, bezogen auf den digitalen Status quo, in Zukunft natürlicher und lebendiger sein. Laut Zuckerberg geht es nicht darum, mehr Zeit vor einem Bildschirm zu verbringen, sondern darum, diese Zeit besser zu nutzen.[184]

Einige grundlegende Bausteine des Metaverse gibt es bereits, weitere entstehen gerade. Die, die an die Vision glauben, kaufen bereits virtuelles Land in virtuellen Welten, wo man sich sein Stück Miami nun per NFT kaufen kann.[185] Die Marketing-Abteilungen großer Firmen sind in Aufruhr, weil ihre Wettbewerber bereits in virtuellen Welten Werbung schalten oder Accessoires zum Kauf anbieten. Universitäten arbeiten an virtuellen Hörsälen und wollen zu Vorreitern in Sachen digitaler Bildung werden. Hier besteht zudem die Möglichkeit, die Reichweite einzelner Bildungseinrichtungen mithilfe des

Metaverse global auszuweiten. Wir können ganz langsam erahnen, wie es aussehen und sich anfühlen könnte.

Dabei ist die Idee einer virtuellen Welt nicht neu: Eine Online-Anwendung namens „Second Life" wurde bereits 2003 gegründet. Sie war eine der ersten virtuellen Realitäten, in der man seine eigene Identität in einer virtuellen Welt schaffen konnte. Nach einem anfänglichen Hype war das Projekt viele Jahre in der Versenkung verschwunden. Es wurde erst wieder aktiv, als Mark Zuckerberg ankündigte, Milliarden in das Thema zu investieren. Auch die virtuelle Spielewelt „Roblox" wurde bereits 2006 veröffentlicht und profitiert seit einiger Zeit vom Metaverse-Hype. Die Fanbase der Gamer ist riesig. Heute loggen sich hier in 30 min mehr Leute ein als auf Second Life in einem ganzen Monat während der Hochzeiten.[186]

Doch trotz des Hypes und der großen Tech-Unternehmen, die hinter dem Thema Metaverse stehen und es massiv bewerben, scheint ein Gelingen längst nicht selbstverständlich. Statistiken zeigen, dass die Menschen am Metaverse in erster Linie Tätigkeiten interessieren, für die man das Metaverse nicht braucht, ganz vorne das Ansehen von Filmen, Spielen und das Stöbern nach Produkten.[187] Möglicherweise wird die Nachfrage nach neuen Anwendungen erst erzeugt werden müssen – die Zukunft wird es zeigen.

10

Tod einer Ideologie?

10.1 Bitcoin verkommt zur Kapitalanlage

10.1.1 Auf nach Clarion

1954 war Dorothy Martin, eine einfache Hausfrau aus Chicago, felsenfest davon überzeugt, dass die Welt in Kürze untergehen würde. Sie glaubte fest daran, im Schlaf eine Nachricht von einem Planeten namens Clarion erhalten zu haben, nach der alle Ungläubigen von einer riesigen Flutwelle von der Erde gespült werden. Nur die Gläubigen sollten zuvor von einem UFO in Sicherheit gebracht werden. Abflug: 21. Dezember 1954, im Morgengrauen. Dorothy schaffte es tatsächlich, einige Menschen in ihrer Umgebung von ihrer verwegenen Theorie zu überzeugen. Diese Menschen verließen nach und nach ihre Familien, verabschiedeten sich von ihren Freunden, kündigten ihre

Jobs und verschenkten ihr Geld und ihre Besitztümer. Als dann der Tag kam, an dem die Welt untergehen sollte, warteten sie. Sie können sich denken, wie die Geschichte ausgeht: Und sie warten noch heute.

Doch statt zu akzeptieren, dass die Prophezeiung blanker Nonsens war, begannen die Menschen ihre Geschichte über Zeitschriften und per Mund-zu-Mund-Propaganda zu verbreiten. Zu groß war der Verlust von Ansehen und investiertem Vermögen. Man versuchte, sich den Ungläubigen gegenüber zu rechtfertigen.[188] Die Wissenschaft bezeichnet dieses Verhalten als kognitive Dissonanz, ein als unangenehm empfundener Gefühlszustand, der auftritt, wenn Gedanken nicht miteinander zu vereinbaren sind. Wir betrügen uns selbst und reden uns die Dinge schön. Selbst die klügsten Menschen sind nicht vor der trügerischen Fehleinschätzung geschützt. Viele glauben, diesen Ansatz auch in Bitcoin wiederentdeckt zu haben. Die Bitcoin-Evangelisten prophezeien seit 2009 den Durchbruch und eine allgemeine Akzeptanz der Währung – doch die bleibt trotz aller Bemühungen bislang aus.

Bitcoin wurde geschaffen, um das traditionelle Geldsystem zu ersetzen. Von Tag eins an wird Bitcoin als eine globale digitale Währung beworben. Dennoch taugt Bitcoin heute allenfalls als Spekulationsobjekt. Die Ideologie hinter Bitcoin ist längst gescheitert. Sehen wir uns dazu an, wie alles begann.

10.1.2 Ist die Bitcoin-Ideologie gescheitert?

Der Zeitpunkt, an dem Satoshi Nakamoto einer Gruppe Kryptografieinteressierter eine E-Mail schickte, war sicherlich kein Zufall. Die Finanzmarktkrise hatte gerade ihren vorläufigen Höhepunkt erreicht und galt als die schlimmste Krise seit dem schwarzen Freitag von 1929. Die Aktienkurse fielen ins Bodenlose, die Investmentbank Lehman Brothers brach im September 2008 in sich zusammen.

Auslöser war das Platzen einer Immobilienblase in den USA. Die dortigen Kreditinstitute hatten fahrlässig nahezu jeden mit Krediten für den Hauskauf versorgt – unabhängig davon, ob dieser überhaupt über ein Einkommen oder wenigstens entsprechende Rücklagen zur Tilgung dieser Kredite verfügte. Solange die Preise der Häuser im Markt noch stiegen, konnten die Hausbesitzer die Hypotheken noch mit neuen Krediten zahlen, deren Zinssatz oftmals mit den Jahren stieg. Als schließlich der Leitzins wieder angehoben wurde, fielen die Preise der Häuser und die Hausbesitzer konnten ihre Kredite nicht mehr bedienen. Die Häuser wurden zwangsversteigert.

Richtig gefährlich wurde es in dem Moment, als Investmentbanken diese Hypotheken zu einem Wertpapier-Paket schnürten und dieses gemeinsam mit anderen Anlageformen in einen Fonds überführten, mit welchem blind gehandelt wurde. Das spülte viel Geld in die Kassen der Investmentbanken. Und genau hier lag das Problem: Das Bonussystem der Banker basiert auf den Gewinnen der Banken. Das System geriet außer Kontrolle und gipfelte schließlich darin, dass sich die Banken untereinander kein Geld mehr liehen und die Zahlungsströme aussetzten. Die Insolvenz von Lehman Brothers löste schließlich ein Bankensterben in den USA aus, das kurz darauf Auswirkungen fast überall auf der Welt zeigte. Die Bundesregierung beschloss, 500 Mrd. EUR bereitzustellen, von denen als erste Bank die Hypo Real Estate profitierte.[189] Finanziert wurde der sogenannte Rettungsschirm von den Steuerzahlern.

Als Reaktion auf diese Finanzmarktkrise präsentierte Satoshi Nakamoto 2008 Bitcoin. Die Kryptowährung sollte das perfekte Werkzeug sein, um derartige Krisen zukünftig zu verhindern. Denn digitales Geld kann weder manipuliert, noch beliebig vermehrt werden. Eine Nationalbank wird so theoretisch überflüssig. Nakamoto hat seine politische Haltung unter anderem im Genesis-Block verewigt. In der ersten veröffentlichten Version 0.1.0 der Software vom Januar 2009 findet man eine im Code eingebettete Schlagzeile der Zeitung „The Times", die Nakamotos aggressive Haltung gegen Banken und Regierungen deutlich macht:

> „char* pszTimestamp = „The Times 03/Jan/2009 Chancellor on brink of second bailout for banks";"[190] (Satoshi Nakamoto)

Die revolutionäre Finesse hinter Bitcoin heißt Blockchain. Hier wird festgehalten, wer wem wie viel Geld überweist und wie viel Geld sich nach dieser Transaktion noch auf dem Konto befindet. Die Daten werden nicht zentral bei den Banken gespeichert, sondern dezentral auf jedem einzelnen Computer des Netzwerks. Eine Überweisung gilt erst dann als gültig, wenn die Mehrheit im Netzwerk sie als gültig verifiziert hat. Betrug, Korruption oder die Möglichkeit, eigene Interessen zu verfolgen, sind auf diese Art und Weise nahezu ausgeschlossen.

Friedrich Joussen, Vorstandschef der TUI, ist überzeugt, dass Unternehmen wie Uber oder AirBnB zukünftig als Vermittler wegfallen und sieht auch die TUI im Zugzwang, auf die neue Technologie umzustellen.

> „Wir disrupten uns selbst, weil ich 100 % sicher bin, dass Blockchain die Zukunft ist. Auf diese Technologie muss sich nicht nur die TUI umstellen. Da muss die gesamte

deutsche Industrie hin - und zwar schnell."[191] (Friedrich
Joussen)

Das mag für den Touristikkonzern stimmen, dennoch
sollte jedes Unternehmen individuell für sich entscheiden,
ob der Einsatz der Blockchain tatsächlich zielführend ist
oder nicht. Denn trotz ihrer Vorzüge ergibt die Blockchain
längst nicht für jeden Sinn. Zentrale Funktionen wie
Rollen und Rechte, Administratoren oder Redakteure sind
in einer vollständig dezentral konzipierten Anwendung
in dieser Form nicht vorgesehen. Das können herkömm-
liche, zentral organisierte Datenbanken besser und deutlich effizienter. Unternehmensspezifische Anwendungen in
einer Blockchain zu zentralisieren, das ist, als wenn man
einen Drucker, der zuvor per Kabel an einem Rechner
angeschlossen war, im Netzwerk installiert: Dann ist das
Kabel weg und die Anbindung moderner, aber unter dem
Strich bringt die Umstellung nichts. Im Gegenteil: Die
Anzahl der Fehlerquellen steigt und die Anbindung ist
langsamer als zuvor.

Das Wesen der Blockchain liegt darin, nicht zentral
kontrolliert werden zu müssen und unabhängig zu sein.
Speziell in einem Punkt ist die Blockchain unschlagbar: in
der dezentralen Speicherung und Unverfälschbarkeit der
darin abgelegten Daten. In diesem Zusammenhang sollte
sie zum Einsatz kommen, sonst nicht.

10.1.3 Bitcoin als Weltanschauung

Die Ideologie hinter dem technischen Konzept von
Bitcoin verfolgte ursprünglich einen eher politischen
Ansatz. Satoshi Nakamoto wollte eine Währung
erschaffen, die nicht von offizieller Stelle kontrolliert

werden kann und über ein hohes Maß an Anonymität im Vergleich zum konventionellen Banking verfügt.

Sein Motiv für die Entwicklung von Bitcoin erklärte er in seinen E-Mails mit seinem Ärger über die Finanzkrise.[192] Das machte seine Ausführungen zu einem politischen Dokument, welches zahlreiche Anarchisten anlockte, die in Bitcoin ein Instrument sahen, um Geld aus der Kontrolle der Regierungen zu befreien.

Denn schon lange zuvor verfestigten sich antistaatliche Prinzipien in einer Bewegung, die sich selbst als Cypherpunks bezeichneten (siehe Abschn. 3.1). Sie glauben bis heute an das Internet als einen Ort, an dem man neue Identitäten erschaffen kann und pochen auf das Recht, dies auch zu tun. Nach ihrer Ideologie darf die eigene Identität, Nationalität oder Religion im Internet keine Rolle spielen. Losgelöst von der Kontrolle des Staates sollen die Identitäten, die man im Internet für sich erschaffen hat, nahezu frei interagieren können. Befreit von der Kontrolle eines Systems, das jeden Aspekt des Lebens zu kontrollieren versucht. Klar, dass die weitgehende Anonymität des Bitcoin-Protokolls perfekt zu den Ansätzen der Cypherpunks passte.

Bitcoin war als Weltanschauung und Revolte gegen das System geplant. Bitcoin wollte anonym sein. Nicht, um Steuern zu hinterziehen, sondern um anonyme Zahlungsvorgänge zu ermöglichen. Ganz einfach, weil es niemanden etwas angeht, was man mit seinem Geld macht. Bitcoin wollte die Vorteile von Bargeld mit denen digitaler Transaktionen vereinen. Bitcoin wollte mehr sein. Bitcoin wollte helfen. Durch unkorrumpierbare, günstigere und schnellere Transaktionen.

10.1.4 Warum setzt sich Bitcoin nicht durch?

Das Grundproblem ist mangelndes Vertrauen in die Kryptowährung. Vertrauen ist ein obligatorischer Faktor jedes funktionierenden Währungssystems (siehe Abschn. 3.2). Menschen, die mit einer Währung zahlen, müssen darauf vertrauen, dass ihr Gegenüber der Währung ebenfalls vertraut und sie als gültiges Zahlungsmittel akzeptiert und verwendet. Den Befürwortern von Bitcoin geht es in erster Linie darum, eine technische Alternative zu diesem Vertrauen zu schaffen. Mithilfe eines dezentralen Konzepts, das auf gegenseitigem, gewissermaßen automatisiertem Vertrauen und Verifizierung basiert. Doch dieses Vertrauen gibt es derzeit nicht. Der Schlüssel zur Akzeptanz könnte ein viraler Impuls sein, ausgelöst etwa durch ein innovatives und Bitcoin-basiertes Produkt, das jeder benutzt.

Um Vertrauen aufbauen zu können, ist es elementar wichtig, Bitcoin intuitiv benutzen, überweisen und verwalten zu können. Dazu müssen vor allem technische und grafische Hürden genommen werden. Wer sich die Kryptobörsen heute ansieht, der stellt schnell fest, dass eine intuitive Benutzerführung oder eine optimierte grafische Bedienoberfläche in diesem Bereich bisweilen nur bei den wenigsten Anbietern zu finden ist. Stattdessen völlig überalterte Designs in einer Windows-95-Nerd-Anmutung oder überladene Diagramm-Optiken, die eher an die Planungsplattform der nächsten Mars-Mission als an eine Banking-Anwendung erinnern. Denn nichts anderes soll es letztlich sein, auch wenn Bitcoin-Enthusiasten das Wort „Banking" in diesem Zusammenhang nicht gerne hören werden.

Soll dieser Overkill an verwirrendem Neuland und technischem Kauderwelsch einen technischen Laien

begeistern? In einem Umfeld, in dem der vom Gesetzgeber gewollte und sich gebetsmühlenartig wiederholende
Hinweis auf einen möglichen Totalverlust omnipräsent
zugegen ist? Im Gegenteil, der Nutzer wird vollkommen
verunsichert.

Hinzu kommt, dass das Konzept von Bitcoin einige
Defizite aufweist, die es für die tägliche Nutzung eher
ungeeignet macht. Beispielsweise können sich die Vorzüge einer dezentralen Speicherung der Transaktionen
in der täglichen Praxis schnell umkehren. Denn läuft bei
einer Transaktion im Kryptokosmos mal etwas schief, weil
man die falsche Empfängeradresse oder einen zu hohen
Betrag eingegeben hat, dann ist das Geld unwiderruflich
im dezentralisierten und pseudoanonymen Nirvana des
Netzwerks verschwunden. Das ist bei einer traditionellen
Überweisung mit herkömmlichen Fiatgeld wie US-Dollar
oder Euro anders. Hier ist es die Personalisierung einer
Transaktion, die es möglich macht, sein Geld auch zurück-
zubekommen.

Selbst die Miner scheinen sich nicht einig zu sein. Die
einen sind hochmotiviert und stets daran interessiert,
das Netzwerk dynamisch und up to date zu halten. Die
anderen leben die Ideologie hinter Bitcoin und versperren
sich gegenüber Code-Anpassungen. Gemeinsam tragen sie
öffentliche Diskussionen darüber aus, was die nächsten
Schritte sein könnten, um Bitcoin auf eine unerwartet
hohe Nachfrage anzupassen. Diese Diskussionen sind im
Sinne Bitcoins notwendig, sie tragen aber dazu bei, dass
potenzielle Bitcoin-Nutzer verunsichert werden, da diese
Diskussionen in der öffentlichen Wahrnehmung die notwendige Konsequenz vermissen lassen. Im dezentralen
Netzwerk scheint ein zentraler Entscheider zu fehlen, so
die Wahrnehmung derer, die nicht wissen, wie die Prozesse
hinter Bitcoin funktionieren. Aus kleinen Minern sind
in den letzten Jahren riesige Unternehmen geworden.

Hier ist die Frage legitim, ob diese Unternehmen Entscheidungen aus Eigeninteresse treffen oder im Sinne der Bitcoin-Nutzer.

Denn die Nachfrage nach Bitcoin und anderen Kryptowährungen ist in den letzten Jahren extrem gestiegen. Nicht, weil ein Ruck durch die Gesellschaft gegangen ist und Krypto eine breite Akzeptanz erfährt, sondern weil Spekulanten und Investoren den volatilen Kurs der Kryptowährungen für sich entdeckt haben.

10.1.5 Spekulationsobjekt statt Zahlungsmittel

Heute, nur wenige Jahre nach Erfindung der Kryptowährung, ist Bitcoin weit weg von der ursprünglichen Ideologie. Bitcoin ist zu einem Spekulationsobjekt verkommen. Man entscheidet sich nicht aus ideologischer Überzeugung für Bitcoin oder weil es gerade hip ist und man an der einen oder anderen Ecke einer Großstadt damit bezahlen kann. Heute entscheidet man sich für Bitcoin, weil man davon profitieren möchte.

Der Großteil der heutigen Bitcoin-Käufer hat kein Interesse an der Technologie oder der Ideologie hinter Bitcoin. Der heutige Käufer glaubt, dass er dazu gehört, wenn er Bitcoin hält. Zu einem bislang noch elitären Kreis von Menschen, die sich ihren Anteil an einer revolutionären Zukunft erkaufen möchten. Bitcoin ist zu einem Spekulationsobjekt geworden. Investoren wetten auf steigende Kurse. Und solange der Kurs tendenziell nach oben zeigt, halten die Besitzer die Bitcoins auch auf ihren Konten, statt sie auszugeben.

Für Investoren hätte es auch keine Rolle gespielt, wenn Bitcoin nicht in der Lage gewesen wäre, den schlechten Ruf der Darknet-Vergangenheit abzulegen. Denn die Nachfrage nach Bitcoins aus dem Darknet ist für

Investoren ebenso gut wie von überall sonst. Vielleicht ist sie sogar besser. Denn der Schwarzmarkt potenziert die Akzeptanz der Kryptowährung, wenn auch nur in dunklen Kreisen. Hier ist Bitcoin der Platzhirsch, weit entfernt von der Regulierung der Behörden.

10.1.6 Bitcoins Probleme sind hausgemacht

Doch dieser Punkt in Bitcoins Geschichte ist längst nicht mehr so präsent wie heute. Heute kämpft Bitcoin gegen ein anderes, größeres und vor allem hausgemachtes Problem. Seit 2009 sind Stand Dezember 2022 rund 19,3 Mio. Bitcoins mit einem Wert von etwa 310 Mrd. US\$ geschürft worden. Um 2140 sollen alle 21 Mio. Bitcoins erzeugt worden sein, so sieht es das Protokoll vor. Danach ist endgültig Schluss. Genau in dieser im Code programmierten Verknappung steckt ein Denkfehler: Warum sollte ich heute mit Bitcoins bezahlen, wenn diese morgen bereits mehr wert sind?

Es ist noch nicht allzu lange her, als man bei dem amerikanischen Computerhersteller und Bitcoin-Unterstützer Dell für einen Rechner viele Bitcoins über die virtuelle Ladentheke schieben musste. Heute ist es nur noch ein Teil eines Bitcoins. Würden sich Fiatwährungen ähnlich verhalten, würde die gesamte Wirtschaft kollabieren. Niemand würde mehr Geld ausgeben, das schon morgen deutlich mehr wert sein könnte.

Macht sich Bitcoin durch das Prinzip der künstlichen Verknappung am Ende als Zahlungsmittel selbst überflüssig? Stattdessen begeistert Bitcoin seit Jahren als digitales Wertaufbewahrungsmittel, möglicherweise um irgendwann Gold als das allzeit beliebteste Anlageprodukt in Krisenzeiten abzulösen. Womöglich ist der Umweg über das Spekulationsobjekt für Bitcoin auch ein notwendiger

Schritt auf dem steinigen Weg zum Mainstream. Denn setzt sich die Kryptowährung erst einmal als Wertspeicher durch, könnte dies auch das Vertrauen in Bitcoin als Währung stärken.

Fest steht: Bitcoin ist bis heute unangefochten die Nummer eins der Marktkapitalisierung. Als Kapitalanlage hat Bitcoin langfristig das Potential stark zu steigen. Dass die Kryptowährung sich jemals als Zahlungsmittel etablieren kann, ist dagegen eher unwahrscheinlich.

10.1.7 So schlimm ist Fiat doch gar nicht

Kryptowährungen wird oft vorgeworfen, dass es keinen echten Gegenwert gibt und die virtuellen Münzen stattdessen nur aus Einsen und Nullen bestehen. Doch mit klassischen Fiatwährungen verhält es sich im Grunde nicht anders: Nur ein kleiner Teil des Geldes existiert tatsächlich als Bargeld in einer physischen, greifbaren Form. Der wahre Wert von Bargeld zeigt sich, wenn die alten Scheine einmal ausgedient haben. Sie werden zu Altpapier erklärt und sind damit wertlos. Der weitaus überwiegende Teil einer Fiatwährung ist dagegen rein virtuell als sogenanntes Giralgeld oder Buchgeld im Umlauf. Banken schaffen auf Knopfdruck und quasi aus dem Nichts Geld, sobald sie ihren Kunden Kredite geben. Die Zentralbanken versuchen über Zinsen mittelbar darauf Einfluss zu nehmen, wie viel von diesem „Bankengeld" tatsächlich geschaffen wird.

In puncto Virtualität sind Fiatwährungen den Kryptowährungen also gar nicht so unähnlich. Beide Währungsarten ermöglichen zudem den Tauschhandel zwischen zwei Parteien und können als Wertanlage dienen.

Ein Alleinstellungsmerkmal von Kryptowährungen soll dagegen eine grenzübergreifende Einsatzmöglichkeit sein.

Bitcoin könnte, so die Theorie, eine neue Weltwährung werden. Aber wozu? Mit dem Euro, dem US-Dollar, dem Japanischen Yen, dem Schweizer Franken und dem Britischen Pfund gibt es weltweit bereits fünf Haupt-handelswährungen. Ein gesetzliches Zahlungsmittel im entsprechenden Währungsraum durch Bitcoin zu ersetzen, hätte womöglich in Ländern Vorteile, die wirtschaftlich instabil sind. Das könnten beispielsweise Länder mit einer sehr hohen Inflationsrate sein. Aber Länder, die stabil sind, die einen florierenden Import und Export betreiben, die Anreize zur Aufnahme von Krediten schaffen – wozu brauchen diese Länder eine neue Währung? Selbst, wenn Bitcoin theoretisch in der Lage wäre, eine etablierte Fiatwährung zu ersetzen – warum sollte das geschehen? Bitcoin ist nicht effizienter.

Auch die Ethik ist ein häufig zitiertes Argument der Krypto-Verfechter. An klassischen Währungen verdienen einfach zu viele mit, so die einhellige Meinung. Speziell Banken und Kreditinstitute verdienen unnötigerweise viel Geld mit Fiat. Durch Kryptowährungen könnte dieses Geld gespart und sinnvoller eingesetzt werden. Doch der momentane Wandel vom Zahlungsmittel zur Wertanlage lässt auch dieses Argument schnell kippen. Denn auch bei Kryptowährungen scheint es nur ums Geldverdienen zu gehen. Nur die wenigsten der Kryptoinvestoren würden ihre Gewinne wohl einem karitativen Zweck zur Verfügung stellen.

Der schwankende Kurs der Kryptowährungen ist letztlich der Grund, warum sie sich noch nicht als Zahlungs-mittel etabliert haben. Ein stabiler Kurs ist hingegen eines der Hauptmerkmale einer Fiatwährung. Diese Stabili-tät wird zunächst durch eine permanente Beobachtung des Marktes und die gezielte Steuerung von Angebot und Nachfrage durch das Setzen von Anreizen gewähr-leistet. Sollte eine Währung einmal kollabieren, so ist dies meist auf Misswirtschaft der Politik zurückzuführen. Die Befürworter von Bitcoin fühlen sich hier deutlich überlegen und interpretieren einen unbestechlichen Algorithmus als klaren Pluspunkt. Aber ist das wirklich ausreichend? Unbestechlichkeit ist sicherlich ein schützenswertes Gut, aber diese maschinelle Unbestechlichkeit macht das System gleichzeitig unflexibel. Bitcoin kann nicht aktiv auf eine Veränderung des Marktes reagieren. Die Kryptowährung ist mit einer künstlichen Verknappung als einzigem Steuerungsinstrument wahrlich nicht sonderlich flexibel aufgestellt.

10.2 Technische Herausforderungen

10.2.1 Zu hoher Stromverbrauch

Das Konzept hinter Bitcoin ist darauf ausgelegt, dass grundsätzlich jeder am Bitcoin-Mining teilnehmen kann und eigene Bitcoins erzeugt. Doch dies ist bereits seit Jahren nur noch Theorie. Längst nicht mehr jeder, der seine Rechenleistung zur Verfügung stellt, kann auch tatsächlich Bitcoins erschaffen. Denn wer Bitcoins erfolgreich schürfen möchte, muss inzwischen einen derart hohen Aufwand in Bezug auf Stromkosten und Hardware betreiben, dass die entstehenden Kosten den Ertrag, nämlich die erzeugten Bitcoins, im Grunde direkt wieder verbrennen. Während Privatpersonen 2011 noch Bitcoins in Massen erzeugen konnten, bleibt ihnen heutzutage der Zugang zu einem effizienten Bitcoin-Mining verwehrt.

Stattdessen werden Bitcoins heute industriell gefertigt. Ganze Mining-Farmen buhlen mit ihren spezialisierten Rechnern tagein, tagaus um die Verifizierung der nächsten

Transaktion und das Erzeugen des nächsten Blocks. Denn es geht um Geld, sehr viel Geld.

Mit der zunehmenden Beliebtheit von Kryptowährungen wittern immer mehr Unternehmer ihre Chance, sich dieses Geld mithilfe purer Rechenleistung zu sichern. Diese Rechenleistung wird im Bitcoin-Umfeld Hash Rate genannt. Die Hash Rate lässt sich für einzelne Computer, aber auch für das gesamte Netzwerk ermitteln. Die Hash Rate ist die wichtigste Metrik, um den Schwierigkeitsgrad der mathematischen Aufgabe im Proof-of-Work-Konsensverfahren festzulegen.

Die Wahrscheinlichkeit, einen der Blöcke in die Blockchain zu schreiben, hängt direkt von der Hash Rate ab, die der Miner zum Netzwerk beiträgt. Wenn diese Leistung konstant ist, sinkt der Anteil des Miners an der Hash Rate des gesamten Netzwerks relativ, da die Hash Rate des Netzwerks durch die immer schwerer zu lösende mathematische Aufgabe insgesamt permanent steigt. Je mehr Leistung die anderen Miner also zum Netzwerk beitragen, desto geringer ist die Wahrscheinlichkeit, einen der Blöcke zu erringen, wenn man selbst nicht ebenfalls aufrüstet. Das permanente Wettrüsten ist also fest im Bitcoin-Code verankert.

Die expandierende Rechenleistung treibt dabei auch den Stromverbrauch in ungeahnte Höhen. Denn ganze Rechnerfarmen generieren 24 h am Tag und sieben Tage in der Woche Bitcoin um Bitcoin. Der Stromverbrauch des Bitcoin-Netzwerkes kann nur geschätzt werden, doch man vermutet, dass die Erzeugung von Bitcoins in den ersten fünf Jahren mit insgesamt etwa 1,2 Terawattstunden so viel Strom verbraucht hat, dass man den Eiffelturm in Paris damit knapp 180 Jahre lang beleuchten könnte. Und hier sprechen wir nur von den Jahren 2009 bis 2013 – die Zeit vor dem Hype.

Einige Jahre später, im Jahr 2021, ist der Energiehunger des Bitcoin-Netzwerks insgesamt bereits auf etwa 305 Terawattstunden angestiegen, allein 105 Terawattstunden davon im Jahr 2021. Das hat das Cambridge Centre for Alternative Finance ermittelt.[193] Zum Vergleich: 105 Terawattstunden entsprechen in etwa dem jährlichen Stromverbrauch der Niederlande.

Sein unstillbarer Energiehunger macht das Bitcoin-Konzept zur vermutlich teuersten Form der Datenspeicherung, die je erfunden wurde. Aus diesem Grund sitzen die Mining-Farmen auch nicht in Deutschland, sondern dort, wo die Bedingungen günstiger sind. Hier spielen eine vorteilhafte Regierungspolitik, ein stabiles politisches Klima, aber auch geopolitische Faktoren eine Rolle. Doch der wichtigste Faktor ist zweifelsfrei der lokale Strompreis. An Orten mit günstigen Energiekosten, an denen der Strom zudem leicht zugänglich ist, haben es die Miner einfach leichter, Bitcoin-Mining zu betreiben.

Viele Miner finden sich daher in Nordamerika. Einige Bundesstaaten in den USA sind zu wahren Hotspots für das Bitcoin-Mining geworden. Die Kleinstadt Moses Lake im US-Bundesstaat Washington bietet die zweitniedrigsten Strompreise in den gesamten Staaten. Billiger ist es in den USA nur noch in Minot in North Dakota. Auch Kanada ist groß im Geschäft. Aber auch süd- und mittelamerikanische Länder wie Argentinien und El Salvador sind inzwischen attraktive Standorte für das Bitcoin-Mining. In El Salvador unterstützt die Regierung die Miner sogar mit günstigem Strom aus Vulkanenergie.[194] Das Vorbild hierfür ist Island: Auch die dort ansässigen Unternehmen nutzen die günstige geothermische Energie der Vulkane. (siehe Tab. 10.1).

Tab. 10.1 Energieverbrauch von Bitcoin im Vergleich zum Gesamtenergieverbrauch in ausgewählten Ländern (Stand November 2022)[195]

Land	Verbrauch
USA	2,7 %
Russland	11,6 %
Deutschland	20,4 %
Frankreich	24,1 %
Australien	46,8 %
Niederlande	98,9 %
Tschechien	165,6 %

10.2.2 Schlecht für die Umwelt

Doch Bitcoins riesiger Energiehunger ist nicht nur teuer, sondern er schadet auch unserer Umwelt. Die Rechner der Mining-Fabriken laufen 24 h am Tag und sieben Tage die Woche. Eine kleine Anlage mit gerade einmal drei Grafikprozessoren kann im Betrieb leicht 1000 kWh oder mehr verbrauchen, was in etwa der Leistung eines Wasserkochers entspricht. Die großen Mining-Unternehmen betreiben aber Zehntausende dieser Anlagen an nur einem Standort. Je mehr Leistung diese Anlagen haben, desto mehr Wärme erzeugen sie auch. Die Rechner müssen also gekühlt werden, was zusätzlich Strom verbraucht. Kleinere Systeme können dafür mit mehreren Computerlüftern und Standventilatoren ausgestattet werden, größere benötigen dagegen aufwendige Kühlhäuser, um nicht zu überhitzen. Doch auch die Kühlhäuser verbrauchen zusätzlich Unmengen an Strom.

Laut dem Bitcoin-Energieverbrauchsindex des renommierten Krypto-Blogs Digiconomist hat das Bitcoin-Netzwerk von Januar bis November 2022 etwa 110 Terawattstunden Strom verbraucht. Er wird zum großen Teil aus fossilen Brennstoffen wie Holz, Kohle, Öl oder Gas erzeugt. Das in diesen Brennstoffen gebundene

Kohlendioxid CO_2 wird durch die Verbrennung in die Atmosphäre freigesetzt, wo es die Wärme der Sonne absorbiert und den Treibhauseffekt verursacht. In der Folge erwärmt sich das Erdklima, die Gletscher und Polkappen schmelzen und der Wasserspiegel der Ozeane erhöht sich.

Der Fairness halber muss man sagen, dass die mit dem Energieverbrauch verbundene CO_2-Emission nicht exakt bestimmt werden kann, ohne den genauen Energiemix zu kennen. So hat beispielsweise Energie aus Wasserkraft weitaus geringere Umweltauswirkungen als Energie aus Kohlekraftwerken.

Doch durch das Wettrüsten und permanente Tauschen der Hardware entsteht noch ein weiteres, tonnenschweres Problem: Der beim Bitcoin-Mining anfallende Elektronikmüll, bestehend aus alten Grafikkarten, Platinen oder auch Kabeln, beläuft sich auf etwa 42.000 t pro Jahr. Auch für die Entsorgung dieses Mülls wird zusätzlich Energie verbraucht.[196]

Wie bei jeder anderen Technologie, wird man sich auch hier Gedanken machen müssen, wie man den Energieverbrauch und damit die CO_2-Emission von Bitcoin optimieren kann. Die Frage ist letztlich, ob der Mehrwert, den Bitcoin für unsere Gesellschaft bietet, den Stromverbrauch wert ist, der für seine Erhaltung notwendig ist. In der Theorie könnte Bitcoin den benötigten Strom aus regenerativen Energien beziehen. Aber auch diese Energie würde dann an anderer Stelle fehlen. Viele andere Kryptowährungen sind in diesem Punkt bereits weiter und haben den Stromverbrauch erheblich reduziert, zuletzt Ethereum mit der Umstellung des Konsensverfahrens auf Proof-of-Stake.

10.2.3 Proof-of-Stake

Der Proof-of-Work-Konsensmechanismus hat sich bewährt, denn er trägt von Beginn an einen erheblichen Teil zur Sicherheit des Netzwerks bei. Ein elementarer Nachteil ist sein hoher Energiebedarf. Das alternative Konsensverfahren Proof-of-Stake benötigt deutlich weniger Energie. Bei der Kryptowährung Ethereum konnte der Energieverbrauch allein durch die Umstellung von Proof-of-Work auf Proof-of-Stake um bis zu 99,95 % gesenkt werden.

Bei Proof-of-Stake werden Transaktionen von Krypto-währungs-Besitzern statt von Minern in Blöcken gebündelt und in die Blockchain geschrieben. Bei Ethereum heißen die Miner „Validatoren". Beim sogenannten Staking stellen die Validatoren dem Netz-werk Tokens zur Verfügung. Je nach Kryptowährung sind unterschiedliche Mindesteinlagen erforderlich, bei Ethereum sind es mindestens 32 Ether. Die Einlage, genannt „Stake", wird für einen bestimmten Zeitraum gesperrt. Diesen Zeitraum kann man in der Regel frei bestimmen. Je länger dieser Zeitraum, desto höher die „Staking Rewards", das sind die Zinsen, die der Validator für seine Einlage erhält.

Durch seine Einlage erwirbt der Validator das Recht, der Blockchain mithilfe der entsprechenden Blockchain-Software neue Blöcke hinzuzufügen. Ein Block wiederum enthält zahlreiche Transaktionen, die der Validator durch das Zusammenführen in einen Block bestätigt.

Wann der Validator einen neuen Block hinzufügen darf, wird von der Software per Zufall, aber auch anhand anderer Parameter wie beispielsweise der Höhe seines Anteils an den im Umlauf befindlichen Ether bestimmt. Das Konzept entspricht dem einer Losbude: Je mehr Lose der Validator kauft, desto höher ist die Wahrscheinlichkeit, dass eines seiner Lose gezogen wird. Je größer also sein Stake ist, desto höher ist die Wahrscheinlichkeit, dass er einen der nächsten Blöcke validieren darf.

Dieses Konzept folgt einer einfachen Idee: Erledigt der Validator das Bestätigen der Blöcke zuverlässig, erhält er dafür eine Belohnung in Form der Gebühren, die Nutzer für die Transaktionen zahlen. Macht er dagegen Fehler, wird ein bestimmter Betrag von seinem Stake abgezogen. Das ist beispielsweise der Fall, wenn eine ungültige Transaktion in einem bestätigten Block entdeckt wird oder der Validator offline ist, wenn er zum Validieren ausgelost wird. Der Validator kann also unter Einsatz seines Stakes Geld verdienen, dieses aber auch verlieren, wenn er nicht zuverlässig arbeitet. Im schlimmsten Fall verliert er so seine Einlage oder zumindest Teile davon unwiderruflich.

Auf diese Weise trägt Staking zur Sicherheit und Effizienz des Netzwerks bei und macht es so sicher gegen Angreifer. Die eingelegten Ether besichern insofern die Rechtmäßigkeit aller Blöcke, die der Validator der Blockchain hinzufügt.

Zu den Kryptowährungen, die Proof-of-Stake anwenden und somit „gestaked" werden können, gehören namhafte Projekte wie Ethereum, Cardano und Solana.[197]

10.2.4 Theoretisch denkbar: die 51 %-Attacke

Die Mining-Szene ist überschaubar, viele der Miner kennen sich untereinander. Sollten sich, so die Theorie, einige der ganz großen Schürfer absprechen, so wäre es möglich, dass sie das gesamte System manipulieren. Nötig wären dafür in Summe 51 % der Rechenleistung im Bitcoin-Netzwerk. Die sogenannte „51 %-Attacke" ist ein theoretisches Angriffsszenario in Netzwerken, die auf dem Konsensmechanismus Proof-of-Work basieren. Die Angst vor einer Attacke ist nicht unbegründet. Laut einer Statistik von blockchain.info erbringen nur vier der größten Mining-Farmen weltweit zusammen mehr als 51 % der Rechenleistung.[198]

Eine solche Attacke könnte beispielsweise verhindern, dass Transaktionen verifiziert werden. Sie würden damit ungültig, was die Nutzer daran hindern würde, Bitcoins zu transferieren. Sie könnten auch Transaktionen rückgängig machen oder andere Miner daran hindern, neue Blöcke zu finden. Double Spends, also das mehrfache Überweisen eines einzelnen Wertes, könnten getätigt und ernsthaftes Chaos verursacht werden.

Theoretisch ist das möglich, es gibt keine Autorität innerhalb des Netzwerks, die dieses Vorgehen unterbinden könnte. Keine dritte Instanz kontrolliert ein dezentrales Netzwerk. Doch warum sollten Miner sich zusammenschließen und das Netzwerk manipulieren? Im Falle eines solchen Angriffs ist es sehr wahrscheinlich, dass das Vertrauen in die Währung schnell verloren geht und der Wert von Bitcoin rapide abnimmt. Das kann nicht im Interesse der Miner sein, sie sind selbst investiert. Außerdem sind sämtliche Manipulationsversuche über blockchain.info oder andere Instanzen jederzeit und für jedermann nachvollziehbar. Bei Bitcoin ist ein solcher Angriff daher eher unwahrscheinlich.

10.2.5 Lightning – Fluch und Segen

Über die Bitcoin-Blockchain können etwa sieben Transaktionen in der Sekunde abgewickelt werden. Das ist nichts im Vergleich zu Zahlungsdienstleistern wie VISA, die im Vergleich dazu nahezu unendlich skalieren können. Doch die vermeintlich langsame Geschwindigkeit ist gewollt, sie gewährleistet die Sicherheit des Netzwerks. Je mehr Zeit vergeht, desto besser wird eine Transaktion durch die vorhergehenden Transaktionen gesichert. Um eine Transaktion zu modifizieren, müsste man alle modifizieren, auf tausenden teilnehmenden Computern des Netzwerks. Letztlich funktioniert die Blockchain wie das Spiel „Ich packe meinen Koffer". Nur derjenige, der alle zuvor genannten Gegenstände richtig und in der richtigen Reihenfolge aufsagen kann, kommt weiter.

Gleichzeitig sorgt diese einprogrammierte Trägheit aber dafür, dass die Bitcoin-Blockchain für den Einsatz als Zahlungssystem nicht optimal ist. Die Lösung ist das Lightning-Netzwerk, eine Software, die ausgelagert von der Blockchain Berechnungen durchführt. Man spricht von einer „Second Layer Software". Die Lightning-Technologie funktioniert über Zahlungskanäle, die für die Transaktionen von Beträgen notwendig sind. Wenn die Person A der Person B also einen Bitcoin-Betrag überweist, richtet die Software zunächst einen Zahlungskanal ein. Dieser Zahlungskanal hat den Zweck, die Transaktionen von A und B zunächst zusammenzufassen. Wenn A beispielsweise 10 Währungseinheiten an B schicken möchte und B 3 Währungseinheiten an A, dann ist die Differenz 7 Währungseinheiten. Nur diese Differenz wird in der Blockchain notiert. Die Berechnung findet also extern statt und es gibt eine Transaktion weniger, die in die Blockchain geschrieben werden muss.

Wenn B außerdem einen bereits bestehenden Zahlungskanal mit C hat, kann A auch an C überweisen und C an D, wenn D einen Kanal mit A hat. Wenn also A und B das Lightning-Netzwerk nutzen, haben sie auch Zugang zu allen Kontakten des jeweils anderen und können an diese Kontakte ebenfalls Transaktionen veranlassen. Durch diese Struktur kann das Netzwerk massiv skalieren und Hunderttausende Transaktionen pro Sekunde abwickeln.

Die Kombination aus der Bitcoin-Blockchain und dem Lightning-Netzwerk ermöglicht es Bitcoin, ein praxistaugliches Zahlungssystem zu werden.

Da deutlich weniger Transaktionen in der Bitcoin-Blockchain notiert und validiert werden müssen, ist der Zahlungsverkehr über das Lightning-Netzwerk auch deutlich günstiger. Theoretisch zumindest. In der Praxis wird die Lightning-Software von Dritten zur Verfügung gestellt, die für die Transaktionen Gebühren verlangen. Wie sich die Preispolitik hier entwickelt, muss sich erst noch herausstellen.

Da die Bitcoin-Miner ihre Entlohnung neben dem Erzeugen neuer Bitcoins auch aus den Transaktionsgebühren generieren, dürfte die Anwendung der Lightning-Software zudem auch erheblichen Einfluss auf das Konzept von Bitcoin haben. Wenn nämlich weniger Transaktionen validiert werden müssen, verdienen die Miner weniger Geld. Das dürfte den Preis in die Höhe treiben.

So attraktiv Lightning für das Bitcoin-Netzwerk auch sein mag, so hat es noch einen weiteren elementaren Nachteil: Der Zugang zur Lightning-Technologie ist für den durchschnittlichen Nutzer derzeit nicht möglich, ohne entsprechende Drittanbieter-Software in Form spezieller Wallets zu nutzen. Die für Bitcoin so wichtige Verbreitung wird so zusätzlich erschwert und eingeschränkt.

10.2.6 Kryptografie versus Quantencomputing

Quantencomputing hat enormes Potenzial. Die neueste Generation von Superrechnern erweitert die Rechen-effizienz und stellt eine Zukunftstechnologie dar, die in verschiedensten Bereichen eingesetzt werden kann.

Die Idee, mithilfe eines Quantencomputers in Zukunft Aufgaben lösen zu können, an denen heute selbst die leistungsfähigsten Rechner scheitern, begeistert Wissenschaft, Wirtschaft und Verwaltung gleichermaßen.

Quantencomputer arbeiten nicht mit Bits, die die Zustände null oder eins einnehmen können. Stattdessen arbeiten sie mit Quantenbits, sogenannten Qubits, die mehrere Zustände gleichzeitig einnehmen und miteinander agieren können. Durch diese Fähigkeit steigt die Rechenleistung exponentiell mit jedem zusätzlichen Qubit. Das verschafft Quantencomputern eine Rechenleistung, mit der sie komplexe Aufgaben schneller lösen als jeder moderne Rechner.

Theoretisch zumindest. Denn lange Zeit war Quantencomputing nur ein theoretisches wissenschaftliches Konzept. Das liegt daran, dass die Quantenzustände, die Qubits annehmen können, extrem anfällig für Störungen sind. Der Aufwand, einen Quantencomputer zu bauen und zu betreiben, ist dadurch extrem hoch und benötigt in der Regel mehrere Jahre Entwicklungszeit. Dennoch sind die ersten Quantencomputer inzwischen in der Lage, komplexe Aufgaben zu berechnen.

Da das Quantencomputing als eine der Schlüsseltechnologien der nächsten Jahrzehnte angesehen wird, investieren Unternehmen und staatliche Institutionen Milliarden in die Entwicklung der Technologie. Die eindrucksvollen Fortschritte sind ein deutlicher Hinweis darauf, dass die Quantentechnologie mit großen Schritten auf die Marktreife zusteuert.

Im Umfeld der Kryptografie könnten Quantencomputer die bisher verwendeten Verschlüsselungsverfahren hinfällig machen. Da Quantencomputer mehrere Berechnungen gleichzeitig durchführen können, können sie theoretisch jedes klassische Verschlüsselungssystem knacken, im Zweifel durch reines Ausprobieren verschiedener Schlüssel (Brute-Force-Methode). Experten rechnen daher bereits mit einem Szenario, bei dem Quantencomputer in der Entschlüsselung so effektiv sind, dass sie ein echtes Sicherheitsrisiko für sämtliche Industrienationen darstellen könnten. Zukünftig wären insofern neue, nicht mehr kompromittierbare Quantenverschlüsselungsmethoden erforderlich, um die sensiblen Daten zu schützen.

Auch Kryptowährungen sind durch eine kryptografische Verschlüsselung abgesichert. Ihre Verschlüsselungsmechanismen können bis heute zwar nicht geknackt werden, sie sind in der Zukunft aber massiv gefährdet.

11

Ausblick

11.1 Die Blockchain-Realität

Das CryptoKitties-Projekt[199] muss sich für Krypto-Ideologen wie ein Schlag ins Gesicht anfühlen. Während wir uns am Anfang dieses Buches noch damit auseinandergesetzt haben, welche Anwendungsmöglichkeiten der Blockchain es gibt oder ob diese womöglich nur im Finanzbereich zum Einsatz kommen wird, wurde dies mit den CryptoKitties ad absurdum geführt. CryptoKitties ist eine Anwendung auf Basis der Ethereum-Blockchain. Wie der Name vermuten lässt, geht es um Katzen. Und da es um Katzen geht, ist es eigentlich dann wieder doch nicht verwunderlich, dass dieses Phänomen auch in der Blockchain Einzug hält. Wir erinnern uns an unzählige Bilder und Videos von Grumpy Cat, die das Netz überfluteten. Jetzt also die Blockchain. Warum auch nicht.

CryptoKitties ist die perfekte Symbiose aus Katze und Kryptowährung. Eines der ersten Krypto-Spiele, bei dem

© Springer-Verlag GmbH Deutschland, ein Teil von Springer Nature 2023, korrigierte Publikation 2023
P. Rosenberger, *Bitcoin und Blockchain*,
https://doi.org/10.1007/978-3-662-66530-5_11

jeder mitspielen darf, der bereit ist, Ether gegen Katzen zu tauschen, virtuelle Katzen. Die Katzen präsentieren sich in Form niedlicher Illustrationen, deren Erwerb in der Blockchain unwiderruflich dokumentiert wird. Aber was kann man nun mit einer solchen Katze anfangen? Zunächst einmal nichts. Aber wie auch im echten Leben, können aus zwei Katzen drei werden. Wenn man zur ersten eine zweite kauft, erzeugen die beiden eine dritte.

Seit 2018 werden keine weiteren Katzen mehr erzeugt, denn analog zu Bitcoin soll deren Wert durch ein verknapptes Angebot stetig steigen.[200] Vorausgesetzt, die Nachfrage ist da. Eine erste Tendenz zeigte sich bereits in den ersten Wochen nach Veröffentlichung, in der über drei Millionen US-Dollar über die Anwendung generiert werden konnten. Zwischenzeitlich wechselte die erste jemals gezeugte digitale Katze, die Genesis-Katze, für beispiellose 247 Ether den Besitzer.[201] Sie haben richtig gelesen.

Seit Jahren ist es allein das Buzzword „Blockchain", das Kapitalanlegern bereitwillig die Geldbörsen öffnet. Doch im Zweifel haben die Firmen, die diese Tatsache für sich nutzen, nur wenig bis gar nichts mit der Blockchain-Technologie zu tun. Ein absurdes Beispiel liefert ein börsennotiertes New Yorker Unternehmen namens Long Island Iced Tea Corporation. Inspiriert vom Hype benannte man sich kurzerhand in Long Blockchain Corporation um und teilte dazu vage mit, dass man wohl in das Blockchain-Business investieren werde. Der Kurs der Aktien des Unternehmens stieg nach Bekanntgabe der Nachricht um fast 200 %. An der Strategie des Unternehmens änderte das jedoch wenig – auf Long Island wird bis heute nur Eistee produziert.[202]

Der Useless Ethereum Token machte 2017 dadurch Schlagzeilen, dass er – wie sein Name bereits erahnen lässt – überhaupt keinen Sinn hat. Aber der nutzlose Token funktionierte. Er war dezentral, transparent und anonym und konnte damit alle Attribute einer Kryptowährung aufweisen. Selbst der Erfinder wies auf seiner Website ausdrücklich darauf hin, dass man die Tokens besser nicht kaufen sollte, sie seien vollkommen nutzlos. Ein ausgestreckter Mittelfinger im Logo sollte selbst die letzten Zweifler überzeugen. Dennoch wurden selbst hier über 60.000 US$ investiert.[203]

Auch der ehemalige Unterhaltungselektronik-Gigant Atari versucht nun, auf der Kryptowelle wieder ins richtige Fahrwasser zu kommen. Das Unternehmen, das in seiner Firmengeschichte bereits auf zahlreiche Erfolge und Misserfolge zurückblicken kann, war zuletzt eher durch undurchsichtige Übernahmen und Unternehmensaufspaltungen im Gerede als durch innovative Produkte. Der Atari-Token soll die ehemals strahlende Marke nun wieder ins rechte Licht rücken. Die Vermarktung des Tokens scheint dabei eher wie der Versuch, eine bekannte, aber derzeit wenig erfolgreiche Marke mit modernen Buzzwords neu aufzuladen.[204]

Auch Kodak, ehemals einer der größten Hersteller für Fotoequipment, um den es in den letzten Jahren ruhiger geworden ist, kam Ende 2017 bereits auf eine ähnliche Idee. Über die KODAKOne Plattform sollten Bildrechte von Fotografen in der Blockchain hinterlegt und entsprechend lizenziert werden können. Die Künstler sollten so zu einem Teil eines neuen Lizenzmodells werden und für die Nutzung ihrer Werke unmittelbar entschädigt werden. Zahlungsmittel ist der eigens zu diesem Zweck ins Leben gerufene KODAKCoin, der laut seinen Schöpfern zur „bevorzugten Währung der Bildwirtschaft" werden sollte.[205]

Der Online-Dienst GitHub, der Software-Entwicklungsprojekte auf seinen Servern bereitstellt, hostet im Dezember 2022 etwa 22.500 Projekte, die etwas mit der Blockchain zu tun haben.[206] Hier finden sich Projekte aus verschiedenen Bereichen wie Gesundheit, Finanzen, Spiele, virtuelle Realität, künstliche Intelligenz oder Bildung.[207] Die stetig zunehmende Anzahl neuer dApps in diesen Bereichen deutet darauf hin, dass die dezentralen Anwendungen in Zukunft eine zentrale Rolle spielen werden. Ob sie normale Apps aber jemals ersetzen, das muss sich erst noch herausstellen.

11.2 Regulierung von Kryptowährungen

11.2.1 Mit der Bekanntheit kommt die Kontrolle

Auf der ganzen Welt bekommen Kryptowährungen immer mehr Zuspruch. Hinzu kommt, dass die hohe Volatilität von Bitcoin auch in Zeiten eines starken Kurswachstums kaum abnimmt. Diese Eigenschaft von Bitcoin lockt Investoren, die sich in der Hoffnung auf schnelle Kursgewinne auf die digitalen Werte stürzen. Es kommt die Frage auf, wie sich die Situation langfristig entwickeln wird. Was passiert, wenn die Marktkapitalisierung weiter zunimmt? Stand Ende November 2022 ist Bitcoin mit einer Marktkapitalisierung von etwa 320 Mrd. US$ zwar deutlich sichtbar, stellt aber keine ernstzunehmende Bedrohung für die etablierten Finanzsysteme dar, deren Geldmenge 2022 weltweit mit bis zu 1,2 Billiarden geschätzt wird.[208]

Rechnet man dagegen alle Kryptowährungen zusammen, so liegt die Gesamtmarktkapitalisierung bei etwa 850 Mrd. US$. Bitcoins Anteil daran liegt bei etwa 38 %. Sollte Krypto weiter boomen, ist es nicht unwahrscheinlich, dass die Gesamtmarktkapitalisierung im Sog von Bitcoin irgendwann erneut die Grenze von 1 Billion US-Dollar knackt.

Laut einer gemeinsamen Studie der Steuersoftwareentwickler Blockpit, dem Frankfurt School Blockchain Center und der Rechtsanwaltskanzlei Dr. Andres könnten die Spekulationen mit Kryptowährungen dem deutschen Fiskus allein für das Steuerjahr 2020 zusätzliche Einnahmen in Höhe von über 1,2 Mrd. EUR bescheren.[209]

„Transaktionen mit Kryptowährungen aus dem Steuerjahr 2020 können zu etwa 1,2 Mrd. Euro Steuereinnahmen führen, aber auch erhebliche Steuerausfälle mit sich bringen." (Florian Wimmer, Philipp Sandner, Stefan Schmitt, Joerg Andres)

Bislang stellt dies einen rein theoretischen Wert dar, denn er basiert auf der Annahme, dass die Spekulanten ihren gesetzlichen Offenlegungspflichten nachkommen. Doch bis heute herrscht eine große Verunsicherung über die steuerliche Behandlung von Gewinnen aus Kryptowährungen. Die ertragsteuerliche Behandlung von Kryptowährungen ist bislang weder im Gesetz geregelt, noch gibt es Präzedenzfälle, welche die Sachlage zweifelsfrei einordnen. Die hohe Anonymität stellt außerdem ideale Bedingungen für Zahlungsvorgänge dar, von denen die Behörden nichts mitbekommen sollen.

Hinzu kommt die Tatsache, dass die verschiedenen Kryptowährungen auf den unterschiedlichsten Kryptobörsen gehandelt werden. Diese sitzen in der Regel im Ausland und bieten daher nur in den seltensten Fällen einen transparenten Käuferschutz oder die Möglichkeit, eine Übersicht der Transaktionen derart aufzubereiten, dass Steuerberater oder das Finanzamt ohne eklatanten Mehraufwand damit arbeiten können. Immerhin gibt es mehr und mehr Steuerberatungskanzleien, die fundierte Beratungsdienstleistungen für Investoren anbieten.

Die Blockchain ist grenzübergreifend ausgerichtet und der Mensch ist es letztlich auch. Ein Verbot innerhalb eines Landes führt nur dazu, dass Unternehmen, die diese Form der Kapitalisierung anstreben, in Länder umziehen, die für sie passende Bedingungen bereitstellen. In China hat die dortige Zentralbank kurzerhand alle Transaktionen in Verbindung mit Bitcoin und anderen Kryptowährungen für illegal erklärt. Kurz nachdem man ein offizielles Verbot von Kryptobörsen und ICOs erlassen hatte, stellten die dortigen Kryptobörsen ihren Betrieb ein – nur um ihn in Hongkong unter anderem Namen wieder zu eröffnen. Kann ein Verbot also der richtige Weg sein? Das Beispiel zeigt, wie schwer das Bitcoin-Netzwerk von staatlicher Stelle zu regulieren ist. Durch den dezentralen Ansatz ist das System selbst nicht mehr aufzuhalten. Ein Verbot pusht lediglich die illegale Nutzung, verhindert aber die legale. Das treibt zwar die Gesetzestreuen zurück in die Fiatwährungen. Die Kriminellen machen aber weiter wie zuvor.

Eines muss man China trotzdem lassen: Die Chinesen haben die Ideologie von Bitcoin und der Blockchain verstanden. Ihnen geht es nicht wie anderen Regierungen, die ebenfalls über Regulierung nachdenken, in erster Linie darum, Kriminellen den Zahlungsverkehr zu erschweren, sondern sie haben begriffen, dass die Blockchain viel mehr ist als das. Kryptowährungen und die Blockchain-Technologie könnten Firmen in die Lage versetzen, internationalen Handel außerhalb der staatliche Kontrolle zu betreiben. Identitäten könnten in der Blockchain hinterlegt werden und nicht länger staatlich kontrolliert werden. Kommunikation und Wissen könnte unverfälscht über die Blockchain stattfinden. Das ist der Grund, warum China Kryptowährungen verbietet – es geht um den Verlust der

Kontrolle, wie auch seinerzeit bei Google. Der Wissensdienst liegt seit 2014 abgeschirmt hinter der Great Firewall, Chinas Zensurmechanismus, der das chinesische Internet vom Rest der Welt trennt.

Jedes Land möchte die volle Kontrolle über die eigene Währung haben. Daher haben Länder einen so großen Respekt vor Kryptowährungen. Insofern sind die Bestrebungen derzeit in vielen Ländern hoch, das Bargeld abzuschaffen. Denn in dem Moment, in dem ein Mensch zur Bank geht und Geld abhebt – in diesem Moment verliert ein Staat die Kontrolle. Deshalb analysieren die Länder Kryptowährungen ganz genau. Jede Zentralbank der Welt beschäftigt sich mit dem Thema und versucht, den eigenen Nutzen aus der Technologie zu ziehen. Denn wenn man diese Technologie nutzt und die Anonymität der Blockchain zum eigenen Nutzen anpasst, dann hätte man eine vollkommen transparente Finanzwelt und könnte jederzeit nachvollziehen, welche Transaktion zu welchem Zeitpunkt von wem wohin angewiesen wurde. Die perfekte Kontrolle. Insofern sind Zentralbanken nicht grundsätzlich gegen Kryptowährungen. Sie sind nur gegen die, die nicht die eigenen sind.

Eine sanfte Regulierung ergibt ja durchaus Sinn. Denn das dezentrale und internationale Konzept der Blockchain hat inzwischen eine Größe erreicht, die durchaus reguliert werden sollte. Denken wir nur an ICOs. Über unregulierte ICOs haben Unternehmen in den letzten Jahren weit mehr als sechs Milliarden US-Dollar eingesammelt. Und das, obwohl es ohne Regulierung im Grunde keinerlei Anspruch auf eine Gegenleistung gibt. Wie viele der Unternehmen, die Millionen eingesammelt haben, hatten überhaupt ein Produkt vorzuweisen? Die meisten hatten nicht mehr als eine vage Idee.

Allein das Buzzword „Blockchain" im White Paper ließ das Geld fließen. Wie würde das Geld erst fließen, wenn

ICOs reguliert würden? Denn eine Regulierung schafft vor allem Sicherheit. Regulierung bedeutet Klarheit für große Firmen oder Investmentfonds. Sobald man diese Klarheit hat, ergeben sich vollkommen andere Möglichkeiten. Leistung und Gegenleistung könnten beim Token-Kauf klar definiert und juristisch durchgesetzt werden.

Die Börse macht es schließlich vor: Was im White Paper eines Initial Public Offerings (IPO) definiert wurde, wird hinterher auch strengstens nachgehalten. Verantwortlichkeiten werden definiert. Wer erhält wann was von wem? Eine sanfte Form der Regulierung.

Regulierung bietet ein riesiges Potential für Länder, sich Kryptowährungen und damit dem Fortschritt gegenüber offen zu positionieren. Eine Riesenchance, junge Talente aus der ganzen Welt anzuziehen und international einen guten Ruf zu erwerben. Deutschland könnte sich diesen Ruf erarbeiten. Unser Land gilt international als vertrauenswürdig und hat somit beste Voraussetzungen, ein Vorbild für die gesamte Kryptobranche zu werden.

In Brüssel ist Bitcoin schon angekommen. Auf einem Kongress im November 2017 in Münster unterstellte Jakob von Weizsäcker, damals Mitglied des Europäischen Parlaments, Kryptowährungen ein enormes Potential. Laut Weizsäcker wurde die EU-Kommission aufgefordert, eine Task Force zum Thema Blockchain einzurichten. Diese soll die Entwicklung der Thematik überwachen und gegebenenfalls technische Unterstützung bereitstellen. So soll bei Bedarf eine zeitnahe Reaktion der Regulierungsbehörden gewährleistet werden, um eventuelle systemische Gefahren im Keim zu ersticken.

Weizsäcker hatte an anderer Stelle bereits einmal betont, dass der Geltungsbereich der Regulierungsrichtlinien auch auf Kryptobörsen ausgeweitet werden sollte, um Geldwäsche und Terrorismusfinanzierung über Kryptowährungen zu unterbinden. Eine „RegTech-Agenda" sollte die Verwendung der Blockchain-Technologie für regulatorische Zwecke überprüfen. Außerdem soll die Entwicklung einer universellen, herstellerunabhängigen Wallet gefördert werden.[210]

Mit der Verabschiedung einer MiCA (Markets in Crypto-Assets) genannten Regulierung wurde im September 2020 ein EU-weit einheitliches Konzept auf die Schiene gesetzt, das alle Anbieter von Kryptowährungen reglementiert, die Dienstleistungen in der EU anbieten. Dazu gehören in erster Linie Kryptobörsen, aber auch Emittenten von Initial Coin Offerings (ICOs) oder Anbieter von Depotbanken. MiCA ist damit ein EU-Rechtsrahmen für Kryptowährungen, die auf digitalen Plattformen gehandelt werden. Sie ersetzt die individuellen Regelungen der einzelnen Länder und fördert dadurch einen fairen Wettbewerb. Die Regulierung bedarf offiziell zwar noch der Zustimmung des Europäischen Parlaments und des Europäischen Rates, man rechnet jedoch damit, dass sie voraussichtlich bis 2024 in Kraft treten wird und damit die Grundlage für einen weltweiten Regulierungsstandard im Kryptobereich bietet.[211]

11.2.2 Die Bundesregierung setzt auf die Blockchain

Nach zähen Verhandlungen haben sich die Koalitionspartner SPD, Bündnis 90/Die Grünen und FDP im November 2021 auf einen Koalitionsvertrag verständigt. Man möchte sich im europäischen Wettbewerb neu positionieren und hat dazu die Themen Künstliche Intelligenz (KI), Quantentechnologie, Cybersicherheit, Distributed-Ledger-Technologie (DLT) und Robotik als digitale Schlüsseltechnologien identifiziert. Die Akteure wirken ambitioniert, die Wörter „Blockchain" und „Krypto" sind immerhin drei bzw. vier Mal im Koalitionsvertrag zu finden. „Digitalisierung" findet sogar 63 Erwähnungen.

Gemeinsam haben die Parteien nachfolgende Maßnahmen erarbeitet, um eine neue Dynamik gegenüber den Chancen und Risiken der neuen Finanzinnovationen und Geschäftsmodelle zu entwickeln:

- Es soll eine Machbarkeitsstudie in Auftrag gegeben werden, um zu untersuchen, ob ein Grundbuch auf der Blockchain möglich und vorteilhaft ist.
- Neue technische Möglichkeiten, z. B. die Blockchain, sollen noch stärker genutzt werden, um missbräuchliche Dividenden-Arbitrage-Geschäfte zu unterbinden.
- Deutschland soll einer der führenden Standorte für FinTechs, InsurTechs oder NeoBroker innerhalb Europas werden. Dazu sollen die mit neuen Technologien wie der Blockchain verbundenen Chancen genutzt werden, Risiken identifiziert werden und ein angemessener regulatorischer Rahmen geschaffen werden.
- Für den Kryptobereich soll eine gemeinsame europäische Aufsicht installiert werden, die Kryptodienstleister zur konsequenten Identifikation der wirtschaftlich Berechtigten verpflichtet.
- Die EU-Aufsichtsbehörde soll sich nicht nur um den klassischen Finanzsektor kümmern, sondern auch den Missbrauch von Kryptowerten für Geldwäsche und Terrorismusfinanzierung verhindern.[212]

Es bleibt zu hoffen, dass die neuen Maßnahmen bei der Umsetzung des Koalitionsvertrags Beachtung finden, denn auch im 2018er Beschluss der Vorgängerregierung, der damaligen „GroKo" aus CDU, CSU und SPD, waren obige Buzzwords bereits zu finden. Über „Digitalisierung" wurde damals allerdings gleich 93 Mal gesprochen und an immerhin sieben Stellen fand die „Blockchain-Technologie" Erwähnung.

Zu jener Zeit wollte man eine umfassende Blockchain-Strategie entwickeln und sich für einen angemessenen Rechtsrahmen für den Handel mit Kryptowährungen und Token auf europäischer und internationaler Ebene einsetzen. Dazu wollte man sich nicht nur auf die Beratung Dritter verlassen, sondern sich auch selbst an innovativen Technologien wie der Blockchain ausprobieren und basierend auf diesen Erfahrungen einen passenden Rechtsrahmen schaffen. Gleichzeitig sollten die Möglichkeiten der bargeldlosen Zahlung im digitalen Zeitalter erweitert werden.[213]

Leider ist es bei den guten Vorsätzen geblieben. Nicht ein Punkt des damaligen Maßnahmenpaketes konnte bis Ende 2022 final umgesetzt werden.

11.2.3 Digitales Zentralbankgeld (CBDC)

Weltpolitische Ereignisse wie der Einmarsch der russischen Truppen in die Ukraine, Materialengpässe und steigende Energiepreise führen die Welt in eine Wirtschaftskrise. Die Kaufkraft schwindet und vom erhofften Post-Corona-Aufschwung ist nichts zu spüren. Die Währungshüter sind weltweit in Alarmbereitschaft, der Inflation muss mit allen Mitteln entgegengewirkt werden.

In solchen Situationen beginnen Zentralbanken in der Regel damit, digitales Fiatgeld zu erzeugen. Dazu werden Anleihen oder andere staatlich garantierte Wertpapiere gekauft. So wird die Geldmenge erhöht, die notwendig ist, um der Krise entgegenzuwirken. Doch diese Maßnahmen wirken nur kurzfristig. Durch das erhöhte Angebot an Geld sinkt die Nachfrage. Die Preise schießen in die Höhe, die Ersparnisse verlieren so an Wert. Die

Inflation steigt. Die Schere zwischen arm und reich wird größer. Am Beispiel des Technologiesektors zeigt sich dieser Zusammenhang deutlich. Weil immer effizienter produziert werden kann, müssten die Preise eigentlich sinken. Aufgrund der Inflation ist dies jedoch nicht der Fall. Das führt dazu, dass die Entwicklung neuer Technologien massiv erschwert wird.

Die Zentralbanken versuchen dem über Zinspolitik entgegenzuwirken und Kaufanreize zu schaffen. Eine solche Situation ist mit traditionellen geldpolitischen Maßnahmen irgendwann nicht mehr zu kontrollieren. Gleichzeitig verliert allein Deutschland Jahr für Jahr geschätzt rund 150 Mrd. EUR durch Steuerhinterziehung und Steuervermeidung. Bezogen auf alle EU-Staaten sollen es etwa eine Billion Euro sein.[214]

Das ist Wasser auf die Mühlen der Entwicklung von Zentralbankwährungen (CBDC). Mithilfe von zentralisierten, digitalen Zentralbankwährungen könnte in den jeweiligen Währungsräumen ein neues, frisches und unbelastetes Geldsystem geschaffen werden, das über kurz oder lang vom traditionellen Währungssystem abgekoppelt werden könnte. Hier geht es nicht darum, den Menschen zu ermöglichen, die Hoheit ihrer Daten zurückzuerlangen, sondern um die volle Transparenz über jede getätigte Transaktion.

Doch es gibt auch Parallelen: Wie bei Bitcoin geht es auch bei CBDCs unter anderem darum, den Mittelsmann aus dem Spiel zu nehmen. Hier sind es die Geschäftsbanken, die als Vermittler zwischen Bürger und Zentralbank agieren. Gäbe es sie nicht, würde das aus Sicht der Zentralbanken viele Dinge vereinfachen. Beispielsweise könnte die Zinspolitik direkt an den Bürger ausgerollt werden. Die Verzögerung durch die Geschäftsbanken würde entfallen, denn es dauert unter Umständen mehrere

Monate, bis diese die Vorgaben der Zentralbanken umgesetzt haben.

Regierungen hätten so ein zweckmäßiges Werkzeug, um hilfsbedürftigen Menschen eine direkte und individuell auf sie zugeschnittene Unterstützung zukommen zu lassen. Auch Unternehmen könnten über Zinsen, die auf ihren Bedarf angepasst sind, von der Technologie der CBDCs profitieren.

Doch der Reiz einer digitalen Zentralbankwährung geht immer mit dem Preis der totalen Kontrolle einher. Gäbe es in Zukunft kein Bargeld mehr, gäbe es auch keine Möglichkeit mehr, dem Pizzaservice ein Trinkgeld zu geben. Ausnahmslos alles würde über die Technologie erfasst werden.

CBDCs kommen sicher. Aber es ist davon auszugehen, dass Bargeld, Kryptowährungen und CBDCs noch lange Zeit parallel zueinander existieren werden.

International beschäftigen sich zahlreiche Länder inzwischen mit eigenen Kryptowährungen und der Blockchain. Zentralbanken in Kanada, England, Italien, Frankreich oder Schweden haben in den letzten Jahren die Kryptografie erforscht und beabsichtigen, ihre eigenen digitalen Währungen zu entwickeln, um mit dem Fintech-Boom Schritt zu halten. Auf diese Weise will man Steuerbetrug und mangelnde finanzielle Transparenz verhindern und die vollständige Kontrolle über das Finanzwesen gewinnen.

Bis heute existiert jedoch keine einzige von staatlicher Seite eingeführte staatseigene Kryptowährung. Einzig das kleine zentralamerikanische Land El Salvador hat Bitcoin im Juni 2021 zum legalen Zahlungsmittel erklärt. Das ist bislang einzigartig in der Welt. Mit der Einführung des Bitcoins als gesetzliches Zahlungsmittel wollte die Regierung der Bevölkerung ermöglichen, Transaktionen ins Ausland durchzuführen, ohne dafür hohe Gebühren zahlen zu müssen. Präsident Nayib Bukele hat dafür massiv in Bitcoin investiert, finanziert durch Steuergelder. Jeder Einwohner von El Salvador konnte von nun an seine Einkäufe oder Arztrechnungen mit Bitcoin bezahlen. Das Problem ist nur – so gut wie niemand wollte das, kaum ein Händler akzeptiert Bitcoin als Zahlungsmittel. Das ist ein Riesenproblem, denn nach dem Peso war bis 2001 der Colón die Währung El Salvadors. Der wird seitdem durch den US-Dollar ersetzt. Hinzu kam ein vollkommen misslungener Start der von Bukele in Auftrag gegebenen staatseigenen Wallet, die massive Sicherheitsprobleme und Fehler aufwies. Mit der Investition in Krypto setzt Präsident Bukele auf eine hochvolatile Währung, die bei Kursverlusten den Staatsbankrott zur Folge haben könnte.

Fast zeitgleich hat das südamerikanische Land Venezuela eine eigene Kryptowährung angekündigt. Präsident Nicolás Maduro veranlasste die Absicherung der Kryptowährung durch die Erdölreserven des Landes. Venezuela ist eines der erdölreichsten Länder der Erde, doch die venezolanische Wirtschaft befindet sich derzeit in einer schweren Krise, geprägt von Hyperinflation, und ist nahezu vollständig vom Erdölexport abhängig. Die landeseigene Währung, der Venezolanische Bolívar, liegt am Boden, die Inflation steigt seit Monaten. Da liegt es nahe, eine landeseigene Digitalwährung zu erfinden, die an den Ölpreis gekoppelt ist, um sich so wieder Zugang zum internationalen Zahlungsverkehr zu verschaffen. Ein lukrativer Schachzug: Bereits am ersten Tag des Vorverkaufs soll die venezolanische Regierung die sogenannten Krypto-Petros im Gesamtwert von umgerechnet 735 Mio. US$ verkauft haben.[215,216]

Selbst die Bank of England, die Zentralbank des Vereinigten Königreichs Großbritannien und Nordirland, und zugleich eine der traditionsreichsten Zentralbanken der Welt, hat eine Forschungsgruppe gegründet, die sich

mit der Einführung einer Kryptowährung auseinander-
setzen soll, die an das Pfund Sterling gebunden ist. Mithilfe des Krypto-Sterlings wäre es möglich, Einnahmen
und Ausgaben vollständig zu digitalisieren und nahezu in
Echtzeit durchzuführen.

Mit dem Turkcoin soll auch die türkische Regierung
inzwischen über eine eigene digitale Währung nachdenken,
nachdem sie Kryptowährungen zuvor eher kritisch gegen-
überstand. Mit dem Erfolg von Bitcoin kehrte jedoch auch
der Glaube an Kryptowährungen in einem regulierten
Umfeld zurück. Mit Unterstützung der Regierung forscht
man in diesen Tagen an einer eigenen Währung inklusive
einer entsprechenden Kryptobörse.[217]

Inzwischen beschäftigen sich nahezu alle großen Zentralbanken mit dem Thema. Auch hier hat man verstanden,
dass man Kryptowährungen nicht länger ignorieren
kann und sich, statt immer nur auf die Risiken hinzu-
weisen, lieber mit dem Charme und den Chancen dieser
neuen Technologie beschäftigen sollte. Denn obwohl
speziell Bitcoin einst angetreten ist, um Banken überflüssig
zu machen, hat die dahinterliegende Technologie, die
Blockchain, die Möglichkeit im Schlepptau, die vollständige
Kontrolle über ein Finanzsystem zu erlangen. Jeder Staat
hat ein Interesse an der vollständigen Kontrolle über die
Zahlungen seiner Bürger. Steuern könnten vollautomatisch
und lückenlos erfasst und eingezogen werden. Außerdem
könnten große Teile der Verwaltung dem Kostenapparat
entzogen werden.

11.3 Wird Bitcoin abgelöst?

Der Hype um Bitcoin hat zahllose Altcoins (Alternate
Coins, alternative Kryptowährungen) ins Leben gerufen.
Viele von ihnen sind technologisch ausgereift und

könnten als Zahlungsmittel bestehen, während Bitcoin seinen Platz als Kapitalanlage gefunden hat. Es gibt genügend Beispiele aus der Vergangenheit, die belegen, dass längst nicht immer der Erste auch am längsten am Markt bestehen muss.

Eines der prominentesten Beispiele ist Nokia. Der weltweit tätige Telekommunikationskonzern mit Hauptsitz in Finnland war von 1998 bis 2011 der unangefochtene Weltmarktführer der Mobiltelefonhersteller. Als mit den Smartphones die nächste Ausbaustufe der Mobiltelefonie den Markt förmlich überrollte, blieb Nokia hinter den Wettbewerbern zurück.[218]

Es ist nicht unwahrscheinlich, dass dieses Schicksal auch Bitcoin droht. Lange Diskussionen und träge Reaktionszeiten unter den Entwicklern sprechen dafür, dass Altcoins eines Tages an Bitcoin vorbeiziehen könnten. Zurück bleiben dann die Investoren. Sie werden versuchen, ihre Bitcoins in Fiat- oder andere Kryptowährungen zu tauschen und so dem Kurs durch den entstehenden Angebotsüberschuss den Todesstoß versetzen. In diesem Fall würden diejenigen, die zuletzt abspringen, die Dummen sein.

Seit es Bitcoin gibt, werden immer wieder Zweifel laut, ob die Kryptowährung langfristig am Markt bestehen kann. Bereits 2011 erschien ein Artikel auf forbes.com, in dem Bitcoin totgesagt wurde. Zu diesem Zeitpunkt befand sich Bitcoin tatsächlich in einer der schwersten Krisen seit seiner Entstehung. Mt.Gox, seinerzeit die größte Handelsbörse der Welt, war gerade gehackt worden und der Preis für einen Bitcoin fiel innerhalb weniger Minuten von 17 US$ auf einige wenige Cent. Der Handel wurde daraufhin eingestellt – offiziell, da man technische Probleme bewältigen wollte (siehe Abschn. 5.4). Tatsächlich waren jedoch Kundenkonten kompromittiert worden, was das Verhältnis von Angebot und Nachfrage von Bitcoin empfindlich störte. Der Artikel interpretierte den

Preisverfall als ein deutliches Zeichen für das nahe Ende eines Experiments.[219]

Einige Jahre später erfährt der Bitcoin die größte Kurssteigerung in seiner Geschichte und steigt allein im Jahr 2017 um beinahe 2000 %. Dennoch blieben die Argumente der Bitcoin-Kritiker bis heute gleich. Bitcoin wird die Funktion als Währung abgesprochen, denn nur Geld, das von einer Zentralbank herausgegeben wird, darf sich auch „Währung" nennen. Per Definition müssen Währungen außerdem auch als Wertaufbewahrung und Recheneinheit genutzt werden können. Bitcoin kann derzeit keine dieser Attribute tatsächlich vorweisen, weshalb Notenbanken die Bezeichnung „Währung" für den Bitcoin auch als irreführend bezeichnen. Wo Krypto-Befürworter infrage stellen, ob die Definition einer Währung bei Kryptowährungen überhaupt Anwendung finden darf, sind sich Kritiker sicher, dass sie im Sinne der Vergleichbarkeit gerechtfertigt ist.

Die Bundesanstalt für Finanzdienstleistungsaufsicht (BaFin) hat Bitcoins bis 2019 „in der Tatbestandsalternative der Rechnungseinheiten gemäß § 1 Absatz 11 Satz 1 Kreditwesengesetz (KWG) rechtlich verbindlich als Finanzinstrumente qualifiziert."[220] Heute definiert die BaFin Bitcoin und andere Kryptowährungen als sogenannte „Kryptowerte". Diese können privat getauscht oder als Anlagewerte genutzt werden.

Bitcoins müssen insofern nicht als Zahlungsmittel angenommen werden, man darf aber damit zahlen oder sich bezahlen lassen. Doch an diesem Punkt hat Bitcoin sein eigentliches Ziel vermutlich längst verfehlt. Die Kryptowährung ist 2009 angetreten, um Finanztransaktionen weltweit zu revolutionieren. Die Idee kam gut an, führte letztlich aber dazu, dass das hohe Wertsteigerungspotential von Bitcoin mehr Anleger als Nutzer anzog und der Kurs seit 2010 stark schwankt.

Dies führt insbesondere aufseiten der Händler zu Bauchschmerzen. Denn wie soll man ein Zahlungsmittel akzeptieren, dessen Wert sich von Minute zu Minute verändern kann? Ein Händler benötigt einen festen Wert, den er einem Produkt zuschreiben kann. Nur so ist es überhaupt möglich, ungleiche Produkte in ihrem Wert zu vergleichen. Die starken Schwankungen der Kryptowährungen erweisen sich daher für Händler als problematisch. Dies ist wohl der Hauptgrund, warum sich bis heute keine der Kryptowährungen als Zahlungsmittel durchsetzen konnte. Mehr und mehr werden Kryptowährungen daher gegen Euro oder US-Dollar statt gegen Waren und Produkte getauscht. Immer mehr Kryptonutzer halten ihre Bestände direkt in den Wallets der Online-Börsen, statt sie in ihren privaten Wallets zu verwalten. Ein weiteres eindeutiges Indiz für eine Nutzung als Kapital- oder Handelsanlage. Hinzu kommt die nach wie vor komplexe Bedienung der Wallets und deren Sicherung.

11.4 Erfolg fördert Kriminalität

Wo es um Geld geht, da entstehen Begehrlichkeiten. Die Vergangenheit hat uns da bereits einige spannende Geschichten beschert. Denken wir beispielsweise an Silk Road und andere Kryptobörsen. Denn mit steigenden Kursen wächst auch die Anzahl derer, die Schlechtes im Schilde führen. Binance, Bitfinex und andere befinden sich heutzutage gewissermaßen im Belagerungszustand. Es herrscht Krieg. Ganze Abteilungen sind mit der Abwehr von DDos-Attacken, Hack- und Phishingversuchen beschäftigt. Anwender wollen das persönliche Risiko minimieren, indem sie große in kleinere Beträge splitten und so die Plattformen durch Extra-Transaktionen zusätzlich belasten.

Was klingt wie in einem Science-Fiction-Thriller, ist längst eine traurige Realität. Denn dort, wo das dezentrale System wieder zentralisiert wird, ist es angreifbar. Zu groß ist die Verlockung, nur mit einem Rechner ausgerüstet an schnellen Reichtum zu gelangen. Wo man sich früher mit Waffengewalt Zugang zu fremdem Geld verschaffen musste, scheint der „Cyber-Bankraub" heute nur ein paar Mausklicks entfernt zu sein. Weitgehend anonym und bequem vom Sofa aus. Die Tatsache, dass ein Großteil des Kryptovermögens nicht in privaten Wallets, sondern direkt in den Kryptobörsen geparkt und verwaltet wird, macht das Verbrechen noch verlockender. Denn im Gegensatz zur realen Welt bietet der digitale Raub die Chance auf eine ungleich höhere Beute. Sehr zum Leidwesen der Besitzer: Denn fehlt es den Kryptobörsen an Einlagensicherungen, bedeutet ein Raubzug den sicheren Totalverlust für die Anleger.

Mitte Januar 2018 wurde die japanische Börse Coincheck Ziel und Opfer einer der größten Krypto-Raubzüge der Geschichte. Coincheck musste eingestehen, dass mehr als 500 Mio. Einheiten der Kryptowährung NEM von den Nutzerkonten gestohlen wurden. Die Hacker machten sich eine Sicherheitslücke zunutze, die durch die Verbindung der Coincheck-Wallets mit externen Netzwerken aufgetreten war. Die Kryptobörse kündigte daraufhin an, eventuell nicht alle Betroffenen entsprechend entschädigen zu können. Später wurde diese Aussage revidiert. Ob alle Betroffenen ihr Geld tatsächlich erhalten haben, ist bis heute nicht bekannt.

Auch in anderen Bereichen wird aufgerüstet. Ganz gleich, wo das Wort Bitcoin oder Blockchain auftaucht, da sind auch die Kriminellen nicht weit, die versuchen an das Ersparte der Unwissenden zu gelangen, die noch auf den Bitcoin-Zug aufspringen wollen, um ihr Geld zu vermehren.

Kriminelle geben sich als professionelle Mining-Farmen aus, die das Geld ihrer Investoren nutzen, um immer hochleistungsfähigere Hardware zur Erzeugung von Bitcoins zu beschaffen. Die Investoren sollen anteilig am Ertrag beteiligt werden. Tatsächlich sammeln sie das Geld ein, investieren einen Bruchteil und machen sich mit dem Rest ein schönes Leben. Betrug im Kryptozeitalter. Die Schattenseite der digitalen Revolution.[221]

Der sprunghafte Anstieg der Betrugsversuche führte letztlich zur Einführung einer neuen Richtlinie gegen Geldwäsche und Terrorismusfinanzierung, nach der die Betreiber von Krypto-Tauschbörsen sowie Wallet-Anbieter zukünftig der EU-Geldwäscherichtlinie unterliegen und somit erheblich strenger reguliert und kontrolliert werden. Die Anbieter sind demnach angehalten, ihre Kunden nach den gleichen Vorgaben wie Finanzhäuser zu überprüfen.[222]

11.5 Typische Blockchain-Branchen der Zukunft

Die Blockchain-Technologie wird die Welt, so wie wir sie aktuell erleben, vollständig verändern. Ganze Industriezweige werden sich von der aktuellen Datenbanktechnik verabschieden und auf die neue, sicherere Technologie setzen. Das wird nicht jedem gefallen, denn der Mensch ist ein Gewohnheitstier und verabschiedet sich nur ungern von erlernten Prozessen. Die Blockchain gefährdet zudem Arbeitsplätze – nur um auf der anderen Seite neue Berufsbilder erforderlich zu machen.

Hilfsorganisationen werden zukünftig auf die Blockchain-Technologie setzen, um den Transfer von Spenden effizienter und vor allem transparenter zu machen. Überweisungsgebühren verschlingen Jahr für Jahr Millionen US-Dollar, die den Bedürftigen dieser Erde zur Verfügung gestellt werden könnten. Gleichzeitig bedienen sich korrupte Beamte aus den Kassen der Hilfsorganisationen. Ein direkter Transfer von A nach B könnte diese Probleme umgehen und das Vertrauen in diese Organisationen stärken, was gleichzeitig zu einer höheren Spendenbereitschaft führen wird.

Auch das Gesundheitswesen wird von der Blockchain-Technologie profitieren. Patientendaten könnten fälschungssicher hinterlegt und für einen weltweiten und gegebenenfalls branchenübergreifenden Zugriff aufbereitet werden. Gleiches gilt für Verfallsdaten bei Medikamenten oder Blutkonserven. So könnten Krankenhäuser und Ärzte sich aus nur einem Datenpool bedienen, was Fehler bei der Übertragung der Patientendaten von vornherein ausschließt.

Immobilienverkäufe könnten zukünftig über Smart Contracts realisiert werden. Verzögerungen bei der Kaufpreiszahlung Zug um Zug oder der Eintragung ins Grundbuch durch den Notar könnten vollständig vermieden werden. Die Übertragung der Eigentumsrechte wäre durch einen Eintrag in einer Blockchain erledigt. Das spart Kosten und macht den Notar in diesem Bereich überflüssig. Dass dieses Szenario aber in naher Zukunft Realität wird, ist eher unwahrscheinlich. Die rechtlichen Rahmenbedingungen für Smart Contracts sind derzeit noch vollkommen unklar.

Wir hatten bereits in Abschn. 9.2 über die lückenlose Verfolgung von Lebensmitteln von der Erzeugung bis in den Supermarkt gelesen. Hier kommt die Logistik- und Speditionsbranche ins Spiel. Sie ist prädestiniert für den Einsatz einer fälschungssicheren und weltumspannenden Blockchain, über die sämtliche Transportdaten eines Produktes lückenlos und manipulationssicher hinterlegt werden könnten. Die schiere Masse an Beteiligten, die derzeit Daten teils unstrukturiert durch die Welt transferieren, schreit förmlich nach einer effizienteren Lösung. Zölle könnten automatisiert abgeführt und Ladung nach Gewicht im Bereich des Micropayments abgerechnet werden.

Crowdfunding-Plattformen stellen einen großen Fortschritt im Bereich der Unternehmensfinanzierung dar. Über sie können Unternehmen Geld einsammeln, ohne den teils hinderlichen und steinigen Weg über die Finanzierung einer Bank zu gehen. In der Theorie sogar ohne einen Businessplan und selbst im fortgeschrittenen Alter des Antragstellers. Bei einer Hausbank undenkbar. Bei vielen Investoren aber entscheidet ausschließlich das Bauchgefühl, was auch Unternehmen eine Chance lässt, die sie bei einer Bank nicht bekommen hätten. Aber diese Plattformen bieten diesen Service nicht umsonst. Sie treten als Vermittler auf und werden für ihre Tätigkeit über Gebühren meist anteilig entlohnt. Auch hier könnten Smart Contracts bei klarer Rechtslage echte Vorteile bieten. Durch deutlich günstigere Gebühren. Zwar gibt es nach wie vor Crowdfunding-Plattformen, aber die Prozesse könnten weitgehend automatisiert oder sogar an die Gründer selbst ausgelagert werden.

Blockchains könnten die Welt der Statistik verändern. Nehmen wir an, Daten der unterschiedlichsten Bereiche und Quellen lägen in Blockchains vor und sie alle wären untereinander vernetzt. Alle relevanten Daten lägen so unveränderbar und unmanipulierbar vor. Bis heute wächst das Datenvolumen massiv und es wird täglich mehr. Mittlerweile werden Daten nicht mehr nur von Menschen generiert. Durch das Internet of Things (IoT) tauschen neben vernetzten Fahrzeugen und Smart Homes inzwischen selbst Haushaltsgeräte Unmengen von Daten zu ihrem Produktstatus oder der individuellen Nutzung ihrer Besitzer aus. Seit ein paar Jahren kommt das maschinelle Lernen dazu, das ebenfalls riesige Mengen an Daten erzeugt. Letztlich beruht heute alles, was in der Digitalisierung passiert, auf dem Sammeln von Daten.

Wie groß wäre die statistische Wolke, wie genau könnten Durchschnittswerte ermittelt oder Prognosen erstellt werden. Die Flut an reinen und unverfälschten Daten wäre riesig. Die Möglichkeit, diese Daten auszuwerten, gigantisch. Die medizinische Forschung könnte auf einen immensen, internationalen und validen Datenpool zugreifen. Banken und auch die BaFin könnten datenbasierte Prognose- Modelle nutzen, um beispielsweise die Entwicklung von Wertpapieren besser einschätzen zu können. Auch das Transaktionsverhalten ihrer Kunden kann kontinuierlich überwacht werden. Dies hilft unter anderem bei der Erkennung und Prävention von Betrugsmustern oder dem Nachweis von Marktmissbrauch.[223,224]

Miner haben mit dem Prüfen der Transaktionen eine tragende Rolle im Bitcoin-Netzwerk. Für das Mining sind hohe Investitionen in die technische Infrastruktur nötig. Warum nehmen Miner diese finanzielle Belastung auf sich? Sicherlich spielen bei einigen wenigen auch ideologische Gründe eine Rolle, der überwiegende Teil der Miner macht dies jedoch aus einem einfachen Grund, nämlich weil es sich lohnt. Miner erhalten für ihre Mühen neben den neu erzeugten Bitcoins auch Transaktionsgebühren.

Aber was passiert um das Jahr 2140, wenn die letzten Bitcoins erzeugt wurden? Legt man die heutigen Bedingungen zugrunde, wäre das System nicht mehr profitabel und die Miner würden ihre Arbeit einstellen. Das Netzwerk würde heruntergefahren und Bitcoin wäre Geschichte. Allerdings ist es naiv, davon auszugehen, dass die Bedingungen in über 100 Jahren den heutigen auch nur ansatzweise ähneln.

Bitcoins werden zu dieser Zeit sicherlich nicht mehr mit Grafikkarten erzeugt. Das klingt doch heute schon antiquiert. Und was, wenn sich Bitcoin tatsächlich einmal als Zahlungsmittel durchsetzen würde? Dann darf man mit Sicherheit davon ausgehen, dass die momentanen Skalierungsprobleme nicht mehr existieren. Dann wäre das Bitcoin-Netzwerk deutlich performanter und Mining-Unternehmen könnten möglicherweise durch die schiere Anzahl der Transaktionen lukrative Erträge erwirtschaften. All dies in Kombination mit einer stetig wachsenden Weltbevölkerung, der eine begrenzte Menge an Bitcoins gegenübersteht. Schon im Jahr 2100 soll es knapp 10,3 Mrd. Menschen geben,[225] was die Nachfrage nach Bitcoin und damit den Preis entsprechend steigern würde. Doch all das steht noch in den Sternen. Niemand weiß, wie die Technologien sich bis dahin entwickelt haben. Fest steht jedoch, dass sich das Berufsbild des Miners bis dahin sicherlich ändern wird.

11.6 Fazit

Eines ist klar: Kryptowährungen und die Blockchain werden uns auch in den nächsten Jahren begleiten. Die Blockchain wird Einzug in unseren Alltag halten, uns unbemerkt im positiven Sinne unterwandern, um dann wieder aus dem Mainstream zu verschwinden und von nun an in vielen Bereichen unseres Lebens Standard zu sein. So war es immer. Beispiele sind die Umstellung analoger Datentransfers auf digital oder auch die Erfindung des Internets – was einst eine Revolution darstellte, ist heute längst Normalität und niemand spricht mehr darüber.

Wir werden die Einführung der Blockchain-Technologie kurzfristig nicht bemerken, zu wenig ändert sich dadurch für uns. Denn die Blockchain werkelt im Hintergrund und wird dafür sorgen, dass viele unserer sensibelsten Daten zukünftig noch sicherer sind. Doch ihr großer Auftritt kommt wohl erst in einigen Jahren, wenn Regulierung und eine rechtliche Grundlage dafür sorgen, dass „echte" Smart Contracts angewendet werden können. Keine digitalen Katzen, sondern digitale Verträge, die unseren Alltag erleichtern oder vereinfachen können. Denken wir dabei an Lizenzierungen und die Ausschüttung der entsprechenden Lizenzgebühren bei Autoren, Musikern oder im Bereich von Software. Oder volumengenaue Abrechnungen, die nun bitgenau als Micropayment mit vielen Nachkommastellen automatisiert bewerkstelligt werden können. Das wird kommen, da darf man sicher sein.

Im Bereich der Finanzdienstleistungen haben sich bereits die Größten der Branche formiert. Die Deutsche Bank, die Commerzbank, die Citibank, die Credit Suisse und über 70 andere Finanzunternehmen gründeten bereits 2015 ein Projekt namens R3, mit dem Zweck, eine eigene Blockchain für den Finanzbereich zu entwickeln. Es bleibt zu hoffen, dass man sich um die Einführung von Standards kümmert, um Banken und Versicherungen untereinander kompatibel zu machen. Doch dies erfordert weitreichende Änderungen in der technischen Infrastruktur der Finanzdienstleister, die möglicherweise aufgrund der vagen Aussichten nicht unmittelbar zu rechtfertigen sind. Hier ist insofern Risikobereitschaft gefragt.[226]

In welche Richtung sich Bitcoin entwickeln wird, ist gänzlich ungewiss. Ob der Kurs steigt oder fällt oder Bitcoin gar vollkommen vom Kryptomarkt verschwindet, das weiß derzeit niemand. Zu groß ist die Vielzahl äußerer Faktoren, die auf die Kryptowährung einwirken. Akzeptanz, Ruf, Regulierung oder rechtliche Rahmenbedingungen machen Bitcoin zu schaffen, hinzukommen interne Probleme, die Kritiker ein schnelles

Ende prophezeien lassen. Eine seriöse Prognose über die Zukunft der Kryptowährung scheint daher nicht möglich zu sein. Der Bitcoin könnte 2023 auf 100.000 US$ steigen oder auf unter 1000 US$ fallen – irgendwo dazwischen wird sicherlich die Wahrheit liegen.

Fakt ist: Die Instabilität des Preises macht ihn als Zahlungsmittel unbrauchbar. Die zu Hype-Zeiten hohen Transaktionsgebühren machen ihn zudem unkalkulierbar. Seine hohe Volatilität verhindert ein Einpreisen von Produkten ebenso wie das Bezahlen mit der Kryptowährung. Rein technisch betrachtet ist das vielleicht gut so, denn Bitcoin wäre aktuell nicht in der Lage, die Anzahl der Transaktionen zeitnah abzuwickeln, die bei einem Einsatz als Zahlungsmittel tatsächlich anfallen würden.

Ideologisch ist Bitcoin längst gescheitert. Vergessen wir nicht: Der eigentliche Sinn hinter der Erfindung von Bitcoin war die Vernetzung von Menschen. Die Vernetzung über eine Technologie, die es Menschen auf der ganzen Welt ermöglicht, sich gegenseitig Geld zu überweisen, ohne dass ein Dritter in diesen Prozess involviert werden muss. Geld sollte frei von politischem Einfluss verfügbar gemacht werden. Hätte sich dieses Szenario etabliert, hätten die traditionellen Zahlungsabwickler unserer Zeit schnell zum alten Eisen gehört. Stattdessen scheint Bitcoin an seinem eigenen Gewicht zu ersticken. Die Zunahme der Nutzer zeigt dem System seine Grenzen auf. Vermutlich wird die erste Welle der Kryptowährungen ihren eigenen Erfolg langfristig nicht überleben. Doch die zweite Welle kommt bestimmt: reguliert, technisch ausgereift und benutzerfreundlich.

Glauben wir also fest an eine zukünftige Akzeptanz von Kryptowährungen und halten wir es mit einem Software-Entwickler aus Kalifornien, der sich – nach eigenen Angaben nicht ganz nüchtern – beim Verfassen eines Posts schlicht vertippt und „I am Hodling" statt

„holding" geschrieben hatte. Der Post ging viral, der Rest ist Geschichte. Die Botschaft ist in der Kryptoszene noch immer aktuell: Hodl! Halten, statt verkaufen![227]

Vielleicht interessieren Sie sich nun für die Blockchain, Bitcoin oder andere Kryptowährungen, schon heute oder erst in Zukunft. Wenn Sie überzeugt sind, investieren Sie ein paar Euro. Zahlen Sie mit einer Kryptowährung, wo auch immer es möglich ist. Sprechen Sie mit Ihren Freunden und Bekannten über das wohl größte sozioökonomische Finanzprojekt des Informationszeitalters und leisten Sie so Ihren Beitrag zur Akzeptanz und Verbreitung der aktuell vielleicht bahnbrechendsten Technologie unserer Zeit.

Erratum zu:
Bitcoin und Blockchain

Erratum zu:
P. Rosenberger, *Bitcoin und Blockchain*,
https://doi.org/10.1007/978-3-662-66530-5

Aufgrund eines Versehens von Springer wurden die End-
noten am Ende des Buches nicht durchnummeriert.
Außerdem wurden die Verweise darauf im Text vergessen.
Dies wurde nun korrigiert.

Die aktualisierte Version des Buches finden Sie unter
https://doi.org/10.1007/978-3-662-66530-5

© Springer-Verlag GmbH Deutschland, ein Teil von Springer
Nature 2023
P. Rosenberger, *Bitcoin und Blockchain*,
https://doi.org/10.1007/978-3-662-66530-5_12

Anmerkungen

1. businessinsider.com, A big bitcoin investor thinks it might go to 0, but he's riding the rally anyway, http://www.businessinsider.com/bitcoin-price-bill-miller-2017-10?IR=T (abgerufen: 10.10.2022)

2. metzdowd.com, Bitcoin P2P e-cash paper, https://www.metzdowd.com/pipermail/cryptography/2008-October/014810.html (abgerufen: 10.10.2022)

3. nakamotoinstitute.com, Bitcoin: A Peer-to-Peer Electronic Cash System, http://nakamotoinstitute.org/bitcoin/ (abgerufen: 10.10.2022)

4. investopedia.com, The History of Money, https://www.investopedia.com/articles/07/roots_of_money.asp (abgerufen: 13.10.2022)

5. ybrikman.com, Bitcoin by analogy, https://www.ybrikman.com/writing/2014/04/24/bitcoin-by-analogy/ (abgerufen: 13.10.2022)

6. chaum.com, Security without Identification, https://chaum.com/publications/Security_Wthout_Identification.html (abgerufen: 13.10.2022)

© Springer-Verlag GmbH Deutschland, ein Teil von Springer
Nature 2023, korrigierte Publikation 2023
P. Rosenberger, *Bitcoin und Blockchain*,
https://doi.org/10.1007/978-3-662-66530-5

7. activism.net, A Cypherpunk's Manifesto, https://www.activism.net/cypherpunk/manifesto.html   (abgerufen: 13.10.2022)

8. spiegel.de, Verschlüsseln, verschleiern, verstecken, http://www.spiegel.de/netzwelt/netzpolitik/cryptoparty-bewegung-die-cypherpunks-sind-zurueck-a-859473.html (abgerufen: 21.11.2022)

9. sueddeutsche.de   „Krypto-anarchistisches   Manifest", https://www.sueddeutsche.de/digital/wikileaks-gruender-julian-assange-der-gegenverschwoerer-1.1031477 (abgerufen: 21.11.2022)

10. bitcoin.org, Bitcoin: A Peer-to-Peer Electronic Cash System, https://bitcoin.org/bitcoin.pdf (abgerufen: 13.10.2022)

11. europa.eu, EBA Opinion on ‚virtual currencies', http://www.eba.europa.eu/documents/10180/657547/EBA-Op-2014-08+Opinion+on+Virtual+Currencies.pdf (abgerufen: 17.10.2022)

12. n-tv.de, Was ist der faire Wert eines Bitcoin?, https://www.n-tv.de/wirtschaft/Was-ist-der-faire-Wert-eines-Bitcoin-article20187593.html (abgerufen: 17.10.2022)

13. Statista, Number of cryptocurrencies worldwide from 2013 to November 2022, https://www.statista.com/statistics/863917/number-crypto-coins-tokens/ (abgerufen: 12.12.2022)

14. Slickcharts, Cryptocurrency Market Data, https://www.slickcharts.com/currency (abgerufen: 12.12.2022)

15. Statista, Cryptocurrencies, https://www.statista.com/study/51620/cryptocurrencies/ (abgerufen: 27.10.2022)

16. VISA, Visa Fact Sheet, https://www.visa.de/content/dam/VCOM/global/about-visa/documents/visa-fact-sheet-july-2019.pdf (abgerufen: 27.10.2022)

17. CNBC, Alibaba, JD smash Singles Day record, https://www.cnbc.com/2021/11/12/china-singles-day-2021-alibaba-jd-hit-record-139-billion-of-sales.html (abgerufen: 27.10.2022)

18. Bitcoin Cash, Die Geschichte von Bitcoin Cash, https://bitcoincash.org/ (abgerufen: 31.10.2022)

19. ethereum.org, Ethereum, https://ethereum.org/de/ (abgerufen: 31.10.2022)

20. vitalik.ca, Vitalik Buterin, http://vitalik.ca/ (abgerufen: 25.11.2022)

21. coindesk.com, What is Ethereum?, https://www.coindesk. com/learn/what-is-ethereum/ (abgerufen: 31.10.2022)

22. ethereum.org, Ethereum White Paper, https://ethereum. org/en/whitepaper/ (abgerufen: 31.10.2022)

23. Time, The Man Behind Ethereum (…), https://time. com/6158182/vitalik-buterin-ethereum-profile/

24. ethereum.org, Shipped!, https://ethereum.org/en/ upgrades/merge/#content (abgerufen: 02.11.2022)

25. twitter.com, Twitter Post, https://twitter.com/VitalikButerin/ status/940744724431982594 (abgerufen: 25.11.2022)

26. twitter.com, Twitter Post, https://twitter.com/VitalikButerin/ status/945988644661207040 (abgerufen: 25.11.2022)

27. ey.com, EY research: initial coin offerings, https://assets. ey.com/content/dam/ey-sites/ey com/en_gl/topics/ banking and-capital-markets/ey-research-initial-coin- offerings-icos.pdf (abgerufen: 25.11.2022)

28. ethresear.ch, Explanation of DAICOs, https://ethresear. ch/t/explanation-of-daicos/465 (abgerufen: 25.11.2022)

29. neo.org, NEO, https://neo.org/ (abgerufen: 03.11.2022)

30. krypto-magazin.de, Was ist der NEO-Coin?, https://www. krypto-magazin.de/was-ist-der-neo-coin/ (abgerufen: 21.02.2018)

31. steemit.com, The new Star in the Crypto Universe NEO, https://steemit.com/cryptocurrency/@adsactly/the-new- star-in-the-crypto-universe-neo (abgerufen: 03.11.2022)

32. Winheller, Erste Krypto-Stiftung Deutschlands gegründet, https://www.winheller.com/fileadmin/redaktion/presse- mitteilungen/iota-stiftung-winheller.pdf (abgerufen: 31.10.2022)

33. IOTA, IOTA Whitepaper (PDF), https://iota.org/IOTA_ Whitepaper.pdf (abgerufen: 21.02.2018)

34. tangleblog.com, IOTA: Die Internet-der-Dinge-Revolution, http://www.tangleblog.com/ (abgerufen: 21.02.2018)

35. ripple.com, Ripple, https://ripple.com/ (abgerufen: 03.11.2022)

36. coincentral.com, What is Ripple XRP? A Complete Guide, https://coincentral.com/what-is-ripple-xrp/ (abgerufen: 03.11.2022)

37. coindesk.com, 10 things you need to know about Ripple, https://www.coindesk.com/10-things-you-need-to-know-about-ripple/ (abgerufen: 03.11.2022)

38. SWIFT, https://www.swift.com/ (abgerufen: 03.11.2022)

39. investopedia.com, Ripple (Cryptocurrency), https://www.investopedia.com/terms/r/ripple-cryptocurrency.asp (abgerufen: 03.11.2022)

40. Ripple, Whitepaper, https://ripple.com/files/ripple_consensus_whitepaper.pdf (abgerufen: 03.11.2022)

41. dash.org, DASH, https://www.dash.org/ (abgerufen: 03.11.2022)

42. dash.org, What is DASH?, https://dashplatform.readme.io/docs/introduction-what-is-dash (abgerufen: 03.11.2022)

43. Github, DASH Whitepaper, https://github.com/dashpay/docs/raw/master/binary/Dash%20Whitepaper%20-%20V2.pdf (abgerufen: 03.11.2022)

44. spankchain.com, Adult Entertainment on the Blockchain, https://spankchain.com/ (abgerufen: 03.11.2022)

45. Medium, Adult Entertainment on the Blockchain, https://medium.com/spankchain/spankchain-com-adult-entertainment-on-the-blockchain-e1645a80fcdb (abgerufen: 03.11.2022)

46. The New Yorker, The Crypto-Currency, https://www.newyorker.com/magazine/2011/10/10/the-crypto-currency (abgerufen: 28.10.2022)

47. bitcoin.com, Satoshi's Last Email, https://www.bitcoin.com/satoshi-archive/emails/gavin-andresen/1/ (abgerufen: 24.10.2022)

48. BTC-ECHO Magazin, Nur durch Bitcoin konnte WikiLeaks überleben, Ausgabe #65 (November 2022)

49. bitcointalk.org, PC World Article on Bitcoin, https://bitcointalk.org/index.php?PHPSESSID=2in1n1h0pon

9nda9osk42e40k0&topic=2216.msg29280#msg29280 (abgerufen: 24.10.2022)

50. SEC, Prospectus Coinbase, https://www.sec.gov/ Archives/edgar/data/1679788/000162828021003168/ coinbaseglobalincs-1.htm (abgerufen: 24.10.2022)

51. bitcoin.org, Bitcoin: A Peer-to-Peer Electronic Cash System, https://bitcoin.org/bitcoin.pdf (abgerufen: 13.10.2022)

52. Bitcoin Forum, Bitcoin and me (Hal Finney), https:// bitcointalk.org/index.php?topic=155054.0 (abgerufen: 14.12.2022)

53. blockchain.info, Block #0, https://blockchain.info/block/0 00000000019d6689c085ae165831e934ff763ae46a2a6c17 2b3f1b60a8ce26f (abgerufen: 24.10.2022)

54. bitcoin.com, Bitcoin v0.1 released, https://www.bitcoin. com/satoshi-archive/emails/cryptography/16/#select ion-29.0-29.130 (abgerufen: 24.10.2022)

55. newsweek.com, The Face behind Bitcoin, http://www. newsweek.com/2014/03/14/face-behind-bitcoin-247957. html (abgerufen: 24.10.2022)

56. The Economist, Who is Satoshi Nakamoto?, https://www. economist.com/the-economist-explains/2015/11/02/who-is-satoshi-nakamoto (abgerufen: 24.10.2022)

57. forbes.com, Nakamoto's Neighbor, https://www. forbes.com/sites/andygreenberg/2014/03/25/satoshi-nakamotos-neighbor-the-bitcoin-ghostwriter-who-wasnt/#5c7517454a37 (abgerufen: 25.10.2022)

58. BBC, Back to the Satoshi Nakamoto Bitcoin affair, https://www.bbc.com/news/technology-36575524 (abgerufen: 24.10.2022)

59. nytimes.com, Hal Finney dies at 58, https://www.nytimes. com/2014/08/31/business/hal-finney-cryptographer-and-bitcoin-pioneer-dies-at-58.html (abgerufen: 25.10.2022)

60. bitcointalk.org, Bitcoin and me (Hal Finney), https:// bitcointalk.org/index.php?topic=155054.0 (abgerufen: 25.10.2022)

61. reddit.com, I'm fundraising for Dorian Nakamoto, https://www.reddit.com/r/Bitcoin/comments/1ztjmg/ andreas_im_fundraising_for_dorian_nakamoto/ (abgerufen: 25.10.2022)

62. blockchain.com, Dorian Nakamotos Donation address, https://www.blockchain.com/btc/address/1Dorian4Ro XcnBv9hnQ4Y2C1an6NJ4UrjX?page=14 (abgerufen: 25.10.2022)

63. The Chain Bulletin, Satoshi Nakamoto Lived in London While Working on Bitcoin, https://chainbulletin.com/ satoshi-nakamoto-lived-in-london-while-working-on-bitcoin-heres-how-we-know (abgerufen: 06.12.2022)

64. dea.gov, National Drug Threat Assessment, https://www.dea.gov/sites/default/files/2021-02/DIR-008-21%20 2020%20National%20Drug%20Threat%20Assessment_ WEB.pdf (abgerufen: 25.10.2022)

65. gdata.de, Was ist eigentlich das Darknet?, https:// www.gdata.de/ratgeber/was-ist-eigentlich-das-darknet (abgerufen: 25.10.2022)

66. torproject.org, Tor, https://www.torproject.org/ (abgerufen: 25.10.2022)

67. chip.de, Wegweiser durch das Darknet, http://www.chip.de/artikel/Darknet-So-funktioniert-der-Zugang-ins-Deep-Web_63227067.html (abgerufen: 21.02.2018)

68. theguardian.com, Silk Road, https://www.theguardian.com/technology/silk-road (abgerufen: 25.10.2022)

69. forbes.com, Who Is Ross Ulbricht?, https://www.forbes.com/sites/ryanmac/2013/10/02/who-is-ross-ulbricht-piecing-together-the-life-of-the-alleged-libertarian-mastermind-behind-silk-road/#1e8ef5873a74 (abgerufen: 25.10.2022)

70. forbes.com, Living With Ross Ulbricht, https://www.forbes.com/sites/ryanmac/2013/10/09/living-with-ross-ulbricht-housemates-say-they-saw-no-clues-of-silk-road-or-the-dread-pirate-roberts/#6b59fffc3992 (abgerufen: 25.10.2022)

71. welt.de, Vom Pfadfinder zum Paten des Internets, https://www.welt.de/kultur/article137345173/Vom-Pfadfinder-zum-Paten-des-Internets.html (abgerufen: 25.10.2022)

72. bitcointalk.org, Silk Road: anonymous marketplace. Feedback requested:), https://bitcointalk.org/index.php?topic=3984.msg57086 (abgerufen: 25.10.2022)

73. forbes.com, An Interview With A Digital Drug Lord, https://www.forbes.com/sites/andygreenberg/2013/08/14/an-interview-with-a-digital-drug-lord-the-silk-roads-dread-pirate-roberts-qa/?sh=5f9eda6b5732 (abgerufen: 26.10.2022)

74. theguardian.com, Ross Ulbricht begs judge, https://www.theguardian.com/technology/2015/may/29/silk-road-sentencing-ross-ulbricht-asks-judge-leniency (abgerufen: 25.10.2022)

75. CNN, How FBI caught Ross Ulbricht, https://edition.cnn.com/2013/10/04/world/americas/silk-road-ross-ulbricht/ (abgerufen: 26.10.2022)

76. linkedin.com, Ross Ulbricht, https://www.linkedin.com/in/rossulbricht/ (abgerufen: 26.10.2022)

77. businessinsider.com, The FBI staged a lovers' fight to catch the kingpin of the web's biggest illegal drug marketplace, http://www.businessinsider.com/the-arrest-of-silk-road-mastermind-ross-ulbricht-2015-1?IR=T (abgerufen: 26.10.2022)

78. arstechnica, Ross Ulbricht's private journal shows Silk Road's birth, https://arstechnica.com/tech-policy/2015/01/silk-road-trial-fbi-reveals-whats-on-ross-ulbrichts-computer-in-open-court/ (abgerufen: 01.11.2022)

79. scribd.com, Criminal Complaint Against Silk Road and Dread Pirate Roberts, https://de.scribd.com/doc/172773561/Criminal-Complaint-Against-Silk-Road-and-Dread-Pirate-Roberts (abgerufen: 26.10.2022)

80. zeit.de, Silk-Road-Gründer muss lebenslang hinter Gitter, http://www.zeit.de/digital/internet/2015-05/ross-ulbricht-silk-road-strafmass-urteil (abgerufen: 26.10.2022)

81. CNNMoney, Silk Road creator Ross Ulbricht found guilty, https://money.cnn.com/2015/02/04/technology/silk-road-guilty-ulbricht/index.html (abgerufen: 26.10.2022)

82. reuters.com, Ex-agent in Silk Road probe gets more prison time for bitcoin theft, https://www.reuters.com/article/us-usa-cyber-silkroad/ex-agent-in-silk-road-probe-gets-more-prison-time-for-bitcoin-theft-idUSKBN1D804H (abgerufen: 26.10.2022)

83. tagesspiegel.de, Der Staat kassiert dank Bitcoins Millionen, http://www.tagesspiegel.de/wirtschaft/cyberwaehrung-der-staat-kassiert-dank-bitcoins-millionen/20719958.html (abgerufen: 27.10.2022)

84. Mt.Gox, https://www.mtgox.com/img/pdf/20221006_announcement_en.pdf (abgerufen: 21.12.2022)

85. theverge.com, Barons of Bitcoin: the Tokyo-based power-house that controls the world's virtual money, https://www.theverge.com/2013/4/1/4154500/mt-gox-barons-of-bitcoin (abgerufen: 27.10.2022)

86. bitcointalk.org, Mtgox is changing owners, https://bitcointalk.org/index.php?topic=4187.0 (abgerufen: 27.10.2022)

87. ripple.com, Ripple, https://ripple.com/ (abgerufen: 27.10.2022)

88. stellar.org, Stellar, https://www.stellar.org/ (abgerufen: 21.02.2018)

89. dailytech.com, Inside the Mega-Hack of Bitcoin: the Full Story, http://www.dailytech.com/Inside+the+MegaHack+of+Bitcoin+the+Full+Story/article21942.htm (abgerufen: 21.02.2018)

90. gawker.com, Massive Bitcoin Business Partnership Devolves Into $75 Million Lawsuit, http://gawker.com/massive-bitcoin-business-partnership-devolves-into-75-487857656 (abgerufen: 27.10.2022)

91. scribd.com, MtGox Situation: Crisis Strategy Draft, https://de.scribd.com/doc/209050732/MtGox-Situation-Crisis-Strategy-Draft (abgerufen: 27.10.2022)

92. heise.de, Bitcoin-Börse: Ehemaliger Mt.-Gox-Chef kommt vor Gericht, https://www.heise.de/newsticker/meldung/Bitcoin-Boerse-Ehemaliger-Mt-Gox-Chef-kommt-vor-Gericht-3768265.html (abgerufen: 27.10.2022)

93. sciencedirect.com, Journal of Monetary Economics, https://www.sciencedirect.com/science/article/pii/S0304393217301666 (abgerufen: 27.10.2022)

94. golem.de, Mtgox beantragt Insolvenz, https://www.golem.de/news/bitcoin-mtgox-beantragt-insolvenz-1402-104862.html (abgerufen: 27.10.2022)

95. cyberscoop.com, The curious case of the missing Mt. Gox bitcoin fortune, https://www.cyberscoop.com/bitcoin-mt-gox-chainalysis-elliptic/ (abgerufen: 27.10.2022)

96. reddit, QuadrigaCX, https://www.reddit.com/t/quadrigacx/ (abgerufen: 16.11.2022)

97. archive.ph, Statement from Jennifer Robertson, https://archive.ph/GAheG (abgerufen: 16.11.2022)

98. currency.com, Quadriga widow speaks, https://currency.com/quadriga-widow-speaks-more-than-3-years-after-founders-death (abgerufen: 16.11.2022)

99. OSC, QuadrigaCX A Review (…), https://www.osc.ca/quadrigacxreport/ (abgerufen: 16.11.2022)

100. coindesk.com, The Story Behind QuadrigaCX (…), https://www.coindesk.com/learn/the-story-behind-quadrigacx-and-gerald-cotten-netflixs-crypto-king/ (abgerufen: 16.11.2022)

101. audacy.com, The Death and Afterlife of Gerald Cotten, https://www.audacy.com/podcasts/exit-scam-the-death-and-afterlife-of-gerald-cotten-57657 (abgerufen: 16.11.2022)

102. CBC, Quadriga CEO's widow speaks out over his death and the missing crypto millions, https://www.cbc.ca/news/canada/nova-scotia/quadriga-widow-jennifer-roberston-gerald-cotten-1.6318955 (abgerufen: 16.11.2022)

103. ybrikman.com, Bitcoin by Analogy, https://www.ybrikman.com/writing/2014/04/24/bitcoin-by-analogy/ (abgerufen: 03.11.2022)

104. wondermondo.com, Rai of Yap – The Stone Money, http://www.wondermondo.com/Countries/Au/MicronesiaFS/Yap/RaiOfYap.htm (abgerufen: 03.11.2022)

105. everydayeconomies.net, The Stone Money of Yap, http://everydayeconomies.net/blog/stone-money-yap-i (abgerufen: 21.02.2018)

106. Finematics, Two Generals' Problem, https://finematics.com/two-generals-problem/ (abgerufen: 04.11.2022)

107. golem.de, Eine Technik zwischen Hype und Wirklichkeit, https://www.golem.de/news/blockchain-eine-technik-zwischen-hype-und-wirklichkeit-1510-116573.html (abgerufen: 03.11.2022)

108. Statista, Value of venture capital (…), https://www.statista.com/statistics/1260400/global-investments-in-blockchain-cryptocurrency/ (abgerufen: 07.11.2022)

109. commerce.gov, Domain Name System (DNS), https://www.commerce.gov/tags/domain-name-system (abgerufen: 04.11.2022)

110. namecoin.org, Namecoin, https://namecoin.org (abgerufen: 04.11.2022)

111. Forbes, Amir Taaki, https://www.forbes.com/profile/amir-taaki/?sh=665b32972a68 (abgerufen: 04.11.2022)

112. terra0.org, terra0, https://terra0.org/ (abgerufen: 07.11.2022)

113. gfmag.com, World's Most Unbanked Countries 2021, https://www.gfmag.com/global-data/economic-data/worlds-most-unbanked-countries (abgerufen: 07.11.2022)

114. un.org, Financing for Sustainable Development Report 2021, https://www.un.org/sites/un2.un.org/files/fsdr_2021.pdf (abgerufen: 07.11.2022)

115. worldbank.org, Global Findex Overview, http://www.worldbank.org/en/programs/globalfindex (abgerufen: 07.11.2022)

116. Centralbank of Kenya, Diaspora Remittances Survey, https://www.centralbank.go.ke/wp-content/uploads/2022/01/REPORTOFTHEKENYADIASPORAREMITTANCESSURVEYDECEMBER2021.pdf (abgerufen: 21.11.2022)

117. Vodafone, M-Pesa celebrates reaching 50 millions customers, https://www.vodafone.com/news/services/m-pesa-celebrates-reaching-50-million-customers (abgerufen: 07.11.2022)

118. spiegel.de, Kenia erlebt ein Handy-Wirtschaftswunder, http://www.spiegel.de/netzwelt/gadgets/afrika-kenia-erlebt-ein-handy-wirtschaftswunder-a-670684.html (abgerufen: 08.11.2022)

119. taz, Somalia-Hilfsgelder „gestohlen", https://taz.de/65-Millionen-Dollar-verschwunden/!5115050/ (abgerufen: 08.11.2022)

120. harvard.edu, Foreign aid and rent-seeking (PDF), http://conferences.wcfia.harvard.edu/sites/projects.iq.harvard.edu/files/gov2126/files/1632.pdf (abgerufen: 22.02.2018)

121. unicefstories.org, UNICEF Ventures: Exploring Smart Contracts, http://unicefstories.org/2017/08/04/unicef-ventures-exploring-smart-contracts/ (abgerufen: 22.02.2018)

122. Youtube Unicef Kanal, Launching Unicoin – the first currency dedicated to do good, https://www.youtube.com/watch?v=uSppX2gtHcA (abgerufen: 08.11.2022)

123. propublica.org, How the Red Cross Raised Half a Billion Dollars for Haiti and Built Six Homes, https://www.propublica.org/article/how-the-red-cross-raised-half-a-billion-dollars-for-haiti-and-built-6-homes (abgerufen: 08.11.2022)

124. faz.net, Wo Flüchtlinge mit einem Augenblick bezahlen, http://www.faz.net/aktuell/finanzen/digital-bezahlen/jordanien-iris-scan-und-blockchain-bei-fluechtlingen-15306863.html (abgerufen: 08.11.2022)

125. World Food Programme, Building Blocks, https://innovation.wfp.org/project/building-blocks (abgerufen: 08.11.2022)

126. United Nations, Blockchain at the World Food Programme, https://unite.un.org/sites/unite.un.org/files/technovation/2_wfp_buildingblocks_robert_opp.pdf (abgerufen: 08.11.2022)

127. Twitter, Stand with the people of Ukraine, https://twitter.com/Ukraine/status/1497594592438497282?s=20&t=drPg-yV2ggPEFEs2A35q5Q (abgerufen: 11.11.2022)
128. Slowmist, Ukraine Crypto Donations Statistics, https://aml.slowmist.com/cases/ukraine_crypto_donations_statistics_2022/ (abgerufen: 11.11.2022)
129. bitcoinmagazine.com, Money20/20: Wozniak Thinks Bitcoin Is Better Than Gold, https://bitcoinmagazine.com/articles/money2020-wozniak-thinks-bitcoin-better-gold/ (abgerufen: 09.11.2022)
130. marketwatch.com, Bitcoin $1 million! Cybersecurity legend John McAfee ramps up NSFW wager, https://www.marketwatch.com/story/bitcoin-1-million-cybersecurity-legend-jon-mcafee-ramps-up-his-nsfw-wager-2017-11-29 (abgerufen: 09.11.2022)
131. coindesk.com, 10 Celebrities Investing in, Using and Talking About Bitcoin, https://www.coindesk.com/10-celebrities-investing-using-talking-bitcoin/ (abgerufen: 09.11.2022)
132. forbes.com, What Björk's Cryptocurrency-Paired Album Means For The Music Industry, https://www.forbes.com/sites/jessedamiani/2017/11/07/what-bjorks-cryptocurrency-paired-album-means-for-the-music-industry/ (abgerufen: 09.11.2022)
133. OpenSea, Muse – Will Of The People, https://opensea.io/collection/muse-serenade (abgerufen: 09.11.2022)
134. make it, Tony Hawk is entering the world of NFTs (…), https://www.cnbc.com/2022/07/15/tony-hawk-is-building-an-nft-skatepark-in-the-metaverse.html (abgerufen: 09.11.2022)
135. Autograph, Tony Hawk, https://go.autograph.io/tonyhawk (abgerufen: 09.11.2022)
136. businessinsider.com, Why this New York City preschool accepts bitcoin but doesn't accept credit cards, http://uk.businessinsider.com/preschool-accepts-bitcoin-for-tuition-2017-11?IR=T (abgerufen: 09.11.2022)

137. GBV, Mastering the HypeCycle, https://www.gbv.de/dms/zbw/571140513.pdf (abgerufen: 09.11.2022)

138. ccn.com, Bitcoin Isn't Going Anywhere Fast, https://www.ccn.com/swift-report-summary-bitcoin-isnt-going-anywhere-fast/ (abgerufen: 09.11.2022)

139. Statista, Kryptowährung als Anlageprodukt gewinnt an Beliebtheit, https://de.statista.com/infografik/25517/nutzung-und-geplante-anschaffung-von-anlageprodukten-in-deutschland/ (abgerufen: 09.11.2022)

140. Financial Times, Bitcoin Billionaires – return of the Winklevoss twins, https://www.ft.com/content/fad513ec-81f9-11e9-b592-5fe435b57a3b (abgerufen: 09.11.2022)

141. bitinfocharts.com, Bitcoin Rich List, https://bitinfocharts.com/de/top-100-richest-bitcoin-addresses.html (abgerufen: 09.11.2022)

142. CCN, Feds Miss out on $600 Million Payday (…), https://www.ccn.com/feds-net-48-million-from-the-sale-of-silk-roads bitcoins but miss-out-on-600-million-payday/ (abgerufen: 10.11.2022)

143. Finanztip, Was Du über Bitcoin-ETFs wissen solltest, https://www.finanztip.de/bitcoin/bitcoin-etf/ (abgerufen: 11.11.2022)

144. Forbes, What Are Bitcoin Futures? How Do They Work?, https://www.forbes.com/advisor/investing/cryptocurrency/what-are-bitcoin-futures/ (abgerufen: 11.11.2022)

145. TiAM Fundresearch, Bitcoin – Allem möchten ein Stück (…), http://www.fundresearch.de/Nachrichten/Top-Themen/Bitcoin-Alle-moechten-ein-Stueck-vom-Kuchen.html (abgerufen: 11.11.2022)

146. 99Bitcoins, Who Accepts Bitcoin as Payment?, https://99bitcoins.com/bitcoin/who-accepts/ (abgerufen: 11.11.2022)

147. facebook.com, Millennials + Money: The Unfiltered Journey, https://www.facebook.com/iq/articles/millennials-money-the-unfiltered-journey (abgerufen: 14.11.2022)

148. handelsblatt.com, „Bitcoins sind teuer und ineffizient", http://www.handelsblatt.com/my/finanzen/maerkte/

devisen-rohstoffe/bundesbank-vorstand-carl-ludwig-thiele-bitcoins-sind-teuer-und-ineffizient/20682124.html (abgerufen: 11.11.2022)

149. Deutsche Bundesbank, Interview mit dem BTC-ECHO, https://www.bundesbank.de/de/presse/interviews/-warum-taucht-bitcoin-nicht-in-der-notenbankbilanz-auf-herr-balz--895286 (abgerufen: 11.11.2022)

150. bitcointalk.org, A few suggestions, https://bitcointalk.org/index.php?topic=12.msg54#msg54 (abgerufen: 15.11.2022)

151. wsj.com, From Space Travel to Pizza, Your Bitcoin Goes Far These Days, https://www.wsj.com/articles/BL-MBB-14885 (abgerufen: 15.11.2022)

152. bitcointalk.org, Pizza for bitcoins?, https://bitcointalk.org/index.php?topic=137.0 (abgerufen: 15.11.2022)

153. nytimes.com, Disruptions: Betting on a Coin With No Realm, https://bits.blogs.nytimes.com/2013/12/22/disruptions-betting-on-bitcoin/ (abgerufen: 15.11.2022)

154. forbes.com, The Bitcoin Pizza Purchase That's Worth $7 Million Today, https://www.forbes.com/sites/ericmack/2013/12/23/the-bitcoin-pizza-purchase-thats-worth-7-million-today/ (abgerufen: 15.11.2022)

155. Statista, Anleger investieren Milliarden in neue Krypto-Coins, https://de.statista.com/infografik/11517/volumen-von-ico-finanzierungsrunden-pro-monat/ (abgerufen: 15.11.2022)

156. cryptocompare.com, How does an ICO work, https://www.cryptocompare.com/coins/guides/how-does-an-ico-work/ (abgerufen: 15.11.2022)

157. porsche.com, Porsche introduces blockchain to cars, https://presse.porsche.de/prod/presse_pag/PressResources.nsf/Content?ReadForm&languageversionid=833327 (abgerufen: 16.11.2022)

158. qz.com, Blockchain could fix a key problem in China's food industry: the fear of food made in China, https://qz.com/1031861/blockchain-could-fix-a-key-problem-

in-chinas-food-industry-the-fear-of-food-made-in-china/ (abgerufen: 16.11.2022)

159. fortune.com, The Diamond Industry Is Obsessed With the Blockchain, http://fortune.com/2017/09/12/diamond-blockchain-everledger/ (abgerufen: 16.11.2022)

160. lto.de, „Smart contracts sind weder smart noch contracts", https://www.lto.de/recht/job-karriere/j/legal-tech-smart-contracts-blockchain-content-marketing/ (abgerufen: 16.11.2022)

161. Christies's, „Beeple – the first 5000 days", https://onlineonly.christies.com/s/beeple-first-5000-days/beeple-b-1981-1/112924 (abgerufen 19.10.2022)

162. FC Bayern Basketball, „NFTs der Bayern-Basketballer", https://fcbayern.com/basketball/de/news/2021-22/04/nft-drop (abgerufen 19.10.2022)

163. Business Insider, NFTs ballooned to a $41 billion market in 2021 (…), https://markets.businessinsider.com/news/currencies/nft-market-41-billion-nearing-fine-art-market-size-2022-1 (abgerufen 29.11.2022)

164. heartstocks, https://heartstocks.com/ (abgerufen 29.11.2022)

165. Statista, „Statistiken zu Immobilien", https://de.statista.com/themen/133/immobilien/#dossierKeyfigures (abgerufen 19.10.2022)

166. Hamburg Commercial Bank, „Studie zur Tokenisierung von Immobilien", https://www.hcob-bank.de/media/pdf_3/presse/publikationen/studien/2021_2/studie_tokenisierung_immobilien_2021.pdf?lang=de&fsId=12980352 (abgerufen 19.10.2022)

167. Bafin, „Tokenisierung", https://www.bafin.de/SharedDocs/Veroeffentlichungen/DE/Fachartikel/2019/fa_bj_1904_Tokenisierung.html (abgerufen 19.10.2022)

168. Blockchange, „Addressing Transaction Costs Through Blockchain and Identity in Swedish Land Transfers", https://blockchan.ge/blockchange-land-registry.pdf (abgerufen 19.10.2022)

169. stadt+werk, Mehr als Energie und Verkehr, https://www.stadt-und-werk.de/meldung_36448_Mehr+als+Energie+und+Verkehr.html (abgerufen: 16.11.2022)

170. Brooklyn Microgrid (BMG), Brooklyn Microgrid (BMG), https://www.brooklyn.energy/, https://www.brooklyn.energy/ (abgerufen: 16.11.2022)

171. economist.com, The rise of the sharing economy, https://www.economist.com/news/leaders/21573104-internet-everything-hire-rise-sharing-economy (abgerufen: 16.11.2022)

172. bloomberg.com, Spanish Party Weighs Tax Incentives to Lure Blockchain Firms, https://www.bloomberg.com/news/articles/2018-02-15/rajoy-s-party-weighs-tax-breaks-for-spanish-blockchain-companies (abgerufen: 01.12.2022)

173. luzernerzeitung.ch, Dolfi Müller ist ein Pionier, http://www.luzernerzeitung.ch/nachrichten/zentralschweiz/zug/Dolfi-Mueller-ist-ein-Pionier;art9648,943750 (abgerufen: 01.12.2022)

174. johnstonslaw.org, The trend toward decentralization, http://www.johnstonslaw.org/ (abgerufen: 16.11.2022)

175. CCN, Microsoft Partners Bank of America on Blockchain to „Transform" Trade Finance, https://www.ccn.com/microsoft-partners-bank-of-america-on-blockchain-to-transform-trade-finance/ (abgerufen: 17.11.2022)

176. microsoft.com, Azure, https://azure.microsoft.com/en-us/blog/project-bletchley-blockchain-infrastructure-updates/ (abgerufen: 17.11.2022)

177. reuters.com, IBM, China UnionPay complete block chain pilot project on bank loyalty points, https://www.reuters.com/article/us-ibm-china-blockchain/ibm-china-unionpay-complete-block-chain-pilot-project-on-bank-loyalty-points-idUSKCN11T2G9 (abgerufen: 17.11.2022)

178. Lufthansa Innovation Hub, Winding Tree, https://lh-innovationhub.de/projekt/windingtree/ (abgerufen: 17.11.2022)

179. coindesk.com, SatoshiPay Gets €160,000 Investment from Jim Mellon Fund, https://www.coindesk.com/jim-mellon-vc-bitcoin-micropayments-satoshipay/ (abgerufen: 17.11.2022)

180. IPDB, The Interplanetary Database Association, https://ipdb.io/ (abgerufen: 17.11.2022)

181. Fonds Online, Filialsterben 2021, https://www.fondsprofessionell.de/news/vertrieb/headline/filialsterben-2021-grossbanken-schliessen-jede-fuenfte-geschaeftsstelle-216756/ (abgerufen: 17.11.2022)

182. gartner.com, Gartner Says 6.4 Billion Connected „Things" Will Be in Use in 2016, Up 30 Percent From 2015, http://www.gartner.com/newsroom/id/3165317 (abgerufen: 22.02.2018)

183. Dell Technologies, Internet of Things and data placement, https://infohub.delltechnologies.com/l/edge-to-core-and-the-internet-of-things-2/internet-of-things-and-data-placement (abgerufen: 17.11.2022)

184. Youtube, Meta: The Metaverse and How We'll Build It Together, https://www.youtube.com/watch?v=Uvufun6xer8 (abgerufen: 21.11.2022)

185. Entrepreneur, How to Buy Real Estate in the Metaverse, https://www.entrepreneur.com/science-technology/how-to-buy-digital-real-estate-in-the-metaverse/432480 (abgerufen: 21.11.2022)

186. Neue Zürcher Zeitung, Interview mit Matthew Ball „Das Metaversum ist unabwendbar" (gelesen: 21.11.2022)

187. Statista, An welchen der folgenden Anwendungen im Metaverse wären Sie interessiert?, https://de.statista.com/statistik/daten/studie/1310803/umfrage/interesse-an-metaverse-anwendungen-weltweit/

188. The University of Chicago Press, When Prophecy Fails, https://www.journals.uchicago.edu/doi/abs/10.1086/222280 (abgerufen: 17.11.2022)

189. Zeit Online, WTF ist damals eigentlich passiert?, https://www.zeit.de/wirtschaft/2018-09/lehman-finanzkrise-henry-paulson-usa (abgerufen: 21.11.2022)

190. Github, Bitcoin Analysis #1 – Genesis Block, https://gist. github.com/Siimone/17f67a50e5cfb1c6c7d2b22cef1a 46a3 (abgerufen: 21.11.2022)

191. manager-magazin.de, Interview mit TUI-Chef Fritz Joussen, http://www.manager-magazin.de/unternehmen/ artikel/blockchain-monopole-wie-booking-oder-airbnb-brechen-a-1140811.html (abgerufen: 07.11.2022)

192. wsj.com, Finney Nakamoto Emails, http://online.wsj.com/ public/resources/documents/finneynakamotoemails.pdf (abgerufen: 21.11.2022)

193. Cambridge Centre for Alternative Finance, Bitcoin network power demand, https://ccaf.io/cbeci/index (abgerufen: 23.11.2022)

194. tagesschau.de, Bitcoin-Schürfen mit Vulkanenergie?, https://www.tagesschau.de/wirtschaft/technologie/ bitcoin-schuerfen-el-salvador-vulkan-geothermie-energieverbrauch-101.html (abgerufen: 23.11.2022)

195. Statista, Energy consumption from Bitcoin (…), https:// www.statista.com/statistics/881522/bitcoin-energy-consumption-relative-to-select-countries/ (abgerufen: 06.12.2022)

196. Digiconomist, Bitcoin Energy Consumption Index, https://digiconomist.net/bitcoin-energy-consumption (abgerufen: 24.11.2022)

197. Finanztip, Ein Mix aus zwei Welten, https://www. finanztip.de/kryptowaehrungen/stablecoins/ (abgerufen: 25.11.2022)

198. blockchain.info, Hashrate Verteilung, https://blockchain. info/pools (abgerufen: 23.11.2022)

199. cryptokitties.co, CryptoKitties, https://www.cryptokitties. co/ (abgerufen: 25.11.2022)

200. wired.de, Johnny Haeusler über das Spiel mit den CryptoKitties, https://www.wired.de/collection/life/ johnny-haeusler-ueber-das-spiel-mit-den-cryptokitties (abgerufen: 25.11.2022)

201. herokuapp.com, CryptoKitties Sales, https://kittysales. herokuapp.com/ (abgerufen: 23.02.2018)

202. CNN, Huh? Tea maker to become blockchain company. Stock soars, http://money.cnn.com/2017/12/21/investing/long-island-iced-tea-bitcoin-blockchain/index.html (abgerufen: 25.11.2022)

203. uetoken.com, Useless Ethereum Token, https://uetoken.com/ (abgerufen: 25.11.2022)

204. Atari Token, Reforming the Gaming Industry, https://atarichain.com/ (abgerufen: 25.11.2022)

205. kodakcoin.com, KODAKCoin, https://kodakcoin.com/ (abgerufen: 25.11.2022)

206. Github, Blockchain, https://github.com/topics/blockchain (abgerufen: 25.11.2022)

207. stateofthedapps.com, State of the Dapps, https://www.stateofthedapps.com/ (abgerufen: 25.11.2022)

208. EZB, Statistiken, https://www.ecb.europa.eu/stats/html/index.de.html (abgerufen: 28.11.2022)

209. Medium, Steuerschätzung: 1,2 Mrd. Euro Steuereinnahmen für das Steuerjahr 2020 durch Kryptowährungen, https://fsblockchain.medium.com/steuersch%C3%A4tzung-1-2-mrd-euro-steuereinnahmen-f%C3%BCr-das-steuerjahr-2020-durch-kryptow%C3%A4hrungen-5c80c59fa3fe (abgerufen: 30.11.2022)

210. socialistsanddemocrats.eu, Virtuelle Währungen und Blockchain: intelligente Regulierung für intelligente Technologien, http://www.socialistsanddemocrats.eu/de/newsroom/virtual-currencies-have-great-potential-come-risks-need-supervision (abgerufen: 23.02.2018)

211. Europäischer Markt, Einigung über die europäische Verordnung über Kryptowerte (MiCA), https://www.consilium.europa.eu/de/press/press-releases/2022/06/30/digital-finance-agreement-reached-on-european-crypto-assets-regulation-mica/

212. Bundesregierung, Koalitionsvertrag zwischen SPD, Bündnis 90/Die Grünen und FDP, https://www.bundesregierung.de/resource/blob/974430/1990812/04221173e

ef9a6720059cc353d759a2b/2021-12-10-koav2021-data.
pdf?download=1 (abgerufen: 01.12.2022)

213. cdu.de, Koalitionsvertrag zwischen CDU, CSU und SPD, https://www.cdu.de/system/tdf/media/dokumente/koalitionsvertrag_2018.pdf?file=1 (abgerufen: 01.12.2022)

214. Finanzverwaltung NRW, Steuerhinterziehung und -Vermeidung führt zu 160 Mrd. € Verlust in Deutschland, https://www.finanzverwaltung.nrw.de/deutschland-verliert-mehr-als-160-milliarden-euro-durch-steuerhinterziehung-und-vermeidung (abgerufen: 01.12.2022)

215. reuters.com, Venezuela says launch of ‚petro‘ cryptocurrency raised $735 million, https://www.reuters.com/article/us-crypto-currencies-venezuela/venezuela-says-launch-of-petro-cryptocurrency-raised-735-million-idUSKCN1G506F (abgerufen: 27.02.2018)

216. Cointelegraph, Venezuela to launch CBDC in October, https://cointelegraph.com/news/venezuela-to-launch-cbdc-in-october-and-cut-six-zeros-from-its-currency (abgerufen: 01.12.2022)

217. CCN, Turkish Politician Endorses Launching a National Cryptocurrency, https://www.ccn.com/turkcoin-turkish-politician-endorses-launching-national-cryptocurrency/ (abgerufen: 01.12.2022)

218. Statista, Nokia – statistics & facts, https://www.statista.com/topics/1183/nokia/#topicOverview (abgerufen: 01.12.2022)

219. forbes.com, So, That's the End of Bitcoin Then, https://www.forbes.com/sites/timworstall/2011/06/20/so-thats-the-end-of-bitcoin-then/#ecee87a5d717 (abgerufen: 01.12.2022)

220. bafin.de, Virtuelle Währungen/Virtual Currency (VC), https://www.bafin.de/DE/Aufsicht/FinTech/VirtualCurrency/virtual_currency_node.html (abgerufen: 23.02.2018)

221. handelsblatt.com, Hacker und Betrüger erschüttern Bitcoin-Eldorado, http://www.handelsblatt.com/finanzen/

maerkte/devisen-rohstoffe/suedkorea-hacker-und-betrueger-erschuettern-bitcoin-eldorado/20761250.html (abgerufen: 02.12.2022)

222. heise.de, Geldwäsche: EU-Gremien bekämpfen „Anonymität" von Bitcoin & Co., https://www.heise.de/newsticker/meldung/Geldwaesche-EU-Gremien-bekaempfen-Anonymitaet-von-Bitcoin-Co-3919854.html (abgerufen: 02.12.2022)

223. inc.com, 6 Industries That Could Be Forever Changed by Blockchain, https://www.inc.com/melissa-thompson/6-industries-that-could-be-forever-changed-by-blockchain.html (abgerufen: 23.02.2018)

224. Pega, Die Zukunft wird heute gemacht, https://www.pega.com/de/future-is-being-made-today (abgerufen: 02.12.2022)

225. Statista, Prognose zur Entwicklung der Weltbevölkerung (…), https://de.statista.com/statistik/daten/studie/1717/umfrage/prognose-zur-entwicklung-der-weltbevoelkerung/ (abgerufen: 02.12.2022)

226. btc-echo.de, Roland-Berger-Studie: Blockchain birgt großes Potenzial in der Finanzdienstleistungsbranche, https://www.btc-echo.de/roland-berger-studie-blockchain-birgt-grosses-potenzial-in-der-finanzdienstleistungs-branche/ (abgerufen: 23.02.2018)

227. bitcointalk.org, I AM HODLING, https://bitcointalk.org/index.php?topic=375643.0 (abgerufen: 02.12.2022)

Printed in the United States
by Baker & Taylor Publisher Services

Printed in the United States
by Baker & Taylor Publisher Services